해커스변호사

행정법

Administrative Law

최근 3개년
중요판례

 해커스변호사

서문

법학에서 판례 학습은 중요하고 꼭 필요한 일 중 하나입니다. 특히 변호사시험을 포함한 행정법 시험에서 대부분의 문제들은 판례에 기반을 두고 출제됩니다. 따라서 판례 학습은 시험 대비에 필수적입니다. 판례 학습을 통해 선택형뿐만 아니라 사례형, 기록형까지 대비한다면 효율적으로 변호사시험에 대비할 수 있습니다.

「2025 해커스변호사 행정법 최근 3개년 중요판례」는 수많은 판례 중에서 출제 가능성이 큰 최근 판례를 수록하고 있습니다. **2021년 1월~2024년 5월**까지의 판례를 수록하고 있으며, **2020년** 판례 중 중요한 판례를 **일부** 포함하고 있습니다(**2024년 6월** 판례는 추후 추록 제공). 법학전문대학원협의회에서 발간한 2023년 개정 「행정법 표준판례연구」와 교수님들의 판례평석 등 문헌 자료 및 행정법 교과서를 활용하여 판례를 선별하고, 변호사시험, 법전협 모의시험, 공무원시험 등에 출제된 중요판례는 빠짐없이 수록하였습니다.

짧은 시간 내 복습이 가능하도록 **밑줄** 작업과 **키워드** 선별 작업을 하였고, **예상지문과 기출지문**을 통해 구체적인 출제 방식을 학습할 수 있도록 하였습니다. 또한 **판시사항 및 판결요지**뿐만 아니라 사실관계 또는 판례 요약 등을 수록하여 사안의 전체적인 내용을 이해할 수 있도록 하였습니다.

[2025 해커스변호사 행정법 최근 3개년 중요판례]를 학습하는 방법은 다음과 같습니다.

첫째, '판결요지' 중 특히 밑줄을 중심으로 내용을 학습하고 쟁점에 대한 결론을 단답형으로 낼 수 있는지 확인합니다. 이를 통해 선택형 지문의 정오를 빠르게 판단하는 훈련을 할 수 있습니다. 추가적으로 '판결요지'에 언급되는 논거까지 정리하는 경우 사례형 문제에 대한 대비도 가능해집니다.

둘째, '예상지문' 및 '기출지문', '사례형 객관식 문제' 등을 활용하여 출제 포인트를 확인합니다. 판례에 기반을 두고 문제가 어떻게 출제되는지 확인한다면 긴 내용 속에서 중점적으로 봐야 할 곳이 어디인지 파악할 수 있게 됩니다. 이를 잘 정리해둔다면 회독이 쌓이면서 상기해야 할 부분만 볼 수 있게 되고 시간 활용의 효율성이 높아지게 될 것입니다.

「2025 해커스변호사 행정법 최근 3개년 중요판례」는 최근 판례를 소개하는 데 초점이 맞춰진 교재이므로 빈번하게 출제되는 기본 판례는 「핵심지문 총정리」 및 「선택형 정지문 핸드북」 등을 통하여 학습하시는 걸 권합니다. 또한 사례형은 서브노트의 성격을 지닌 「TRS행정법 쟁점답안지」 등을 활용하여 정리 부담을 최소화하고 암기에 전념하는 것이 좋습니다.

추가적으로 강의 및 각종 수험자료, 질의응답은 다음 카페 '박도원행정법_공법연구소'(cafe.daum.net/dowonpublic law), 유튜브 채널 '도원결의 변호사'(@TRSedu-law) 등을 활용하시기 바랍니다.

「2025 해커스변호사 행정법 최근 3개년 중요판례」가 여러분들의 꿈을 이루는 데에 작은 디딤돌이 될 수 있기를 진심으로 기원합니다.

2024년 6월

박도원

목차

제2편 일반 행정작용법

제1장 행정입법

제2장 행정계획

제3장 행정행위

제4편　행정조직법

※ 제4편 행정조직법은 최근 3년간 중요판례가 없어 생략합니다.

제5편　지방자치법

제6편 공무원법

제1장 공무원관계의 변동

제2장 공무원의 권리와 의무

제3장 공무원의 책임

제7편 공물법

제1편

행정법 서설

제1편 | 행정법 서설

제1장 행정법의 기초적 이해

01 법외노조통보처분취소 [대판[전합] 2020.9.3. 2016두32992, 표준판례 4]

판결요지

[1] 오늘날의 법률유보원칙은 단순히 행정작용이 법률에 근거를 두기만 하면 충분한 것이 아니라, 국민의 기본권 실현에 관련된 영역에 있어서는 국민의 대표자인 입법자 스스로 그 본질적 사항에 대하여 결정하여야 한다는 의회유보원칙까지 내포하는 것으로 이해되고 있다.

따라서 국민의 권리·의무에 관한 기본적이고 본질적인 사항은 국회가 정하여야 하고, 헌법상 보장된 국민의 **자유나 권리를 제한할** 때에는 적어도 그 제한의 **본질적인 사항**에 관하여 **국회가** 법률로써 스스로 규율하여야 한다.

[2] 헌법 제75조에 따라 대통령은 법률에서 구체적으로 범위를 정하여 위임받은 사항과 법률을 집행하기 위하여 필요한 사항에 관하여만 대통령령을 발할 수 있으므로, 시행령은 모법에 의하여 위임받은 사항, 법률이 규정범위 내에서 법률을 현실적으로 집행하는 데 필요한 세부사항만을 규정할 수 있을 뿐, 법률에 의한 **위임이 없는 한** 법률이 규정한 개인의 **권리·의무**에 관한 내용을 **변경·보충**하거나 법률에 규정되지 아니한 **새로운 내용**을 규정할 수는 **없다**.

[3] [다수의견] **법외노조 통보**는 적법하게 설립된 노동조합의 법적 지위를 박탈하는 중대한 **침익적 처분**으로서 원칙적으로 국민의 대표자인 입법자가 스스로 형식적 법률로써 규정하여야 할 사항이고, 행정입법으로 규정하기 위하여는 반드시 법률의 명시적이고 **구체적인 위임**이 있어야 한다. 그런데 **'노동조합법 시행령'** 제9조 제2항은 법률의 **위임 없이** 법률이 정하지 아니한 법외노조 통보에 관하여 규정함으로써 **헌법상 노동3권을 본질적으로 제한**하고 있으므로 그 자체로 **무효이다.** 구체적인 이유는 아래와 같다.

법외노조 통보는 이미 법률에 의하여 법외노조가 된 것을 사후적으로 고지하거나 확인하는 행위가 아니라 그 통보로써 비로소 법외노조가 되도록 하는 **형성적 행정처분**이다. 이러한 법외노조 통보는 단순히 노동조합에 대한 법률상 보호만을 제거하는 것에 그치지 않고 헌법상 노동3권을 실질적으로 제약한다. 그런데 노동조합법은 법상 설립요건을 갖추지 못한 단체의 노동조합 설립신고서를 반려하도록 규정하면서도, 그보다 더 침익적인 설립 후 활동 중인 노동조합에 대한 법외노조 통보에 관하여는 아무런 규정을 두고 있지 않고, 이를 시행령에 위임하는 명문의 규정도 두고 있지 않다. 더욱이 법외노조 통보 제도는 입법자가 반성적 고려에서 폐지한 **노동조합 해산명령** 제도와 실질적으로 **다를 바 없다.** 결국 노동조합법 시행령 제9조 제2항은 법률이 정하고 있지 아니한 사항에 관하여, 법률의 구체적이고 명시적인 위임도 없이 헌법이 보장하는 노동3권에 대한 본질적인 제한을 규정한 것으로서 **법률유보원칙에 반한다.**

① **시행령**은 모법에 의하여 위임받은 사항, 법률이 규정범위 내에서 법률을 현실적으로 집행하는 데 필요한 세부사항만을 규정할 수 있을 뿐, 법률에 의한 **위임이 없는** 한 법률이 규정한 개인의 **권리·의무**에 관한 내용을 **변경·보충**하거나 법률에 규정되지 아니한 **새로운 내용**을 규정할 수는 없다.   (O)

② **노동조합법 시행령 제9조 제2항**의 **법외노조 통보** 규정은 법률이 정하고 있지 아니한 사항에 관하여, 법률의 구체적이고 명시적인 **위임도 없이** 헌법이 보장하는 **노동3권**에 대한 **본질적인 제한을 규정**한 것으로서 **법률유보원칙에 반한다.**   (O)

| 기출지문 |

① 노동조합 및 노동관계조정법령상 법외노조 통보는 적법하게 설립된 노동조합의 법적 지위를 박탈하는 중대한 침익적 처분으로서 원칙적으로 입법자가 스스로 형식적 법률로써 규정하여야 할 사항이고, 행정입법으로 이를 규정하기 위하여는 반드시 법률의 명시적이고 구체적인 위임이 있어야 한다. [22-1]   (O)

② 구 노동조합 및 노동관계조정법령에 토대한 법외노조 통보는 이미 법률에 의하여 법외노조가 된 것을 사후적으로 고지하거나 확인하는 행위이다. [22-3]   (×)

02 무효확인 [대판 2022.5.12. 2022다200904]

[1] 개별 새마을금고의 임직원이 새마을금고법 또는 이에 따른 명령이나 정관으로 정한 절차·의무를 이행하지 아니한 경우, 새마을금고중앙회의 회장이 개별 금고의 임직원에 대하여 직접 제재처분을 할 수 있는지 여부(소극)

새마을금고중앙회의 회장이 감독·검사 결과에 따라 개별 금고에 대하여 조치 또는 조치 요구를 하는 경우에는 새마을금고법 제74조의2 및 제74조의3 제1항이 준용된다(새마을금고법 제79조 제7항). 따라서 개별 금고의 임직원이 새마을금고법 또는 이에 따른 명령이나 정관으로 정한 절차·의무를 이행하지 아니한 경우, **새마을금고중앙회의 회장**은 개별 금고로 하여금 관련 임직원에 대한 개선·직무정지·견책·경고 등의 **조치를 하도록 요구**할 수 있을 뿐 개별 금고의 임직원에 대하여 **직접 제재처분**을 할 수는 **없다**(새마을금고법 제74조의2 제1항).

[2] 새마을금고중앙회가 甲 새마을금고의 이사장인 乙에 대하여 직무정지 6월의 제재처분을 하자 乙이 새마을금고중앙회를 상대로 위 처분의 무효확인을 구한 사안에서, 위 제재처분은 권한 없는 자에 의하여 이루어진 것으로서 무효이고, 새마을금고중앙회의 정관에 개별 금고의 임직원에 대한 직접적인 제재처분권에 관한 규정을 두었더라도 이를 근거로 개별 금고의 임직원에 대하여 직접적으로 권리를 제한하거나 의무를 부과하는 처분을 할 수는 없다고 본 원심판단을 수긍한 사례

새마을금고중앙회가 甲 새마을금고의 이사장인 乙에 대하여 직무정지 6월의 제재처분을 하자 乙이 새마을금고중앙회를 상대로 위 처분의 무효확인을 구한 사안에서, 새마을금고중앙회는 개별 금고의 임원인 乙에 대하여 직접 제재처분을 할 권한이 없으므로, <u>위 제재처분은 **권한 없는 자**에 의하여 이루어진 것으로서 **무효**이고, 새마을금고중앙회의 **자치법규인 정관**은 구성원인 개별 금고에 대해서만 구속력을 가질 뿐 별도의 **법령상 근거 없이** 개별 금고 소속 **임직원에 대해서까지 구속력을 가진다고 볼 수는 없으므로</u>, 새마을금고중앙회의 정관에 개별 금고의 임직원에 대한 직접적인 제재처분권에

관한 규정을 두었더라도 새마을금고중앙회가 이를 근거로 개별 금고의 임직원에 대하여 직접적으로 권리를 제한하거나 의무를 부과하는 처분을 할 수는 없다고 본 원심판단을 수긍한 사례.

| 예상지문 |

① **새마을금고중앙회의 회장**은 개별 금고로 하여금 관련 임직원에 대한 개선·직무정지·견책·경고 등의 조치를 하도록 요구할 수 있을 뿐 **개별 금고의 임직원**에 대하여 **직접 제재처분**을 할 수는 없다.　　　　　(○)

② **새마을금고중앙회의 자치법규인 정관**은 구성원인 개별 금고에 대해서만 구속력을 가질 뿐 별도의 법령상 근거 없이 **개별 금고 소속 임직원**에 대해서까지 구속력을 가진다고 볼 수는 없지만, 새마을금고중앙회의 정관에 개별 금고의 임직원에 대한 직접적인 제재처분권에 관한 규정을 두었다면 이를 근거로 개별 금고의 임직원에 대하여 **직접적으로** 권리를 제한하거나 의무를 부과하는 **처분을 할 수 있다.**　　　　　(×)

03 음주운전·음주측정거부와 운전면허취소 [대판 2021.12.10. 2018두42771]

판결요지

구 도로교통법 제2조 제24호는 "운전이라 함은 도로에서 차마를 그 본래의 사용방법에 따라 사용하는 것을 말한다"라고 규정하여 도로교통법상 '운전'에는 도로 외의 곳에서 한 운전은 포함되지 않는 것으로 보았다. 위 규정은 2010. 7. 23. 법률 제10382호로 개정되면서 "운전이라 함은 도로(제44조, 제45조, 제54조 제1항, 제148조 및 제148조의2에 한하여 도로 외의 곳을 포함한다)에서 차마를 그 본래의 사용방법에 따라 사용하는 것을 말한다"라고 규정하여, **음주운전**에 관한 금지규정인 같은 법 제44조 및 **음주운전·음주측정거부** 등에 관한 **형사처벌규정**인 같은 법 제148조의2의 '운전'에는 **도로 외의 곳**에서 한 운전도 포함되게 되었다. 이후 2011. 6. 8. 법률 제10790호로 개정되어 조문의 위치가 제2조 제26호로 바뀌면서 "운전이란 도로(제44조, 제45조, 제54조 제1항, 제148조 및 제148조의2의 경우에는 도로 외의 곳을 포함한다)에서 차마를 그 본래의 사용방법에 따라 사용하는 것(조종을 포함한다)을 말한다"라고 그 표현이 다듬어졌다.

위 괄호의 예외 규정에는 **음주운전·음주측정거부** 등에 관한 **형사처벌 규정**인 도로교통법 제148조의2가 **포함되어 있으나**, **행정제재처분인 운전면허 취소·정지**의 근거 규정인 도로교통법 제93조는 **포함되어 있지 않기** 때문에 **도로 외의 곳에서의 음주운전·음주측정거부** 등에 대해서는 **형사처벌만 가능**하고 운전면허의 취소·정지 처분은 부과할 수 **없다.**

| 예상지문 |

① 현행 도로교통법상 **음주운전**에 관한 금지규정인 같은 법 제44조 및 **음주운전·음주측정거부** 등에 관한 **형사처벌규정**인 같은 법 제148조의2의 '운전'에는 **도로 외의 곳**에서 한 운전도 **포함**된다.　　　　　(○)

② 도로교통법상 **도로 외의 곳에서의 음주운전·음주측정거부** 등에 대해서는 **형사처벌이 가능**하고 운전면허의 **취소·정지 처분도** 부과할 수 **있다.**　　　　　(×)

04 국가공무원인 교원의 보수의 구체적 내용 [대판 2023.10.26. 2020두50966]

판결요지

[1] 국가공무원인 교원의 보수는 본질적으로 급부적 성격이 강한 국가행정의 영역에 속하는 것으로서 해마다 국가의 재정상황 등에 따라 그 액수가 수시로 변화하고, 교원의 보수체계 역시 국가의 정치·사회·경제적 상황, 시대 변화에 따른 교원의 지위 및 역할의 변화, 민간 영역의 보수 체계의 변화 등 사회적·경제적 여건에 따라 적절히 대처할 필요성이 있기 때문에 이에 관한 모든 사항을 법률에 규정하는 것은 입법기술상 매우 어렵다. 따라서 국가공무원인 **교원의 보수에 관한 구체적인 내용**(보수 체계, 보수 내용, 지급 방법 등)까지 **반드시 법률의 형식으로만** 정해야 하는 '기본적인 사항'이라고 보기는 **어렵고**, 이를 행정부의 **하위법령에 위임**하는 것은 불가피하다.

[2] 교육부장관이 중국, 일본, 중동·러시아, 남미에 설립된 사립학교인 한국학교에 재외국민의 교육지원 등에 관한 법률 시행령(이하 '재외국민교육법 시행령') 제15조 등에 따라 파견공무원을 선발하기 위해서 각종 수당 및 근무조건에 관한 구체적인 내용이 기재된 교사 선발계획을 수립하여 이를 공고하였는데, 모스크바 한국학교 파견교사로 선발되어 3년간 파견근무를 한 초등학교 교사 甲이 파견기간 동안 재외 한국학교가 지급한 수당을 제외한 나머지 재외기관 근무수당의 지급을 청구한 사안에서, 재외국민의 교육지원 등에 관한 법령과 공무원보수규정, 공무원수당 등에 관한 규정(이하 '공무원수당규정') 등 관계 법령의 목적과 규정 내용 및 체계, 재외 한국학교에 대한 교육공무원 파견 선발 제도 시행 경위와 취지, 위 선발계획의 수립과정과 내용 등을 종합적으로 고려하면, 교육부장관이 위와 같이 선발계획에서 재외 한국학교들이 지급하는 수당 부분을 제외한 나머지 재외기관 근무수당을 지급하지 않는 것으로 선발계획을 수립하여 공고한 것 자체를 재외 한국학교 파견공무원 수당 지급에 관한 '내부지침 또는 세부기준'을 정한 것으로 볼 수 있고, 이러한 선발계획의 내용이 위임법령의 목적이나 근본 취지에 배치되거나 모순되는 것으로 보이지 않는 점 등에 비추어, 공무원수당규정의 특별규정인 재외국민교육법 시행령 제17조에 따라 **교육부장관에게 재외 한국학교 파견공무원에 대한 수당 지급**과 관련하여 **재량권**이 인정되고, 교육부장관이 재외국민교육법 시행령 제17조 등 관계 법령에 따라 **재외 한국학교와 협의**를 거쳐 공무원수당규정이 정한 범위에서 예산사정 등을 고려하여 정한 위 **선발계획의 수당 부분**에 재량권 행사의 기초가 되는 사실을 오인하였다거나 비례·평등의 원칙에 반하는 등의 사유가 있다고 단정하기 어렵다고 한 사례.

예상지문

① **국가공무원인 교원의 보수**는 본질적으로 급부적 성격이 강한 국가행정의 영역에 속하는 것으로서 해마다 국가의 재정상황 등에 따라 그 액수가 **수시로 변화**하고, 교원의 보수체계 역시 국가의 정치·사회·경제적 상황, 시대 변화에 따른 교원의 지위 및 역할의 변화, 민간 영역의 보수 체계의 변화 등 사회적·경제적 여건에 따라 적절히 대처할 필요성이 있기 때문에 이에 관한 **모든 사항**을 **법률에 규정**하는 것은 입법기술상 매우 **어렵다.** (○)

② **국가공무원인 교원의 보수**에 관한 **구체적인 내용**(보수 체계, 보수 내용, 지급 방법 등)까지 반드시 **법률의 형식으로만** 정해야 하는 '기본적인 사항'이라고 보기는 어렵고, 이를 행정부의 **하위법령에 위임**하는 것은 불가피하다. (○)

제2장 행정법의 법원

01 기타부담금부과처분취소 – 신뢰보호원칙 [대판 2020.7.23. 2020두33824]

특정 사항에 관하여 신뢰보호원칙상 행정청이 그와 배치되는 조치를 할 수 없을 정도의 행정관행이 성립되었다고 하기 위한 요건 및 행정청이 단순한 착오로 어떠한 처분을 계속하다가 추후 오류를 발견하여 합리적인 방법으로 변경하는 경우, 신뢰보호원칙에 위배되는지 여부(소극)

특정 사항에 관하여 <u>신뢰보호원칙상 행정청이 그와 배치되는 조치를 할 수 없다고 할 수 있을 정도의 행정관행이 성립되었다고 하려면</u> 상당한 기간에 걸쳐 그 사항에 관하여 동일한 처분을 하였다는 객관적 사실이 존재할 뿐만 아니라, 행정청이 그 사항에 관하여 다른 내용의 처분을 할 수 있음을 알면서도 **어떤 특별한 사정** 때문에 그러한 처분을 하지 **않는다는 의사**가 있고 이와 같은 의사가 명시적 또는 묵시적으로 **표시되어야** 한다. 단순히 착오로 어떠한 처분을 계속한 경우는 이에 해당되지 않고, 따라서 처분청이 추후 **오류를 발견**하여 **합리적인 방법으로 변경**하는 것은 신뢰보호원칙에 위배되지 않는다(대판 1993.6.11. 92누14021 등 참조).

| 기출지문 |

① 특정 사항에 관하여 신뢰보호원칙상 행정청이 그와 배치되는 조치를 할 수 없다고 할 수 있을 정도의 행정관행이 성립되었다고 하려면 상당한 기간에 걸쳐 그 사항에 관하여 동일한 처분을 하였다는 객관적 사실이 존재하는 것으로 족하다. [23국회8급] (×)

② 행정청이 단순한 착오로 어떠한 처분을 계속한 경우, 신뢰보호원칙상 행정청이 그와 배치되는 조치를 할 수 없는 행정관행이 성립하므로, 행정청이 추후 오류를 발견하여 합리적인 방법으로 변경하더라도 신뢰보호원칙에 위배된다. [23변시] (×)

02 교육환경평가 승인반려처분 취소청구의 소 [대판 2020.4.29. 2019두52799, 표준판례 15]

판결요지

甲 주식회사가 교육환경보호구역에 해당하는 사업부지에 콘도미니엄을 신축하기 위하여 교육환경평가 승인신청을 한 데 대하여, 관할 교육지원청 교육장이 甲 회사에 '관광진흥법 제3조 제1항 제2호 (나)목에 따른 휴양 콘도미니엄업이 교육환경 보호에 관한 법률에 따른 금지행위 및 시설로 규정되어 있지는 않으나 성매매 등에 대한 우려를 제기하는 민원에 대한 구체적인 예방대책을 제시하시기 바람'이라고 기재된 보완요청서를 보낸 후 교육감으로부터 '콘도미니엄업에 관하여 교육환경보호구역에서 금지되는 행위 및 시설에 관한 교육환경 보호에 관한 법률(이하 '교육환경법') 제9조 제27호를 적용하라'는 취지의 행정지침을 통보받고 甲 회사에 교육환경평가승인신청을 반려하는 처분을 한 사안에서, 교육장이 보완요청서에서 '휴양 콘도미니엄업이 교육환경법 제9조 제27호에 따른 금지행위 및 시설로 규정되어 있지 않다'는 의견을 밝힌 바 있으나, 이는 교육장이 최종적으로 교육환경평가를 승인해 주겠다는 취지의 공적 견해를 표명한 것이라고 볼 수 없고 오히려 수차례에 걸쳐 甲 회사에 보낸 보완요청서에 의하면 현 상태로는 교육환경평가승인이 어렵다는 취지의 견해를 밝힌 것에 해당하는 점, 甲 회사는 사업 준비 단계에서 휴양 콘도미니엄업을 계획하고 교육장의 보완요청에 따른 추가 검토를 진행한 정도에 불과하여 위 처분으로 침해받는 甲의 이익이 그다지 크다고 보기 어려운 반면 교육환경

보호구역에서 휴양 콘도미니엄이 신축될 경우 학생들의 **학습권과 교육환경**에 미치는 **부정적 영향**이 매우 큰 점 등에 비추어, 위 처분은 신뢰의 대상이 되는 교육장의 공적 견해표명이 있었다고 보기 어렵고, 교육장의 교육환경평가승인이 공익 또는 제3자의 정당한 이익을 현저히 해할 우려가 있는 경우에 해당하므로 **신뢰보호원칙**에 반하지 않는다고 한 사례.

| 예상지문 |

> 관할 교육장이 '휴양 콘도미니엄업이 교육환경법 제9조 제27호에 따른 **금지행위 및 시설로 규정**되어 있지 **않다**'는 의견을 밝힌 것은 **최종적으로 교육환경평가를 승인**해 주겠다는 취지의 **공적 견해**를 표명한 것이라고 볼 수 없다. (O)

03 국적비보유판정 취소의 소 - 신뢰보호원칙 [대판 2024.3.12. 2022두60011]

국적 취득에서 신뢰보호의 원칙의 적용 여부가 문제된 사건

신뢰보호의 원칙의 적용 요건 / 행정청의 공적인 견해표명의 판단 기준

일반적으로 행정상의 법률관계에 있어서 행정청의 행위에 대하여 **신뢰보호의 원칙**이 적용되기 위하여는, 첫째 행정청이 개인에 대하여 신뢰의 대상이 되는 **공적인 견해표명**을 하여야 하고, 둘째 행정청의 견해표명이 정당하다고 신뢰한 데에 대하여 그 개인에게 **귀책사유가 없어야** 하며, 셋째 그 개인이 그 견해표명을 신뢰하고 **이에 기초하여 어떠한 행위**를 하였어야 하고, 넷째 행정청이 위 **견해표명에 반하는 처분**을 함으로써 그 견해표명을 신뢰한 **개인의 이익이 침해**되는 결과가 초래되어야 하는바, 어떠한 행정처분이 이러한 요건을 충족하는 때에는 **공익 또는 제3자의 정당한 이익을 현저히 해할 우려**가 있는 경우가 아닌 한 신뢰보호의 원칙에 반하는 행위로서 위법하다(대판 1999.3.9. 98두19070, 대판 2006.6.9. 2004두46 등 참조).

한편 행정청의 공적 견해표명이 있었는지 여부를 판단함에 있어서는 반드시 행정조직상의 형식적인 권한분장에 구애될 것은 아니고, 담당자의 조직상의 지위와 임무, 해당 언동을 하게 된 구체적인 경위 및 그에 대한 상대방의 신뢰가능성에 비추어 실질에 의하여 판단하여야 한다.

※ 대한민국 국적의 부와 중국 국적의 모 사이의 혼외자로 출생한 원고들이 국적법 제2조에 따라 출생에 의한 국적을 취득할 수 없는데도, **행정청의 과실로 원고들이 대한민국 국민임을 전제**로 주민등록번호가 부여되고 **주민등록증이 발급**되었는데, 원고들이 성인이 된 이후 피고에게 국적보유판정 신청을 하자 피고가 원고들이 대한민국 국적 보유자가 아니라는 이유로 **국적비보유 판정**을 하였고, 이에 원고들이 피고를 상대로 그 판정의 취소를 구한 사안임

원심은, 원고들의 출생신고에 따라 원고들에게 주민등록번호가 부여되고, 가족관계등록부가 작성되었다고 하더라도 그 후 원고들에 대한 가족관계등록부가 말소되고, 원고들 부의 가족관계등록부에 원고들의 국적이 중국으로 기재되었으며, 출입국관리 행정청이 원고들의 부모에게 원고들에 대한 국적 취득 절차를 안내한 이상, 원고들이 대한민국 국적을 취득하였다는 행정청의 견해표명이 있었다고 하더라도, 그 견해표명이 철회되었거나 그 견해표명이 정당하다고 신뢰한 원고들의 부모에게 귀책사유가 있다고 판단하였음

대법원은, ① 원고들이 **대한민국 국적을 취득하였다**는 **공적 견해표명**이 계속 유지되었고, ② **공적 견해표명을 신뢰**한 원고들의 행위가 있었으며, ③ 이 사건 **판정으로 인해 침해되는 원고들의 이익**

이 크고, ④ 행정청이 원고들의 부모에 대하여 원고들에 대한 국적취득절차를 밟아야 한다는 점을 안내하였는데도 **원고들의 부모가 원고들의 대한민국 국적 취득을 신뢰하여 그 절차를 진행하지 않은 과실이 있으나, 원고들 스스로는** 자신들이 대한민국 국적을 취득하였다고 신뢰한 데에 **귀책사유가 있었다고 보기 어렵다**고 보아, 이와 달리 이 사건 판정이 **신뢰보호의 원칙에 반하지 않는다**고 판단한 원심을 **파기 · 환송함**

| 예상지문 |

> 대한민국 국적의 부와 중국 국적의 모 사이의 **혼외자로 출생한 원고들**이 국적법 제2조에 따라 **출생에 의한 국적을 취득할 수 없는데도**, 행정청의 과실로 원고들이 대한민국 국민임을 전제로 **주민등록번호가 부여되고 주민등록증이 발급되었는데**, 원고들이 성인이 된 이후 피고에게 국적보유판정 신청을 하자 피고가 원고들이 대한민국 국적 보유자가 아니라는 이유로 **국적비보유 판정**을 한 것은 **부모들의 귀책사유가 있으므로** 이 사건 판정은 **신뢰보호의 원칙에 반하지 않는다.** (×)

04 건축허가취소처분취소 − 법령개정과 신뢰보호 [대판 2020.7.23. 2019두31839]

판결요지

어떤 인허가의 근거 법령에서 **절차간소화를 위하여 관련 인허가를 의제 처리**할 수 있는 근거 규정을 둔 경우에는, 사업시행자가 인허가를 신청하면서 하나의 절차 내에서 관련 인허가를 의제 처리해줄 것을 신청할 수 있다. 관련 인허가 의제 제도는 사업시행자의 이익을 위하여 만들어진 것이므로, **사업시행자가 반드시 관련 인허가 의제 처리를 신청할 의무가 있는 것은 아니다.**

만약 건축주가 '부지 확보' 요건을 완비하지는 못한 상태이더라도 **가까운 장래에 '부지 확보' 요건을 갖출 가능성이 높다면**, 건축행정청이 추후 별도로 국토계획법상 개발행위(토지형질변경) 허가를 받을 것을 **명시적 조건**으로 하거나 또는 당연히 요청되는 사항이므로 **묵시적인 전제**로 하여 건축주에 대하여 **건축법상 건축허가를 발급하는 것이 위법하다고 볼 수는 없다.**

그러나 건축주가 건축법상 **건축허가를 발급받은 후**에 국토계획법상 **개발행위**(토지형질변경) 허가절차를 **이행하기를 거부하거나**, 그 밖의 사정변경으로 해당 건축부지에 대하여 국토계획법상 개발행위(토지형질변경) 허가를 발급할 **가능성이 사라졌다면**, 건축행정청은 건축주의 건축계획이 마땅히 갖추어야 할 '부지 확보' 요건을 충족하지 못하였음을 이유로 이미 발급한 **건축허가를 직권으로 취소 · 철회**하는 방법으로 회수하는 것이 필요하다.

건축주가 건축물을 건축하기 위해서는 건축법상 **건축허가**와 국토계획법상 **개발행위**(건축물의 건축) **허가를 각각 별도로 신청**하여야 하는 것이 **아니라,** 건축법상 건축허가절차에서 관련 **인허가 의제** 제도를 통해 두 허가의 발급 여부가 **동시에 심사 · 결정되도록** 하여야 한다. 즉, 건축주는 건축행정청에 건축법상 건축허가를 신청하면서 국토계획법상 개발행위(건축물의 건축) 허가 심사에도 필요한 자료를 첨부하여 제출하여야 하고, **건축행정청은 개발행위허가권자와 사전 협의절차를 거침으로써 건축법상 건축허가를 발급할 때 국토계획법상 개발행위**(건축물의 건축) **허가가 의제되도록 하여야** 한다.

이를 통해 건축법상 건축허가절차에서 건축주의 건축계획이 국토계획법상 개발행위 허가기준을 충족하였는지가 함께 심사되어야 한다. 건축주의 건축계획이 건축법상 건축허가기준을 충족하더라도 국토계획법상 개발행위 허가기준을 충족하지 못한 경우에는 해당 건축물의 건축은 법질서상 허용되지 않는 것이므로, 건축행정청은 **건축법상 건축허가**를 발급하면서 국토계획법상 **개발행위(건축물의 건축) 허가가 의제되지 않은** 것으로 처리하여서는 **안 되고**, 건축법상 **건축허가**의 발급을 **거부하여야** 한다. 건축법상 건축허가절차에서 국토계획법상 **개발행위 허가기준** 충족 여부에 관한 **심사가 누락**된 채 건축법상 **건축허가가** 발급된 경우에는 그 건축법상 **건축허가는 위법**하므로 **취소할 수 있다**. 이때 건축허가를 취소한 경우 건축행정청은 개발행위허가권자와의 사전 협의를 통해 국토계획법상 개발행위 허가기준 충족 여부를 심사한 후 건축법상 건축허가 발급 여부를 다시 결정하여야 한다.

| 예상지문 |

① 관련 **인허가 의제 제도**는 사업시행자의 이익을 위하여 만들어진 것이므로, 사업시행자가 **반드시 관련 인허가 의제** 처리를 신청할 의무가 있는 것은 **아니다**.　　　　　　　　　　　　(O)

② 건축주가 '부지 확보' 요건을 완비하지는 못한 상태에서 가까운 장래에 '부지 확보' 요건을 갖출 가능성이 높더라도, 건축행정청이 추후 **별도로 국토계획법상 개발행위**(토지형질변경) **허가를 받을 것을 명시적 조건**으로 또는 **묵시적인 전제**로 하여 건축주에 대하여 건축법상 **건축허가를 발급**하는 것이 **위법**하다.　　(×)

③ 건축행정청은 건축법상 **건축허가**를 발급하면서 국토계획법상 **개발행위**(건축물의 건축) 허가가 **의제되지 않은 것**으로 처리하여서는 **안 되고**, 건축법상 건축허가의 발급을 거부하여야 한다. 건축법상 건축허가절차에서 **국토계획법상 개발행위 허가기준** 충족 여부에 관한 **심사가 누락**된 채 건축법상 **건축허가가 발급**된 경우에는 그 건축법상 건축허가는 **위법**하므로 취소할 수 있다.　　(O)

| 기출지문 |

① 甲의 토지는 그 지목이 답(畓)으로서 甲이 자신의 토지에 건축을 하고자 하는 경우 「국토의 계획 및 이용에 관한 법률」상 개발행위허가를 받아야 하므로, 甲은 개발행위허가의제 처리를 신청할 의무가 있다. [22-3]　(×)

② 건축주가 건축물을 건축하기 위해서는 「건축법」상 건축허가와 「국토의 계획 및 이용에 관한 법률」상 개발행위(건축물의 건축)허가를 각각 별도로 신청할 수 있고, 「건축법」상 건축허가절차에서 관련 인허가의제 제도를 통해 두 허가의 발급 여부가 동시에 심사·결정되어야 하는 것은 아니다. [22-2]　(×)

05 공직자윤리법위반 [대결 2020.11.3. 2020마5594]

질서위반행위에 대하여 과태료 부과의 근거 법률이 개정되어 행위 시의 법률에 의하면 과태료 부과대상이었지만 재판 시의 법률에 의하면 과태료 부과대상이 아니게 된 경우, 과태료를 부과할 수 있는지 여부(원칙적 소극)

과태료 부과에 관한 일반법인 질서위반행위규제법에 의하면, 질서위반행위의 성립과 과태료 처분은 원칙적으로 행위 시의 법률에 따르지만(제3조 제1항), **질서위반행위 후 법률이 변경**되어 그 행위가 질서위반행위에 **해당하지 아니하게** 되거나 과태료가 변경되기 전의 법률보다 **가볍게** 된 때에는 법률에 특별한 규정이 없는 한 **변경된 법률**을 적용하여야 한다(제3조 제2항).

따라서 질서위반행위에 대하여 과태료 부과의 근거 **법률이 개정**되어 행위 시의 법률에 의하면 과태료 부과대상이었지만 **재판 시의 법률**에 의하면 과태료 **부과대상이 아니**게 된 때에는 개정 법률의 부칙에서 종전 법률 시행 당시에 행해진 질서위반행위에 대해서는 행위 시의 법률을 적용하도록 특별한 규정을 두지 않은 이상 **재판 시의 법률**을 적용하여야 하므로 **과태료**를 부과할 수 **없다**.

▷ 「**행정기본법**」 제14조 제3항 역시 "법령 등을 위반한 행위의 성립과 이에 대한 제재처분은 법령

등에 특별한 규정이 있는 경우를 제외하고는 법령 등을 위반한 행위 당시의 법령 등에 따른다. 다만, 법령 등을 위반한 행위 후 법령 등의 변경에 의하여 그 행위가 법령 등을 위반한 행위에 해당하지 아니하거나 제재처분 기준이 가벼워진 경우로서 해당 법령 등에 특별한 규정이 없는 경우에는 변경된 법령 등을 적용한다"고 규정하고 있다.

| 예상지문 |

> ① 질서위반행위의 성립과 과태료 처분은 원칙적으로 행위 시의 법률에 따르지만, **질서위반행위 후 법률이 변경**되어 그 행위가 질서위반행위에 **해당하지 아니**하게 되거나 **가볍게** 된 때에는 법률에 특별한 규정이 없는 한 **변경된 법률**을 적용하여야 한다. (○)
> ② 과태료 부과의 근거 **법률이 개정**되어 행위 시의 법률에 의하면 과태료 부과대상이었지만 **재판 시의 법률**에 의하면 과태료 부과대상이 **아니게** 된 때에는 부칙에서 특별한 규정을 두지 않은 이상 재판 시의 법률을 적용하여야 하므로 **과태료를 부과할 수 없다**. (○)

06 건축허가신청불허가통지처분취소 [대판 2020.10.15. 2020두41504]

인허가 신청 후 처분 전에 관계 법령이 개정·시행된 경우, 변경된 법령 및 허가기준에 따라 한 불허가처분을 위법하다고 할 수 있는지 여부(원칙적 소극) 및 개정된 허가기준의 적용을 제한할 여지가 있는 경우

1. 사건의 개요와 쟁점

가. 원심판결의 이유와 기록에 의하면, 다음과 같은 사정을 알 수 있다.

(1) 원고는 전주시 (주소 1 생략) 답 417㎡, (주소 2 생략) 답 671㎡, (주소 3 생략) 답 432㎡(이하 '이 사건 신청지')에서 건축면적 237.49㎡, 연면적 합계 453.56㎡, 지상 2층 규모의 묘지관련시설(동물화장시설) 1개 동(이하 '이 사건 동물화장시설')을 건축하기 위하여 2018. 1. 31. 피고 전주시 덕진구청장에게 개발행위허가 등 관련 인허가 의제 처리가 포함된 건축허가를 신청하였다(이하 '이 사건 신청').

(2) 이 사건 신청지는 왕복 6차로의 대로를 사이에 두고 주택과 상가 등이 밀집한 지역과 인접해 있고, 그 최단거리는 110m 정도였다.

(3) 피고는 2018. 9. 7. 원고에게 다음과 같은 사유로 이 사건 신청을 불허가하는 이 사건 **거부처분**을 하였다.

① 이 사건 동물화장시설로 인하여 주변지역에 환경오염, 생태계 파괴, 위해발생 등의 가능성이 있다(이하 '제1처분사유').

② 자연경관과 부조화가 있어 주변지역과의 관계에 부적합하다(이하 '제2처분사유').

③ 이 사건 신청지는 10호 이상 주민이 거주하는 주거밀집지역 내 경계로부터 약 110m에 위치하여 구 「전주시 도시계획 조례」 제17조 제2항 제1호의 '10호 이상 주민이 거주하는 주거밀집지역 내 경계 또는 자연취락지구로 결정된 지구의 경계로부터 200m 이내의 지역에서는 「건축법 시행령」[별표 1] 제26호의 묘지 관련 시설 등을 설치하는 개발행위를 할 수 없다'는 규정(이하 '개정 후 조례조항')에 저촉된다(이하 '제3처분사유').

④ 전주시 도시계획위원회 심의에서 이 사건 신청이 부결로 의결되었다(이하 '제4처분사유').

나. 이 사건의 쟁점은 제3처분사유가 인정되는지 여부 및 그 경우 피고에게 이 사건 신청에 대하여 개발행위허가를 발급할 재량이 있는지 여부이다.

2. 관련 규정과 법리

가. 「국토계획법」 제58조 제1항 제4호는 개발행위허가의 신청 내용이 주변지역의 토지이용실태 또는 토지이용계획, 건축물의 높이, 토지의 경사도, 수목의 상태, 물의 배수 등 주변 환경이나 경관과 조화를 이루어야 한다고 규정하고 있고, 제3항은 그 허가의 기준은 지역의 특성, 지역의 개발상황, 기반시설의 현황 등을 고려하여 대통령령으로 정한다고 규정하고 있다. 그 위임에 따른 「국토계획법 시행령」 제56조 제1항 [별표 1의2] '개발행위허가기준' 제1호 (라)목 (1), (2)는 개발행위로 건축 또는 설치하는 건축물 또는 공작물이 주변의 자연경관 및 미관을 훼손하지 아니하고, 그 높이·형태 및 색채가 주변건축물과 조화를 이루어야 하며, 도시·군계획으로 경관계획이 수립되어 있는 경우에는 그에 적합하여야 하고, 개발행위로 인하여 당해 지역 및 그 주변지역에 대기오염·수질오염·토질오염·소음·진동·분진 등에 의한 환경오염·생태계파괴·위해 등이 발생할 우려가 없어야 한다고 규정하고 있고, 특히 2017. 12. 29. 대통령령 제28553호 개정을 통해 신설된 '개발행위허가기준' 제2호 (가)목 (3)은 '특정 건축물 또는 공작물에 대한 이격거리, 높이, 배치 등에 대한 구체적인 사항은 도시·군계획조례로 정할 수 있다. 다만 특정 건축물 또는 공작물에 대한 이격거리, 높이, 배치 등에 대하여 다른 법령에서 달리 정하는 경우에는 그 법령에서 정하는 바에 따른다'고 규정하고 있다. 특정 건축물·공작물의 이격거리에 관한 규정은 '주변 환경 및 경관과 조화를 이루고 환경오염·생태계파괴·위해 등이 발생할 우려가 없어야 한다'는 개발행위허가기준을 구체화한 것으로서, 위 시행령 개정으로 신설된 조항은 이를 주의적·확인적으로 규정한 것에 불과하다(대판 2019.10.17. 2018두40744 참조).

그 위임에 따른 구 「전주시 도시계획 조례」 제17조 제2항 제1호는 '자연취락지구로 결정된 지구의 경계로부터 200m 이내'의 지역에서는 건축법 시행령 [별표 1] 제26호의 묘지 관련 시설 등을 설치하는 개발행위를 할 수 없도록 규정하였다(이하 '개정 전 조례조항').

그러나 2018. 2. 28. 개정·시행된 '개정 후 조례조항'은 묘지 관련 시설 등을 설치하는 개발행위를 금지하는 지역을 '10호 이상 주민이 거주하는 주거밀집지역 내 경계 또는 자연취락지구로 결정된 지구의 경계로부터 200m 이내'라고 규정하여 개발행위 제한지역의 범위를 확대하였는데, 그 시행 전에 이미 개발행위허가 신청이 있었던 경우에 관하여 별도의 경과규정을 두지는 않았다.

나. 인허가 신청 후 처분 전에 관계 법령이 개정·시행된 경우 개정된 법령의 부칙에서 그 시행 전에 이미 인허가 신청이 있는 때에는 종전의 규정에 의한다는 취지의 경과규정을 특별히 두지 아니한 이상, 행정처분은 그 처분 당시에 시행 중인 법령과 허가기준에 의하여 하는 것이 원칙이다. 따라서 관할 행정청이 인허가 신청을 수리하고도 정당한 이유 없이 처리를 늦추어 그 사이에 관계 법령 및 허가기준이 변경된 것이 아닌 한, 변경된 법령 및 허가기준에 따라서 한 불허가처분을 위법하다고 할 수 없다. 다만 개정 전 허가기준의 존속에 관한 국민의 신뢰가 개정된 허가기준의 적용에 관한 공익상의 요구보다 더 보호가치가 있다고 인정되는 경우에는 그러한 국민의 신뢰를 보호하기 위하여 개정된 허가기준의 적용을 제한할 여지가 있을 뿐이다(대판 2005.7.29. 2003두3550 등 참조).

3. 이 사건에 관한 판단

가. 원심은 다음과 같은 이유로 이 사건 거부처분이 신뢰보호원칙을 위반하였거나 재량권을 일탈·남용하여 위법하다고 판단하였다. 〈중략〉

나. 그러나 원심판결의 이유와 기록에 의하여 알 수 있는 아래 사정을 앞서 본 법리에 비추어 살펴보면, 원심의 위와 같은 판단은 그대로 수긍하기 어렵다.

(1) 지방자치단체는 개발행위허가에 관한 세부기준을 조례로 정함에 있어서 광범위한 재량을 가진다. '개정 후 조례조항'은 지방자치단체가 이러한 광범위한 재량을 토대로, 전주시 내 동물화장시설 등이 주변 환경 및 경관과 조화를 이루고 환경오염·생태계파괴·위해발생 등의 우려가 없도록 하기 위한 공익 목적을 달성하기 위하여 국토계획법령의 위임범위 내에서 그 세부기준을 구체화한 것이다.

'개정 후 조례조항'은 국토계획법령이 추구하는 위와 같은 공익 목적을 달성하고 지방자치단체가 그 지역 특성에 맞추어 신청지 인근 주민의 환경권을 보호하기 위하여 개발행위가 제한되는 이격거리기준을 다소 강화한 것으로, **'개정 후 조례조항'**에서 정한 이격거리기준이 국토계획법령에 반하거나 **객관적인 합리성을 결여**한 것이라고 볼 수 **없다**.

또한 이 사건 **신청 당시** '개정 전 조례조항'이 시행되고 있었다는 사정만으로 이 사건 신청 당시를 기준으로 피고가 원고에게 그 허가 여부에 관하여 어떠한 **보호가치 있는 신뢰**를 부여하였다고 볼 수 없다. 왜냐하면 어떤 개발행위허가 신청의 내용이 이격거리기준을 충족한다고 하여 '주변환경과의 조화', '환경오염 발생 우려'와 같은 개발행위허가기준 충족 여부에 관한 심사가 면제되거나 개발행위허가 발급이 보장되는 것은 아니기 때문이다.

(2) 오히려 기록에 의하면, 전주시장은 '국토계획법에서 위임된 내용을 정비하고 조례 운영상 나타난 미비점을 보완하여 효율적인 조례운영을 도모'하려는 목적에서 '개정 조례안'을 2017. 12. 15. 입법예고하면서 '개정 후 조례조항'의 구체적인 내용을 포함하였음을 알 수 있다. 이를 통해 장차 개정될 조례의 수범자에게 **이격거리기준이 강화**되리라는 점이 **사전 고지**된 상황에서 원고가 2018. 1. 31. 이 사건 신청을 하였으므로, 이 사건 신청 당시를 기준으로 '개정 전 조례조항'의 존속에 관한 원고의 신뢰에 보호가치가 크다고 보기는 어렵다.

(3) 원고는 이 사건 신청 전에 피고로부터 개발행위허가를 발급받을 수 있을 것으로 예측하여 이 사건 신청지를 매수하고, 이 사건 동물화장시설의 건축을 위한 계획을 수립하거나 설계 용역계약을 체결하였으나, 이 사건 거부처분으로 인하여 그 공사에 착수하지 못한 이상 원고로서는 이 사건 신청지를 매도하는 방법으로 매수자금을 회수할 수 있으므로, 이 사건 거부처분으로 인하여 원고에게 발생하는 불이익이나 금전적 손해가 크다고 보기도 어렵다.

(4) 이 사건 **신청이 있은 때**로부터 **약 한 달 후**에 '개정 후 조례조항'이 시행되었고, 그 후 피고가 도시계획위원회의 심의 등을 거쳐 **약 6개월 후** 이 사건 처분을 한 점 등에 비추어 보면, 피고가 **정당한 이유 없이** 이 사건 신청의 **처리를 지연**하였다고 볼 수도 **없다**.

(5) 요컨대, 이 사건에서 '개정 전 조례조항'의 존속에 관한 원고의 **신뢰가 '개정 후 조례조항'**이 추구하는 **공익보다 더 보호가치**가 있다고 할 수 **없으므로**, 피고가 이 사건 신청에 대하여 처분 당시의 법령인 '개정 후 조례조항'을 적용한 것이 신뢰보호원칙을 위반한 것이라고 볼 수는 없다. '개정 후 조례조항'은 상위법령의 위임에 근거하여 전주시가 제정한 조례로서 대외적으로 구속력 있는 법규이고, 만약 이 사건 신청지가 '개정 후 조례조항'에서 정한 '10호 이상 주민이 거주하는 주거밀집지역 경계로부터 200m 이내인 지역'에 해당한다면 거기에서 동물화장시설을 설치하는 개발행위는 '개정 후 조례조항'에 의하여 금지되어 있으므로, 전주시 소속 행정청인 피고는 '개정 후 조례조항'에 의하여 이 사건 신청을 불허하는 처분을 할 수밖에 없고, 그에 관하여 어떠한 재량이 있다고 볼 수 없다.

다. 그런데도 원심은 이 사건 신청에 대하여 '개정 후 조례조항'이 적용될 수 없다고 보아 제3처분 사유가 인정되지 않는다고 판단하고, 나아가 제1, 제2, 제4처분사유가 모두 인정되지 않으므로 이 사건 거부처분은 재량권을 일탈·남용한 위법한 처분이라고 판단하였다. 이러한 원심판단에는 허가 신청 후 허가기준이 변경된 경우에 적용되는 법령과 신뢰보호원칙 등에 관한 법리를 오해하여 필요한 심리를 다하지 않아 판결에 영향을 미친 잘못이 있다. 이를 지적하는 원고의 상고이유 주장은 이유 있다. [파기환송]

| 기출문제 |

甲은 동물화장시설을 건립하고자 하였다. 이에 A시 시장에게 2021. 2. 15. 개발행위허가가 포함된 건축허가를 신청하였다.

A시 시장이 위 건축허가 신청에 대하여 심사를 하고 있던 중 A시 의회는 2021. 4. 15. A시의 도시계획 조례를 개정하여 "10호 이상의 주민이 거주하는 주거밀집지역 경계로부터 200미터 이내"에는 동물화장시설을 설치할 수 없다는 규정을 신설하였다. 위 개정조례의 부칙은 위 조례를 공포한 날에 시행한다고 규정하고 있다.

甲의 동물화장시설 설치예정지는 위 개정조례상의 주거밀집지역 경계로부터 200미터 이내에 위치하고 있는데, A시 시장은 위 개정 조례 규정에도 불구하고 2021. 5. 15. 원고의 동물화장시설 신축을 허가하는 처분을 하였다.

[23법원행시]

2. 甲의 동물화장시설 설치예정지로부터 200미터 내에 거주하고 있는 주민 乙이 제기한 동물화장시설 신축허가처분 취소소송에서 위 동물화장시설 신축허가처분이 위법하다는 乙의 주장의 인용가능성에 대하여 검토하시오. (20점)

제3장 공법관계와 사법관계의 구별

01 문화재수리법 명의대여 금지규정의 성격과 위반의 효과 [대판 2020.11.12. 2017다228236]

판결요지

[1] 계약 등 법률행위의 당사자에게 일정한 의무를 부과하거나 일정한 행위를 금지하는 법규에서 이를 위반한 법률행위의 효력을 명시적으로 정하고 있는 경우에는 그 규정에 따라 법률행위의 유·무효를 판단하면 된다. 법률에서 해당 규정을 위반한 법률행위를 무효라고 정하고 있거나 해당 규정이 **효력규정**이나 **강행규정**이라고 명시하고 있으면 그러한 **규정을 위반**한 법률행위는 **무효**이다.

이와 달리 금지규정을 위반한 법률행위의 효력에 관하여 명확하게 정하지 않은 경우에는 규정의 입법 배경과 취지, 보호법익과 규율대상, 위반의 중대성, 당사자에게 법규정을 위반하려는 의도가 있었는지 여부, 규정 위반이 법률행위의 당사자나 제3자에게 미치는 영향, 위반행위에 대한 사회적·경제적·윤리적 가치평가, 이와 유사하거나 밀접한 관련이 있는 행위에 대한 법의 태도 등 여러 사정을 종합적으로 고려해서 효력을 판단해야 한다.

[2] '문화재수리법' 제21조에서 문화재수리업자의 명의대여 행위를 금지하면서도 이를 위반한 법률행위의 효력에 관해서는 명확하게 정하지 않고 있다. **문화재수리업자의 명의대여 행위**를 금지한 문화재수리법 제21조는 **강행규정**에 해당하고, 이를 **위반한 명의대여 계약**이나 이에 기초하여 대가를 정산하여 받기로 하는 **정산금 약정**은 모두 **무효**라고 보아야 한다.

예상지문

① 법률에서 해당 규정을 위반한 법률행위를 무효라고 정하고 있거나 해당 규정이 **효력규정**이나 **강행규정**이라고 명시하고 있으면 그러한 **규정을 위반**한 법률행위는 **무효**이다. (O)

② **문화재수리업자의 명의대여 행위**를 금지한 문화재수리법 제21조는 **강행규정**에 해당하고, 이를 **위반**한 명의대여 **계약이나** 이에 기초하여 대가를 정산하여 받기로 하는 **정산금 약정**은 **취소인 하자**에 불과하다. (×)

02 법무사사무원승인취소처분무효확인등 [대판 2020.4.9. 2015다34444]

[1] 법무사의 사무원 채용승인 신청에 대하여 소속 지방법무사회가 '채용승인을 거부'하는 조치 또는 일단 채용승인을 하였으나 법무사규칙 제37조 제6항을 근거로 '채용승인을 취소'하는 조치가 항고소송의 대상인 '처분'에 해당하는지 여부(적극)

법무사의 사무원 채용승인 신청에 대하여 소속 **지방법무사회가 '채용승인을 거부'**하는 조치 또는 일단 채용승인을 하였으나 법무사규칙 제37조 제6항을 근거로 '**채용승인을 취소**'하는 조치는 공법인인 지방법무사회가 행하는 구체적 사실에 관한 법집행으로서 공권력의 행사 또는 그 거부에 해당하므로 항고소송의 대상인 '**처분**'이라고 보아야 한다.

법무사 사무원 채용승인은 본래 법무사에 대한 감독권한을 가지는 소관 지방법원장에 의한 국가사무였다가 지방법무사회로 이관되었으나, 이후에도 소관 지방법원장은 지방법무사회로부터 채용승인 사실의 보고를 받고 이의신청을 직접 처리하는 등 지방법무사회의 업무수행 적정성에 대한 감독을 하고 있다.

또한 법무사가 사무원 채용에 관하여 법무사법이나 법무사규칙을 위반하는 경우에는 소관 지방법원장으로부터 징계를 받을 수 있으므로, 법무사에 대하여 지방법무사회로부터 **채용승인을 얻어** 사무원을 **채용할 의무**는 법무사법에 의하여 강제되는 **공법적 의무**이다.

지방법무사회의 법무사 사무원 채용승인은 단순히 지방법무사회와 소속 법무사 사이의 내부 법률문제라거나 지방법무사회의 고유사무라고 볼 수 없고, 법무사 감독이라는 국가사무를 위임받아 수행하는 것이라고 보아야 한다. 따라서 **지방법무사회**는 법무사 감독 사무를 수행하기 위하여 법률에 의하여 설립과 법무사의 회원 가입이 강제된 공법인으로서 법무사 사무원 채용승인에 관한 한 **공권력 행사의 주체**라고 보아야 한다.

[2] 지방법무사회가 법무사의 사무원 채용승인 신청을 거부하거나 채용승인을 얻어 채용 중인 사람에 대한 채용승인을 취소한 경우, 그 때문에 사무원이 될 수 없게 된 사람에게 항고소송을 제기할 원고적격이 인정되는지 여부(적극)

지방법무사회가 법무사의 사무원 채용승인 신청을 거부하거나 채용승인을 얻어 채용 중인 사람에 대한 채용승인을 취소하면, 상대방인 법무사로서도 그 사람을 사무원으로 채용할 수 없게 되는 불이익을 입게 될 뿐만 아니라, 그 사람도 법무사 사무원으로 채용되어 근무할 수 없게 되는 불이익을 입게 된다. 법무사규칙 제37조 제4항이 **이의신청 절차**를 규정한 것은 채용승인을 신청한 법무사뿐만 아니라 사무원이 되려는 사람의 이익도 보호하려는 취지로 볼 수 있다. 따라서 지방법무사회의 사무원 채용승인 거부처분 또는 채용승인 취소처분에 대해서는 처분 상대방인 법무사뿐만 아니라 그 때문에 **사무원이 될 수 없게 된 사람**도 이를 다툴 **원고적격**이 인정되어야 한다.

[3] 법률의 시행령이나 시행규칙의 내용이 모법의 입법 취지와 관련 조항 전체를 유기적·체계적으로 살펴보아 모법의 해석상 가능한 것을 명시한 것에 지나지 않거나 모법 조항의 취지에 근거하여 이를 구체화하기 위한 것인 경우, 모법에 직접 위임하는 규정을 두지 않았다고 하여 무효인지 여부(소극)

[4] '소속 지방법무사회는 법무사 사무원이 법무사 사무원으로서의 업무수행에 지장이 있다고 인정되는 행위를 하였을 경우에는 그 채용승인을 취소하여야 한다'고 규정한 법무사규칙 제37조 제6항 후단 부분이 모법인 법무사법 제23조 제4항의 위임 범위를 일탈한 것이어서 법률유보원칙에 위배되는지 문제 된 사안에서, 위 규칙조항이 모법의 위임 범위를 일탈한 것으로 볼 수 없다고 한 원심판단을 수긍한 사례

| 기출지문 |

① 법무사가 사무원을 채용할 때 소속 지방법무사회로부터 승인을 받아야 할 의무는 공법상 의무이다. [22국가9급]
(O)

② 지방법무사회는 무효등 확인소송의 피고가 될 수 있다. [22세무사]
(O)

③ **지방법무사회**가 법무사의 **사무원 채용승인** 신청을 **거부**하여 사무원이 될 수 없게 된 자가 지방법무사회를 상대로 거부처분의 취소를 구하는 경우 항고소송의 **원고적격**이 인정된다. [21국가9급]
(O)

④ 「법무사규칙」이 이의신청 절차를 규정한 것은 채용승인을 신청한 법무사뿐만 아니라 사무원이 되려는 사람의 이익도 보호하려는 취지로 볼 수 있으므로, 지방법무사회의 사무원 채용승인 거부처분에 대해서는 처분상대방인 법무사뿐만 아니라 그 때문에 사무원이 될 수 없게 된 사람도 이를 다툴 원고적격이 인정된다. [23변시]
(O)

⑤ **지방법무사회가** 법무사의 **사무원 채용승인** 신청을 **거부**하거나 채용승인을 얻어 채용 중인 사람에 대한 채용 승인을 취소하는 것은 **처분에 해당**하고, 이러한 처분에 대해서는 **처분 상대방인 법무사뿐** 아니라 그 때문에 **사무원**이 될 수 **없게 된 사람**도 이를 다툴 **원고적격**이 인정된다. [21국회8급]　　　　　　(○)

03 적격심사대상자지위확인 [대판 2022.6.30. 2022다209383]

[1] 계약담당 공무원이 입찰절차에서 지방자치단체를 당사자로 하는 계약에 관한 법률 및 그 시행령이나 세부심사기준에 어긋나게 적격심사를 한 경우, 낙찰자 결정이나 이에 따른 계약이 무효가 되는지 여부(한정 적극)

계약담당 공무원이 입찰절차에서 **지방자치단체를 당사자로 하는 계약에 관한 법률** 및 그 시행령이나 세부심사기준에 어긋나게 적격심사를 하였다고 하더라도 그 사유만으로 **당연히 낙찰자 결정이나 그에 따른 계약이 무효가 되는 것은 아니고,** 이를 위반한 하자가 입찰절차의 공공성과 공정성이 현저히 침해될 정도로 중대할 뿐 아니라 상대방도 이러한 사정을 알았거나 알 수 있었을 경우 또는 누가 보더라도 낙찰자 결정 및 계약체결이 선량한 풍속 기타 사회질서에 반하는 행위에 의하여 이루어진 것임이 분명한 경우 등 이를 무효로 하지 않으면 그 절차에 관하여 규정한 위 법률의 취지를 몰각하는 결과가 되는 특별한 사정이 있는 경우에 한하여 무효가 된다.

⇨ 「**지방계약법**」의 절차를 일방 당사자의 내부절차로 보는 기존 입장을 유지하여 이를 위반하여도 계약이 무효가 되지 않는다는 점을 판시하고 있다. 다만, 입찰절차의 공공성과 공정성을 다소 고려하여야 한다고 판시하였다.

[2] 지방자치단체인 甲 광역시가 실시한 용역 입찰에 乙 유한회사가 참여하여 6순위 적격심사대상자로 선정되었는데, 甲 광역시가 선순위 적격심사대상자에 대한 적격심사 도중 적격심사에 적용되는 실적인정범위가 과도하다며 입찰을 취소하고 실적인정범위를 완화한 새로운 입찰을 공고한 다음 丙 주식회사를 낙찰자로 결정하여 용역계약을 체결하자, 乙 회사가 종전 입찰의 취소에 대한 무효 확인, 새로운 입찰공고 및 이에 따른 낙찰자 결정과 계약체결에 대한 무효 확인을 구한 사안에서, 제반 사정에 비추어 새로운 입찰공고 및 이에 따른 낙찰자 결정과 계약체결이 무효라고 보기 어려운데도, 종전 입찰의 취소가 위법하여 효력이 없으므로 이를 전제로 이루어진 새로운 입찰공고 및 그에 따른 낙찰자 결정과 계약체결도 모두 무효라고 본 원심판단에는 법리오해 등의 잘못이 있다고 한 사례

┃ 예상지문 ┃

① **계약담당 공무원**이 입찰절차에서 **지방자치단체를 당사자로 하는 계약에 관한 법률** 및 그 시행령이나 **세부심사기준에 어긋나게** 적격심사를 하였다고 하더라도 그 사유만으로 당연히 낙찰자 결정이나 그에 따른 **계약이 무효**가 되는 것은 아니다.　　　　　　(○)

② 입찰절차에서 **지방자치단체를 당사자로 하는 계약에 관한 법령**이나 세부심사기준에 어긋나게 적격심사를 하여 낙찰자 결정 및 계약체결이 된 경우, 그 하자가 입찰절차의 공공성과 **공정성이 현저히 침해**될 정도로 중대할 뿐 아니라 **상대방도** 이러한 사정을 알았거나 알 수 있었을 경우 또는 낙찰자 결정 및 계약체결이 **선량한 풍속** 기타 사회질서에 반하는 행위에 의하여 이루어진 것임이 분명한 경우 등 **특별한 사정**이 있는 경우에 한하여 무효가 된다.　　　　　　(○)

제4장 행정법관계의 특징

제5장 공 권

제6장 특별행정법관계

01 징계처분 취소청구 [대판 2022.12.1. 2022두39185]

교원이 초등학교 · 중학교 학생에게 법령상 명문의 규정이 없는 징계처분을 한 경우, 그 효력을 긍정함에 있어 법령과 학칙에 대한 엄격한 해석이 필요한지 여부(적극)

초 · 중등교육법 및 그 근간이 되는 교육기본법에 따르면, 학교교육은 학생의 창의력 계발 및 인성 함양을 포함한 전인적 교육을 중시하여 이루어지고, 그 과정에서 학생의 기본적 인권이 존중되고 보호되어야 하며, 교원은 학생 개개인의 적성을 계발할 수 있도록 노력하여야 하고(교육기본법 제9조, 제12조, 제14조), 이러한 **학교교육**을 위하여 **필요한 경우**에는 법령과 학칙으로 정하는 바에 따라 **학생을 징계**할 수 있되, 그 징계는 학생의 인격이 존중되는 교육적인 방법으로 하여야 한다(구 초 · 중등교육법 제18조 제1항 및 같은 법 시행령 제31조 제2항). 그렇다면 의무교육대상자인 초등학교 · 중학교 학생의 신분적 특성과 학교교육의 목적에 비추어 교육의 담당자인 교원의 학교교육에 관한 **폭넓은 재량권**을 존중하더라도, 법령상 **명문의 규정이 없는 징계처분**의 효력을 긍정함에 있어서는 그 처분 내용의 자발적 수용성, 교육적 · 인격적 측면의 유익성, 헌법적 가치와의 정합성 등을 종합하여 **엄격히 해석하여야** 할 필요가 있다.

원심판결 이유를 위 법리 및 기록에 비추어 살펴보면, 원고가 ㅁㅁ중학교 학교생활규정 제8조 제2 · 3항 및 ㅁㅁ중학교 학생생활협약 1. 제3항 등 규정을 위반하였음이 분명하고, 해당 징계사유에 관하여 '학교 내 봉사'의 징계를 명한 것은 적법하나, '학교 내 봉사'의 하나로 '사과편지작성'까지 명할 수 있다고 본 원심의 판단은 아래와 같은 이유에서 수긍할 수 없다. 〈이하 생략〉

| 예상지문 |

① 교원은 **학교교육**을 위하여 **필요한 경우**에는 법령과 학칙으로 정하는 바에 따라 **학생을 징계**할 수 있되, 그 징계는 학생의 인격이 존중되는 **교육적인 방법**으로 하여야 한다. (O)

② 교원의 학교교육에 관한 **폭넓은 재량권**이 존중되므로, **법령상 명문의 규정이 없는** 징계처분의 효력을 긍정함에 있어서도 그 처분 내용의 자발적 수용성, 교육적 · 인격적 측면의 유익성, 헌법적 가치와의 정합성 등을 종합하되 교육의 재량에 비추어 **완화하여 해석하여야** 할 필요가 있다. (×)

01 개발제한구역의지정및관리에관한특별조치법위반, 식품위생법위반, 수도법위반, 하천법위반 [대판 2022.8.25. 2020도12944]

식품위생법 제37조 제4항, 제97조 제1호, 식품위생법 시행령 제25조 제1항 제8호, 제26조 제4호의 취지 / 영업장의 면적을 변경하는 행위를 하였음에도 당시 법령인 식품위생법 제37조 제4항, 식품위생법 시행령 제26조 제4호에 따라 영업장 면적 변경신고를 하지 않은 채 영업을 계속하는 경우, 식품위생법 제97조 제1호의 처벌대상이 되는지 여부(적극) 및 이는 영업장 면적을 변경신고 사항으로 명시한 구 식품위생법 시행령이 시행되기 이전에 일반음식점 영업신고가 된 경우에도 마찬가지인지 여부(적극)

식품위생법 제37조 제4항, 식품위생법 시행령 제25조 제1항 제8호, 제26조 제4호에 의하면, 신고대상인 일반음식점 영업을 하고자 하는 때와 해당 영업의 영업장 면적 등 중요한 사항을 변경하고자 하는 때에는 이를 시장 등에게 신고하도록 규정하고, 식품위생법 제97조 제1호에서는 위와 같은 신고의무를 위반한 자를 3년 이하의 징역 또는 3천만 원 이하의 벌금에 처하도록 규정한다. 이러한 신고의무 조항 및 처벌조항의 취지는 신고대상인 영업을 신고 없이 하거나 해당 영업의 영업장 면적 등 중요한 사항을 변경하였음에도 그에 관한 신고 없이 영업을 계속하는 경우 이를 처벌함으로써 그 신고를 강제하고 궁극적으로는 미신고 영업을 금지하려는 데 있다. 따라서 영업장의 면적을 변경하는 행위를 하였음에도 그 당시 법령인 식품위생법 제37조 제4항, 식품위생법 시행령 제26조 제4호에 따라 **영업장 면적 변경신고를 하지 않은 채** 영업을 계속한다면 **처벌대상**이 된다고 보아야 하고, 이는 영업장 면적을 **변경신고 사항으로 명시**한 구 식품위생법 시행령(대통령령)이 시행되기 **이전**에 일반음식점 **영업신고**가 된 경우에도 **마찬가지**이다.

▷ 신고사항이 아니었다가 2003년 시행령 개정으로 변경신고 사항이 된 경우, 2016년에 변경행위를 한 후 변경신고를 하지 않은 채 영업을 계속하면 처벌대상이 된다고 한 사례

| 예상지문 |

영업장의 면적을 변경하는 행위를 하였음에도 그 당시 법령인 식품위생법 제37조 제4항, 식품위생법 시행령 제26조 제4호에 따라 **영업장 면적 변경신고**를 하지 않은 채 영업을 계속한다면 **처벌대상**이 되고, 이는 영업장 면적을 변경신고 사항으로 명시한 구 식품위생법 **시행령이 시행되기 이전**에 일반음식점 영업신고가 된 경우에도 마찬가지이다. (○)

02 산지일시사용신고수리불가처분취소 [대판 2022.11.30. 2022두50588]

구 먹는물관리법에 따른 샘물 개발 가허가권자의 법적 지위 / 샘물 개발 가허가권자의 지위에서 환경영향조사를 실시하기 위해 임시도로 목적으로 산지일시사용을 할 수 있는지 여부(적극) / 산지일시사용신고의 내용이 법령상의 요건을 충족하는 경우 수리를 거부할 수 있는지 여부(원칙적 소극)

1. 구 먹는물관리법 제13조 제1항은 "샘물 등의 개발허가를 받으려는 자 중 먹는샘물 등의 제조업을 하려는 자는 환경영향조사를 실시하여야 하며, 조사서를 작성하여 개발허가 신청시에 시·도지사에게 제출하여야 한다"라고 규정하고 있고, 같은 법 제10조 제1항은 "시·도지사는 제13조 제1항에 따른 환경영향조사의 대상이 되는 샘물 등을 개발하려는 자에게 환경영향조사를 실시하고, 그 조사서를 제출할 것을 조건으로 샘물 등의 개발을 가허가할 수 있다"라고 규정하고 있다.

   원고가 샘물 개발허가에 앞서 2년 내에 환경영향조사를 받고 조사서를 제출할 것을 조건으로 이 사건 가허가를 받았음은 앞서 본 것과 같다. 원고로서는 이 사건 가허가를 유지하기 위해 가허가 조건을 이행할 필요가 있을 뿐 아니라 먹는 샘물 개발허가 신청을 위해서도 환경영향조사를 실시하여 그 조사서를 제출하여야 한다.

   그렇다면 원고의 경우, 이 사건 임야에서 환경영향조사를 하기 위해 필요한 범위에서 임시도로 개설을 위한 산지일시사용을 구할 수 있고, 관할 행정청이 정당한 이유 없이 이를 거부할 수는 없다고 보아야 한다.

2. 산지일시사용신고의 법적 성격 및 산지일시사용신고에 관한 구 산지관리법 제15조의2 제4항 내지 제6항, 산지관리법 시행령 제18조의3 제4항, [별표 3의3] 규정의 형식과 내용 등에 비추어 보면, 산지일시사용신고를 받은 군수 등은 신고서 또는 첨부서류에 흠이 있거나 거짓 또는 그 밖의 부정한 방법으로 신고를 한 것이 아닌 한, 그 신고내용이 법령에서 정하고 있는 신고의 기준, 조건, 대상시설, 행위의 범위, 설치지역 및 설치조건 등을 충족하는 경우에는 그 신고를 수리하여야 하고, 법령에서 정한 사유 외의 다른 사유를 들어 신고 수리를 거부할 수는 없다(대판 2012.9.27. 2011두 31970, 대판 2012.9.27. 2011두31987 등 참조).

▷ 샘물개발을 위해 피고 태안군수로부터 샘물 개발 가허가를 받은 원고가 환경영향조사를 실시하기 위해 임시도로 개설 목적으로 구 산지관리법 제15조의2에 따른 산지일시사용신고를 하였으나 피고가 '사전 주민 설명과 민원 해소라는 가허가 조건이 이행되지 않았다'는 등의 이유로 수리 불가 통지를 한 사안에서, 원고는 가허가권자로서 환경영향조사를 하기 위해 필요한 범위에서 임시도로 개설을 위한 산지일시사용신고를 할 수 있고, 그 신고내용이 법령에서 정하고 있는 요건을 충족하는 경우에는 그 신고를 수리하여야 하며, 법령에서 정한 사유 외의 다른 사유를 들어 신고 수리를 거부할 수는 없다고 보아, 이와 달리 피고의 신고 수리 불가 처분에 잘못이 없다고 본 원심판결을 파기·환송한 사례

예상지문

산지일시사용신고를 받은 군수 등은 신고서 또는 첨부서류에 흠이 있거나 거짓 또는 그 밖의 부정한 방법으로 신고를 한 것이 아닌 한, 그 신고내용이 법령에서 정하고 있는 신고의 기준, 조건, 대상시설, 행위의 범위, 설치지역 및 설치조건 등을 충족하는 경우에는 그 신고를 수리하여야 하고, **법령에서 정한 사유 외의 다른 사유를** 들어 신고 **수리를 거부**할 수는 없다.　　　　　　　　　　　　　　　　　　　　　　　　　(O)

[1] 대도시의 장 등 관할 행정청에 악취배출시설 설치·운영신고의 수리 여부를 심사할 권한이 있는지 여부 (적극)

대도시의 장 등 관할 행정청은 **악취배출시설** 설치·운영신고의 수리 여부를 심사할 권한이 있다고 보는 것이 타당하다. ⇨ 악취배출시설 설치·운영신고는 수리를 요하는 신고

① 악취방지법 제8조의2 제1항에 따르면, 악취관리지역 이외의 지역에 설치된 악취배출시설이 신고대상으로 지정·고시되기 위해서는 해당 악취배출시설과 관련하여 악취 관련 민원이 1년 이상 지속되고 복합악취나 지정악취물질이 3회 이상 배출허용기준을 초과하는 경우이어야 한다. 즉, 신고대상 악취배출시설로 지정·고시되었다는 것은 이미 생활환경에 피해가 발생하였다는 것을 의미한다. 이 경우 신고대상으로 지정·고시된 악취배출시설의 운영자가 제출하는 악취방지계획이 적정한지를 사전에 검토할 필요성이 크다.

② 악취방지법 제8조의2 제1항, 제2항, 제3항에 따르면, 신고대상 악취배출시설로 지정·고시되면 해당 악취배출시설을 운영하는 자는 환경부령이 정하는 바에 따라 대도시의 장 등에게 신고를 해야 하는데, 그때 악취방지계획도 함께 수립·제출해야 한다. 악취방지법 제8조의2 제2항의 위임에 따른 악취방지법 시행규칙 제9조 제1항에 의하면, 악취배출시설의 설치·운영신고를 하려는 자는 사업장 배치도, 악취배출시설의 설치명세서 및 공정도, 악취물질의 종류, 농도 및 발생량을 예측한 명세서, 악취방지계획서, 악취방지시설의 연간 유지·관리계획서 등을 첨부한 [별지 제2호 서식]의 악취배출시설 설치·운영신고서를 제출해야 하는데, 같은 시행규칙 제11조 제1항 [별표 4]에 따르면, 악취방지계획에는 악취를 제거할 수 있는 가장 적절한 조치를 포함해야 하고, [별지 제2호 서식]에서는 악취배출시설 설치·운영신고가 '신고서 작성 → 접수 → 검토 → 결재 → 확인증 발급'의 절차를 거쳐 처리된다고 밝히고 있다. 따라서 악취방지법령에 따라 악취배출시설 설치·운영신고를 받은 관할 행정청은 신고서와 함께 제출된 악취방지계획상의 악취방지조치가 적절한지를 검토할 권한을 갖고 있다.

③ 또 다른 신고대상 악취배출시설 지정권자인 시·도지사의 권한의 위임에 관하여 규정한 악취방지법 제24조 제2항의 위임에 따른 악취방지법 시행령 제9조 제3항은 "시·도지사는 법 제24조 제2항에 따라 다음 각호의 권한을 시장·군수·구청장에게 위임한다"라고 규정하면서, 제1호에서 '법 제8조 제1항에 따른 악취배출시설의 설치신고·변경신고의 수리', 제4호에서 '법 제8조의2 제2항에 따른 악취배출시설의 운영·변경신고의 수리'를 각각 들고 있는데, 이는 악취배출시설 설치·운영신고를 받은 관할 행정청에 신고의 수리 여부를 심사할 권한이 있음을 전제로 한 것이다.

[2] 대기환경보전법에 따른 대기오염물질배출시설 설치허가를 받은 경우, 악취배출시설 설치·운영신고가 수리된 것으로 볼 수 있는지 여부(소극)

대기환경보전법에 따른 대기오염물질배출시설 설치허가를 받았다고 하더라도 악취배출시설 설치·운영신고가 수리되어 그 효력이 발생한다고 볼 수 없다.

① **인허가의제 제도**는 관련 인허가 행정청의 권한을 제한하거나 박탈하는 효과를 가진다는 점에서 법률 또는 법률의 위임에 따른 법규명령의 근거가 있어야 한다. 그런데 대기환경보전법령에서는 대기오염물질배출시설 설치허가를 받으면 악취배출시설 설치·운영신고가 수리된 것으로 의제하는 규정을 두고 있지 않다. 나아가 악취방지법은 제24조에서 권한의 위임에 관하여 규정하

고 있는데, 대도시의 장의 권한에 관하여는 아무런 규정을 두고 있지 않고, 악취방지법 제8조의2 제2항은 신고할 사항과 방법에 관하여만 환경부령으로 정하도록 위임하였을 뿐 대도시의 장이 부여받은 악취배출시설 설치 · 운영신고의 수리 여부를 심사할 권한까지 환경부령으로 제한할 수 있도록 위임하고 있지는 않다.

② 대기오염물질배출시설 설치허가로 악취배출시설 설치 · 운영신고가 수리된 것으로 의제하면, 신고대상 악취배출시설 지정권자와 신고의 수리 여부 심사권한자가 분리되는 상황이 발생하게 된다. 이는 인구 50만 이상의 대도시의 장에게 악취관리지역 지정 및 해제, 악취관리지역 이외의 지역에서의 신고대상 악취배출시설의 지정 등의 권한을 부여함으로써 지역여건에 맞는 악취관리가 이루어지도록 한 악취방지법의 입법 취지에도 반한다.

[3] 악취방지계획의 적정 여부 판단에 관하여 행정청의 광범위한 재량권이 인정되는지 여부(적극) 및 이때 법원이 행정청의 재량권 일탈 · 남용 여부를 심사하는 방법

환경정책기본법 제1조, 제3조, 제6조의2, 제8조 제1항, 제2항, 제12조 제1항, 제2항과 악취방지법 제6조, 제7조 제2항, 제8조 제1항, 제2항, 제8조의2 제1항, 제2항, 악취방지법 시행규칙 제11조 제1항 [별표 4]의 입법 취지, 내용과 체계에 비추어 보면, 행정청은 사람의 건강이나 생활환경에 미치는 영향을 두루 검토하여 악취방지계획의 적정 여부를 판단할 수 있고, 이에 관해서는 행정청의 광범위한 재량권이 인정된다.

따라서 법원이 악취방지계획의 적정 여부 판단과 관련한 행정청의 재량권 일탈 · 남용 여부를 심사할 때에는 해당 지역 주민들의 생활환경 등 구체적 지역 상황, 상반되는 이익을 가진 이해관계자들 사이의 권익 균형과 환경권의 보호에 관한 각종 규정의 입법 취지 등을 종합하여 신중하게 판단해야 한다. 그리고 행정청의 재량적 판단은 그 내용이 현저히 합리적이지 않다거나 상반되는 이익이나 가치를 대비해 볼 때 형평이나 비례의 원칙에 뚜렷하게 배치되는 등의 사정이 없는 한 폭넓게 존중될 필요가 있다.

| 예상지문 |

① 대기환경보전법령에서는 대기오염물질배출시설 설치허가를 받으면 악취배출시설 설치 · 운영신고가 수리된 것으로 **의제하는 규정**을 두고 있지 **않았더라도**, 대기환경보전법에 따른 대기오염물질배출시설 설치허가를 받은 경우 악취배출시설 설치 · 운영신고가 수리된 것으로 볼 수 있다. (×)

② 환경정책기본법, 악취방지법에 비추어 보면, 행정청은 사람의 건강이나 생활환경에 미치는 영향을 두루 검토하여 **악취방지계획의 적정 여부**를 판단할 수 있고, 이에 관해서는 행정청의 **광범위한 재량권**이 인정된다. (O)

| 기출지문 |

인허가의제 제도는 관련 인허가가 행정청의 권한을 제한하거나 박탈하는 효과를 가진다는 점에서 법률 또는 법률의 위임에 따른 법규명령의 근거가 있어야 한다. [23경찰간부] (O)

04 건축신고수리처분취소 [대판 2023.9.21. 2022두31143]

[1] 국토의 계획 및 이용에 관한 법률 제56조 제4항 제3호, 국토의 계획 및 이용에 관한 법률 시행령 제53조 제3호 (다)목에 따라 개발행위허가가 면제되는 토지형질변경의 의미 및 여기에 건축물의 건축을 위해 별도의 절토, 성토, 정지작업 등이 필요한 경우가 포함되는지 여부(소극)

국토의 계획 및 이용에 관한 법률 제56조 제1항 제2호, 제4항 제3호, 국토의 계획 및 이용에 관한 법률 시행령 제53조 제3호 (다)목에 따라 개발행위허가가 면제되는 토지형질변경이란, 토지의 형질을 외형상으로 사실상 변경시킴이 없이 건축 부분에 대한 허가만을 받아 그 설치를 위한 토지의 굴착만으로 건설이 가능한 경우를 가리키고, 그 외형을 유지하면서는 원하는 건축물을 건축할 수 없고 그 밖에 건축을 위하여 별도의 절토, 성토, 정지작업 등이 필요한 경우는 포함되지 않는다(대판 1998.12.8. 98두14112 참조).

[2] 조성이 완료된 기존 대지에 건축물을 설치하기 위하여 절토나 성토를 한 결과 최종적으로 지반의 높이가 50cm를 초과하여 변경되는 경우, 토지형질변경에 대한 별도의 개발행위허가를 받아야 하는지 여부(적극)

국토의 계획 및 이용에 관한 법률 제56조 제1항 제2호, 제4항 제3호, 제58조 제3항, 국토의 계획 및 이용에 관한 법률 시행령(이하 '국토계획법 시행령') 제53조 제3호 (가)목, (다)목, 제56조 제1항 [별표 1의2] 제2호 (가)목, (나)목의 규정을 종합해 볼 때, 조성이 완료된 기존 대지에 건축물을 설치하기 위한 경우라 하더라도 절토나 성토를 한 결과 최종적으로 지반의 높이가 50cm를 초과하여 변경되는 경우에는 비탈면 또는 절개면이 발생하는 등 그 토지의 외형이 실질적으로 변경되므로, 토지형질변경에 대한 별도의 개발행위허가를 받아야 하고, 그 절토 및 성토가 단순히 건축물을 설치하기 위한 토지의 형질변경이라는 이유만으로 국토계획법 시행령 제53조 제3호 (다)목에 따라 개발행위허가를 받지 않아도 되는 경미한 행위라고 볼 수 없다.

[3] 어떤 개발사업의 시행과 관련하여 인허가의 근거 법령에서 절차간소화를 위하여 관련 인허가를 의제 처리할 수 있는 근거 규정을 둔 경우, 사업시행자가 인허가를 신청하면서 반드시 관련 인허가 의제 처리를 신청할 의무가 있는지 여부(소극)

건축법 제14조 제2항, 제11조 제5항 제3호에 따르면, 건축신고 수리처분이 이루어지는 경우 국토의 계획 및 이용에 관한 법률 제56조에 따른 개발행위(토지형질변경)의 허가가 있는 것으로 본다. 이처럼 어떤 개발사업의 시행과 관련하여 여러 개별 법령에서 각각 고유한 목적과 취지를 가지고 그 요건과 효과를 달리하는 인허가 제도를 각각 규정하고 있다면, 그 개발사업을 시행하기 위해서는 개별 법령에 따른 여러 인허가 절차를 각각 거치는 것이 원칙이다. 다만 어떤 인허가의 근거 법령에서 절차간소화를 위하여 관련 인허가를 의제 처리할 수 있는 근거 규정을 둔 경우에는, 사업시행자가 인허가를 신청하면서 하나의 절차 내에서 관련 인허가를 의제 처리해 줄 것을 신청할 수 있다. 관련 인허가 의제 제도는 사업시행자의 이익을 위하여 만들어진 것이므로, 사업시행자가 **반드시 관련 인허가 의제** 처리를 **신청할 의무**가 있는 것은 **아니다**(대판 2020.7.23. 2019두31839 참조).

[4] 건축물의 건축이 허용되기 위한 요건인 '부지 확보'의 의미 / 건축신고 수리처분 당시 건축주가 장래에도 토지형질변경허가를 받지 않거나 받지 못할 것이 명백하였음에도 '부지 확보' 요건을 완비하지 못한 상태에서 건축신고 수리처분이 이루어진 경우, 건축신고 수리처분이 적법한지 여부(소극)

건축물의 **건축은** 건축주가 그 **부지를 적법하게 확보한** 경우에만 허용될 수 있다. 여기에서 **'부지 확보'란** 건축주가 건축물을 건축할 토지의 소유권이나 그 밖의 **사용권원을** 확보하여야 한다는 점 외에도 해당 토지가 건축물의 **건축에 적합한 상태로** 적법하게 **형질변경이** 되어 있는 등 건축물의 **건축이 허용되는 법적 성질을** 지니고 있어야 한다는 점을 **포함**한다.

이에 수평면에 건축할 것으로 예정된 건물을 경사가 있는 토지 위에 건축하고자 건축신고를 하면서, 그 경사 있는 토지를 수평으로 만들기 위한 절토나 성토에 대한 토지형질변경허가를 받지 못한 경우에는 건축법에서 정한 '부지 확보' 요건을 완비하지 못한 것이 된다.

따라서 건축행정청이 추후 별도로 국토의 계획 및 이용에 관한 법률상 **개발행위**(토지형질변경)허가를 받을 것을 **명시적 조건으로** 하거나 또는 **묵시적인 전제로** 하여 건축주에 대하여 건축법상 **건축신고 수리처분을** 한다면, 이는 **가까운 장래에 '부지 확보' 요건을 갖출 것을 전제로** 한 경우이므로 그 **건축신고 수리처분이** 위법하다고 볼 수는 없지만(대판 2020.7.23. 2019두31839 참조), **'부지 확보'** 요건을 완비하지 못한 상태에서 **건축신고 수리처분이** 이루어졌음에도 그 처분 당시 건축주가 **장래에도** 토지형질변경허가를 받지 않거나 **받지 못할 것이 명백**하였다면, 그 **건축신고 수리처분은** '부지 확보'라는 수리요건이 갖추어지지 않았음이 확정된 상태에서 이루어진 처분으로서 **적법**하다고 볼 수 **없다**.

예상지문

① **관련 인허가 의제 제도는** 사업시행자의 이익을 위하여 만들어진 것이므로, 사업시행자가 **반드시 관련 인허가 의제 처리를 신청할 의무가 있는 것은 아니다** (○)

② 건축물의 건축은 건축주가 그 부지를 적법하게 확보한 경우에만 허용될 수 있는데, 여기에서 **'부지 확보'란** 건축주가 건축물을 건축할 토지의 소유권이나 그 밖의 **사용권원을 확보**하여야 한다는 점만을 의미하고, 그 외에도 해당 토지가 건축물의 **건축에 적합한 상태로** 적법하게 형질변경이 되어 있는 등 건축물의 **건축이 허용되는 법적 성질을** 지니고 있어야 한다는 점까지 포함하지는 **않는**다. (×)

③ 건축행정청이 **추후 별도로** 국토의 계획 및 이용에 관한 법률상 **개발행위(토지형질변경)허가**를 받을 것을 **명시적 조건으로** 하거나 또는 **묵시적인 전제로** 하여 건축주에 대하여 **건축법상 건축신고 수리처분을** 한다면, 이는 가까운 장래에 '부지 확보' 요건을 갖출 것을 전제로 한 경우라고 하더라도 그 건축신고 **수리처분이 적법**하다고 볼 수는 **없다**. (×)

④ 처분 당시 건축주가 **장래에도 토지형질변경허가를 받지 않거나** 받지 **못할 것이 명백**하였다면, 그 **건축신고 수리처분은** '부지 확보'라는 수리요건이 갖추어지지 않았음이 확정된 상태에서 이루어진 처분으로서 적법하다고 볼 수 없다 (○)

제8장 행정법상 사건

01 육아휴직급여 부지급 등 처분 취소 [대판[전합] 2021.3.18. 2018두47264]

판결요지

구 고용보험법은 육아휴직급여 청구권의 행사에 관하여 제70조 제2항에서는 신청기간을 규정하고, 이와 별도로 제107조 제1항에서는 육아휴직급여 청구권의 소멸시효기간을 규정하고 있다. 제70조 제2항은 통상적인 '제척기간'에 관한 규정 형식을 취하고 있는 반면, 제107조 제1항은 소멸시효에 관한 규정임을 명시하고 있다. 이러한 점으로 볼 때, 제70조 제2항과 제107조 제1항은 사회보장수급권의 권리행사기간에 관한 입법 유형 중 제척기간에 관한 규정과 소멸시효에 관한 규정이 병존하는 유형에 해당하는 경우로서, 제70조 제2항에서 정한 신청기간은 추상적 권리의 행사에 관한 '제척기간'이다.

구 고용보험법 제70조 제2항은 육아휴직급여에 관한 법률관계를 조속히 확정시키기 위한 강행규정이다. 근로자가 육아휴직급여를 지급받기 위해서는 제70조 제2항에서 정한 신청기간 내에 관할 직업안정기관의 장에게 급여 지급을 신청하여야 한다. 다시 말하면, 육아휴직급여 신청기간을 정한 제70조 제2항은 훈시규정이라고 볼 수 없다.

| 예상지문 |

> 구 고용보험법 제70조 제2항은 육아휴직급여에 관한 법률관계를 조속히 확정시키기 위한 강행규정이다. 근로자가 육아휴직급여를 지급받기 위해서는 제70조 제2항에서 정한 신청기간 내에 관할 직업안정기관의 장에게 급여 지급을 신청하여야 한다. (O)

제2편

일반 행정작용법

제1장　행정입법

제1절　법규명령과 행정규칙

01 건축허가신청불허가처분취소 [대판 2023.2.2. 2020두43722, 표준판례 396]

[1] 국토의 계획 및 이용에 관한 법률 시행령 제56조 제4항에 따라 국토교통부장관이 국토교통부 훈령으로 정한 '개발행위허가운영지침'의 법적 성격(=행정규칙) 및 대외적 구속력이 있는지 여부(소극) / 위 지침에 따라 이루어진 행정처분이 적법한지 판단하는 기준

국토계획법 제58조 제1항, 제3항은 개발행위허가의 신청 내용이 '주변지역의 토지이용실태 또는 토지이용계획, 건축물의 높이, 토지의 경사도, 수목의 상태, 물의 배수, 하천·호소·습지의 배수 등 주변 환경이나 경관과 조화를 이룰 것'이라는 기준에 맞는 경우에만 개발행위허가 또는 변경허가를 하여야 하고, 개발행위허가의 기준은 지역의 특성, 지역의 개발상황, 기반시설의 현황 등을 고려하여 다음 각호의 구분에 따라 대통령령으로 정한다고 규정하고 있다.

국토계획법 시행령 제56조 제1항 [별표 1의2] '개발행위허가기준'은 국토계획법 제58조 제3항의 위임에 따라 제정된 대외적으로 구속력 있는 법규명령에 해당한다. 그러나 국토계획법 시행령 제56조 제4항은 국토교통부장관이 제1항의 개발행위허가기준에 대한 '세부적인 검토기준'을 정할 수 있다고 규정하였을 뿐이므로, 그에 따라 국토교통부장관이 국토교통부 훈령으로 정한 '개발행위허가운영지침'은 국토계획법 시행령 제56조 제4항에 따라 정한 개발행위허가기준에 대한 세부적인 검토기준으로, 상급행정기관인 국토교통부장관이 소속 공무원이나 하급행정기관에 대하여 개발행위허가업무와 관련하여 국토계획법령에 규정된 개발행위허가기준의 해석·적용에 관한 세부 기준을 정하여 둔 행정규칙에 불과하여 대외적 구속력이 없다. 따라서 행정처분이 위 지침에 따라 이루어졌더라도, 해당 처분이 적법한지는 국토계획법령에서 정한 개발행위허가기준과 비례·평등원칙과 같은 법의 일반원칙에 적합한지 여부에 따라 판단해야 한다(대판 2019.7.11. 2017두38874, 대판 2020.8.27. 2019두60776 등 참조).

[2] 국토의 계획 및 이용에 관한 법률 제56조 제1항에 따른 개발행위허가요건에 해당하는지 여부가 행정청의 재량판단 영역에 속하는지 여부(적극) 및 그에 대한 사법심사의 대상과 판단 기준 / 행정규칙이 행정기관의 재량에 속하는 사항에 관한 것인 경우, 법원은 이를 존중해야 하는지 여부(원칙적 적극)

국토계획법 제56조 제1항에 따른 개발행위허가요건에 해당하는지 여부는 행정청의 재량판단의 영역에 속하므로, 그에 대한 사법심사는 행정청의 공익판단에 관한 재량의 여지를 감안하여 원칙적으로 재량권의 일탈이나 남용이 있는지 여부만을 대상으로 하고, 사실오인과 비례·평등의 원칙 위반 여부 등이 그 판단 기준이 된다(대판 2017.3.15. 2016두55490 등 참조). 또한 행정규칙이 이를 정한

행정기관의 재량에 속하는 사항에 관한 것인 때에는 그 규정 내용이 객관적 합리성을 결여하였다는 등의 특별한 사정이 없는 한 <u>법원은 이를 존중하는 것이 바람직하다</u>(대판 2019.1.10. 2017두43319 및 앞서 본 대판 2020.8.27. 2019두60776 참조).

[3] 행정처분의 근거 법령이 개정된 경우, 처분의 기준이 되는 법령 / 행정청이 신청을 수리한 후 정당한 이유 없이 처리를 지연하여 그 사이에 법령 및 보상 기준이 변경된 경우, 그 변경된 법령 및 보상 기준에 따라서 한 처분이 위법한지(적극) 및 이때 정당한 이유 없이 처리를 지연하였는지 판단하는 방법

행정처분은 그 <u>근거 법령이 개정된 경우에도 경과 규정에서 달리 정함이 없는 한 처분 당시 시행되는 개정 법령과 거기에서 정한 기준에 의하는 것이 원칙</u>이고, 개정 법령의 적용과 관련하여 <u>개정 전 법령의 존속에 대한 국민의 신뢰가 개정 법령의 적용에 관한 공익상의 요구보다 더 보호가치가 있다고 인정되는 경우에 국민의 신뢰를 보호하기 위하여 개정 법령의 적용이 제한될 수 있는 여지가 있다</u>(대판 2000.3.10. 97누9918 등 참조). 행정청이 <u>신청을 수리하고도 정당한 이유 없이 처리를 지연하여 그 사이에 법령 및 보상 기준이 변경된 경우에는 그 변경된 법령 및 보상 기준에 따라서 한 처분은 위법하고</u>(대판 2006.8.25. 2004두2974 등 참조), '정당한 이유 없이 처리를 지연하였는지'는 법정 처리기간이나 통상적인 처리기간을 기초로 당해 처분이 지연되게 된 구체적인 경위나 사정을 중심으로 살펴 판단하되, 개정 전 법령의 적용을 회피하려는 행정청의 동기나 의도가 있었는지, 처분지연을 쉽게 피할 가능성이 있었는지 등도 아울러 고려할 수 있다(대판 2014.7.24. 2012두23501 참조).

│ 예상지문 │

① **국토계획법 시행령** 제56조 제4항은 국토교통부장관이 제1항의 개발행위허가기준에 대한 '**세부적인 검토기준**'을 정할 수 있다고 규정하였을 뿐이므로, 그에 따라 국토교통부장관이 국토교통부 훈령으로 정한 '개발행위허가운영지침'은 국토계획법령에 규정된 개발행위허가기준의 해석·적용에 관한 세부 기준을 정하여 둔 행정규칙에 불과하여 **대외적 구속력이 없다.**　　　　　　　　　　　　　　　(○)

② 국토계획법 시행령 제56조 제4항에 따라 개발행위허가기준에 대한 '세부적인 검토기준'을 정한 국토교통부 훈령 '개발행위허가운영지침'은 처분의 적법성 통제의 기준이 된다.　　　　　　　　　　　(×)

③ 행정처분은 **근거 법령이 개정**된 경우에도 경과규정에서 달리 정함이 없는 한 **처분 당시 시행되는 개정 법령**과 그 정한 기준에 따르는 것이 원칙이다.　　　　　　　　　　　　　　　　(○)

④ 법령 위반행위에 대하여 행정상의 **제재처분**을 하려면 달리 특별한 규정을 두고 있지 않은 이상 **위반행위 당시 시행되던 법령**에 따라야 한다.　　　　　　　　　　　　　　　　　(○)

⑤ 행정청이 신청을 수리하고도 **정당한 이유 없이 처리를 지연**하여 그 사이에 법령 및 보상 기준이 변경된 경우에는 그 **변경된 법령** 및 보상 기준에 따라서 한 처분은 위법하다.　　　　　　　(○)

│ 관련 판례 │

1 주요도로와 주거 밀집지역 등으로부터 일정한 거리 내에 태양광발전시설의 입지를 제한함으로써 토지의 이용·개발을 제한하고 있는 청송군 도시계획 조례 제23조의2 제1항 제1호, 제2호의 법률상 위임근거가 있는지 문제 된 사안에서, 비록 국토의 계획 및 이용에 관한 법률(이하 '국토계획법')이 태양광발전시설 설치의 이격거리 기준에 관하여 조례로써 정하도록 명시적으로 위임하고 있지는 않으나, 조례에의 위임은 포괄 위임으로 충분한 점, 도시·군계획에 관한 사무의 자치사무로서의 성격, 국토계획법령의 다양한 규정들의 문언과 내용 등을 종합하면, 위 조례 조항은 국토계획법령이 위임한 사항을 구체화한 것이라고 한 사례.

2 청송군 도시계획 조례 제23조의2 제1항 제1호, 제2호가 상위법령의 위임한계를 일탈하였는지 문제 된 사안에

서, 위 조례 조항의 위임근거가 되는 국토의 계획 및 이용에 관한 법령 규정들의 문언과 내용, 체계, 입법 취지 및 지방자치단체가 개발행위에 관한 세부기준을 조례로 정할 때 형성의 여지가 보다 넓게 인정되어야 하는 점, 태양광발전시설이 가져올 수 있는 환경훼손의 문제점과 청송군의 지리적·환경적 특성, 조례 조항에 따른 이격거리 기준을 적용하지 않는 예외사유를 인정하고 있는 점, 국토의 계획 및 이용에 관한 법령에서 개발행위허가기준의 대강과 한계만을 정하고 구체적인 세부기준은 각 지방자치단체가 지역의 특성, 주민 의견 등을 고려하여 지방자치단체의 실정에 맞게 정할 수 있도록 위임하고 있는 취지 등을 관련 법리에 비추어 살펴보면, 위 조례 조항이 '고속도로, 국도, 지방도, 군도, 면도 등 주요도로에서 1,000미터 내'와 '10호 이상 주거 밀집지역, 관광지, 공공시설 부지 경계로부터 500미터 내'의 태양광발전시설 입지를 제한하고 있다고 하여 국토의 계획 및 이용에 관한 법령에서 위임한 한계를 벗어난 것이라고 볼 수 없다고 한 사례(대판 2019.10.17. 2018두40744).

‖ 기출문제 ‖

甲은 X토지에 액화석유가스 충전시설을 설치하기 위하여 2023. 1. 5. A군수에게 「국토의 계획 및 이용에 관한 법률」에 따른 개발행위허가를 신청하였다. A군 군수는 2023. 2. 9. 甲에게 "X토지 대부분이 마을로부터 100m 이내에 위치하여 「A군 개발행위허가 운영지침」(이하 '이 사건 지침') 제6조 제1항 제1호에 저촉된다"는 이유로 거부처분을 하였다. 이 사건 지침 제6조 제1항 제1호는 액화석유가스 충전시설의 세부허가기준으로 "마을로부터 100m 이내에 입지하지 아니할 것"을 규정하고 있다. 甲은 2023. 4. 12. A군 군수의 거부처분이 위법하다고 주장하며 그 취소를 구하는 소송을 제기하였다. (총 25점) [23 5급공채]

2) A군 군수는 위 소송에서 "이 사건 지침 조항에 따라 거부처분을 한 것이므로 적법하다"고 주장한다. 그 **주장의 당부**에 관하여 검토하시오. (15점) (단, 제시된 참조조문 외 다른 법령을 고려하지 말 것)

甲은 A도 B군에 있는 자기 소유 임야(이하 '이 사건 사업부지')에 태양광 발전시설을 설치하기 위하여 B군수에게 「국토의 계획 및 이용에 관한 법률」(이하 '국토계획법')에 따른 개발행위(토지형질변경)허가를 신청하였다. 이 사건 사업부지는 B군을 지나는 고속국도(왕복 2차로 이상의 포장된 도로임)로부터 100m 이내에 입지하고 있다.

국토교통부장관이 정한 「개발행위허가 운영지침」(국토교통부 훈령)은 "허가권자가 국토계획법령 및 이 지침에서 정한 범위 안에서 별도의 지침을 마련하여 개발행위허가제를 운영할 수 있고, 개발행위허가기준을 적용함에 있어 지역 특성을 감안하여 지방도시계획위원회의 자문을 거쳐 높이·거리·배치·범위 등에 관한 구체적인 기준을 정할 수 있다."라고 규정하고 있다. 이에 따라 B군수가 정한 「B군 개발행위허가 운영지침」(B군 예규)에는 태양광 발전시설의 세부허가기준으로 "왕복 2차로 이상의 포장된 도로로부터 100m 이내에 입지하지 아니할 것"을 규정하고 있다.

B군수는 "1. 토지형질변경을 허가할 경우 주변 환경이나 경관과 조화를 이루지 못하기 때문에 개발행위허가기준을 충족하지 못한다(이하 '제1거부사유').", "2. 이 사건 사업부지가 왕복 2차로 이상의 포장된 도로로부터 100m 이내에 입지하여 「B군 개발행위허가 운영지침」에 저촉된다(이하 '제2거부사유')."라는 이유로 거부처분(이하 '이 사건 거부처분')을 하였다. 이에 甲은 이 사건 거부처분을 다투는 취소소송(이하 '이 사건 소송')을 제기하였다. [24변시]

1. 이 사건 거부처분의 제1거부사유에 대한 법원의 사법심사 방식과 그 한계에 관하여 설명하시오. (20점)

2. 이 사건 거부처분의 제2거부사유의 당부에 관하여 검토하시오. (20점)

甲은 X군의 관할구역 내 토지(이하 '이 사건 토지')에 태양광발전소를 건축하기 위해 「국토의 계획 및 이용에 관한 법률」 제56조에 따른 **개발행위허가를 신청**하였다(이하 '이 사건 신청'). X군의 군수 A는 "이 사건 토지가 「X군 도시계획조례」 제23조의2제1항제1호와 제2호에 저촉되어 태양광발전시설물 설치가 불가하다."는 이유로 **이 사건 신청을 거부**하였다(이하 '이 사건 거부'). 甲은 이 사건 거부에 대한 취소소송을 적법하게 제기하였다.

[24입시]

(1) 甲은 「X군 도시계획조례」 제23조의2제1항제1호와 제2호(이하 '이 사건 조례')가 「지방자치법」 제28조제1항 단서에 위반되므로 이 사건 거부가 위법하다고 주장한다. 甲의 주장이 타당한지에 관하여 검토하시오. 이 경우 「개발행위허가운영지침」 1-2-2가 이 사건 조례의 위임 근거가 되는지 여부도 고려하시오. (20점)

02 식품위생법 제4조 제6호 등 위헌소원 – 위임명령의 한계 [헌재 2022.9.29. 2018헌바356]

포괄위임금지원칙 위반 여부 – 처벌법규의 위임

우리 헌법은 제12조 제1항 후문과 제13조 제1항 전단에서 죄형법정주의원칙을 천명하고 있는데, 현대 국가의 사회적 기능 증대와 사회현상의 복잡화에 비추어 볼 때 형벌법규를 모두 입법부에서 제정한 법률만으로 정할 수는 없으므로 이를 행정부에 위임하는 것도 허용된다(헌재 1991.7.8. 91헌가4 참조). 다만 범죄와 형벌에 관한 사항에 있어서도 위임입법의 근거와 한계에 관하여 정하고 있는 헌법 제75조와 제95조가 적용되는데, 이러한 위임의 한계로서 헌법상 제시하고 있는 '구체적으로 범위를 정하여'라 함은 법률에 이미 대통령령 등 하위법규에 규정될 내용 및 범위의 기본사항이 가능한 한 구체적이고도 명확하게 규정되어 있어서 누구라도 당해 법률 그 자체로부터 대통령령 등에 규정될 내용의 대강을 예측할 수 있어야 함을 의미한다. 그 예측가능성의 유무는 당해 특정 법조항 하나만을 가지고 판단할 것이 아니라 관련 법조항 전체를 유기적·체계적으로 종합 판단하여야 하며, 각 대상법률의 성질에 따라 구체적·개별적으로 검토하여야 한다. 이와 같은 위임의 구체성·명확성의 요구정도는 그 규율대상의 종류와 성격에 따라 달라지고, 특히 형사처벌을 동반하는 처벌법규의 위임은 중대한 기본권의 침해를 가져오므로 긴급한 필요가 있거나 미리 법률로써 자세히 정할 수 없는 부득이한 사정이 있는 경우에 한정되어야 하며, 이러한 경우일지라도 법률에서 범죄의 구성요건은 처벌대상행위가 어떠한 것일 것이라고 예측할 수 있을 정도로 구체적으로 정하고, 형벌의 종류 및 그 상한과 폭을 명백히 규정하여야 한다(헌재 2014.3.27. 2011헌바42; 헌재 2021.10.28. 2019헌바50 참조).

| 예상지문 |

① '수입식품안전관리 특별법' 제20조 제1항을 통해 식품 등의 **수입신고에 필요한 내용**을 총리령에서 정하도록 위임하고 있는 식품위생법 제4조 제6호는 포괄위임금지원칙에 위반되지 아니한다. (○)

② 수입식품의 종류, 범위는 식품산업의 발전과 소비환경 변화, 식품 가공방식과 기술의 다양화 및 식품정책 변화 등에 따라 **수시로 그리고 지속적으로 변화**하므로 수입신고에 필요한 세부적 사항은 전문적·기술적 사항으로서 하위법령인 총리령에 이를 위임할 필요성이 인정되고, 식품위생법과 수입식품법의 입법목적 및 관련조항의 내용에 비추어 총리령에 규정될 사항이 식품에 관한 기본정보나 안전성 확인절차 등일 것임을 예측할 수 있으므로, **식품위생법 제4조 제6호**는 포괄위임금지원칙에 위반되지 아니한다. (○)

03 입찰참가자격제한처분 취소 [대판 2022.7.14. 2022두37141]

[1] 특정 사안과 관련하여 법률에서 하위 법령에 위임을 한 경우, 하위 법령이 위임의 한계를 준수하고 있는지 판단하는 기준

특정 사안과 관련하여 법률에서 하위 법령에 위임을 한 경우 하위 법령이 **위임의 한계**를 준수하고 있는지를 판단할 때는 법률 규정의 입법 목적과 규정 내용, 규정의 체계, 다른 규정과의 관계 등을 종합적으로 살펴보아야 한다. 위임 규정 자체에서 그 의미 내용을 정확하게 알 수 있는 용어를 사용하여 위임의 한계를 분명히 하고 있는데도 그 문언적 의미의 한계를 벗어났는지, 또한 수권 규정에서 사용하고 있는 용어의 의미를 넘어 그 범위를 확장하거나 축소하여서 위임 내용을 구체화하는 단계를 벗어나 새로운 입법을 하였는지 등도 아울러 고려되어야 한다(대판 2010.4.29. 2009두17797 등 참조).

[2] 입찰 참가자격의 제한을 받은 자가 법인이나 단체인 경우 그 대표자에 대해서도 입찰 참가자격을 제한하도록 규정한 구 지방자치단체를 당사자로 하는 계약에 관한 법률 시행령 제92조 제4항이 구 지방자치단체를 당사자로 하는 계약에 관한 법률 제31조 제1항의 위임범위를 벗어났는지 여부(소극)

| 예상지문 |

> 입찰 참가자격의 제한을 받은 자가 **법인이나 단체**인 경우 그 **대표자**에 대해서도 입찰 참가자격을 제한하도록 규정한 구 지방자치단체를 당사자로 하는 계약에 관한 법률 시행령 제92조 제4항이 구 지방자치단체를 당사자로 하는 계약에 관한 법률 제31조 제1항의 위임범위를 벗어났다고 할 수 없다. (O)

04 지원금교부결정취소처분 취소 [대판 2023.8.18. 2021두41495]

1. 사안의 개요

원심판결 이유와 기록에 의하면 다음 사실을 알 수 있다.

가. **원고**는 순천시 ○○산업단지에 입주한 16개의 다른 사업장과 함께 사업주단체를 구성하여 **직장어린이집을 설치·운영**하기로 하고, 대표사업주로서 2014. 11. 26. 피고에게 구「직장어린이집 등 설치·운영 규정」(고용노동부 예규, 아래에서는 '이 사건 규정') 제26조 제2호, 제27조 등에 따라 시설설치비 지원금(시설건립비와 교재교구비)을 신청하였다.

나. **피고(근로복지공단)**는 2014. 12. 18. 원고를 직장어린이집 설치비 **지원대상자로 결정**하였다(지원비율 90%). 피고가 위 지원대상자 결정 당시 원고에게 교부한 지원대상자 결정통지서에는 '지원조건'과 '지원기간 중 지켜야 할 사항'으로 '시설 설치일로부터 5년간(산업단지형 및 중소기업 컨소시엄형은 7년간) 지원목적에 위배되는 용도에 사용하거나 매매·양도·대여·담보제공을 할 수 없습니다.'라는 기재가 있고, '지원결정 취소의 경우에 대한 설명'으로 '지원기간 동안 지원목적에 위배되는 용도에 지원금을 사용하거나 지원받은 시설을 매매·양도·대여·담보로 제공하는 경우 등'이라는 내용도 기재되어 있다.

다. 원고는 피고로부터 시설설치비 지원금 합계 975,349,000원(= 시설건립비 940,349,000원 + 교재교구비 35,000,000원)을 지급받았다가 피고의 시설건립비 지원금 감액결정에 따라 시설건립비 중 19,789,000원을 반환하였다.

라. 원고는 피고로부터 받은 시설설치비 지원금(이하 '이 사건 지원금') 등으로 이 사건 직장어린이집을 건축하여 2016. 3. 7.부터 운영하였다.

마. 한편 이 사건 직장어린이집 건물은 원고의 채권자가 신청한 강제경매절차에서 2019. 6. 5. 매각되었다. 위 사실을 확인한 피고는 2019. 6. 21. 원고에게 '채권관리기간 내에 직장어린이집을 매매하였다'는 이유로 이 사건 규정 제36조에 따라 직장어린이집 설치비 지원결정을 취소하기 위한 처분 사전통지를 하였다. 그 후 피고는 2019. 7. 15. 원고에게 시설설치비 지원결정을 취소하고 이 사건 지원금인 시설건립비 920,560,000원(= 940,349,000원 − 원고가 이미 반환한 19,789,000원)과 교재교구비 35,000,000원 합계 955,560,000원을 반환하라는 이 사건 처분을 하였다.

2. 이 사건 처분과 관련된 법령 규정

가. **고용보험법**에 의하면, **고용노동부장관**은 국고 등으로 마련된 고용보험기금으로 피보험자등에 대한 실업의 예방, 취업의 촉진, 고용기회의 확대, 직업능력개발 · 향상의 기회 제공 및 지원, 그 밖에 고용안정과 사업주에 대한 인력 확보를 지원하기 위하여 고용안정 · 직업능력개발 사업을 실시하고, 위와 같은 피보험자등의 고용안정 · 고용촉진 및 사업주의 인력 확보를 지원하기 위하여 **대통령령**으로 정하는 바에 따라 **어린이집을 설치 · 운영**하는 자에게 **필요한 지원**을 할 수 있다(제19조, 제26조, 제78조, 제79조 제1항, 제80조 제1항 제1호).

나. 그 위임에 따른 고용보험법 시행령 제38조 제5항에 의하면, 고용노동부장관은 고용보험법 제26조에 따라 어린이집을 단독이나 공동으로 설치하려는 사업주나 사업주단체에 대하여 고용노동부장관이 정하는 바에 따라 그 설치비용을 융자하거나 일부 지원할 수 있다. 한편 고용보험법 제115조, 고용보험법 시행령 제145조 제2항에 의하면, **고용노동부장관은 피고(근로복지공단)**에게 직장어린이집 설치비용의 지원 및 그 **지원금의 관리 · 운용**에 관한 **권한을 위탁**하여 그 업무를 수행하도록 하고 있다.

다. 위 법령의 위임에 따라 고용노동부장관이 마련한 이 사건 규정은 국가가 직장 어린이집 설치비용을 지원하고 관리하는 데 필요한 사항을 규정하고 있다.

특히 이 사건 규정 제36조 제1항 제3호 및 [별표 3]에 의하면, 직장어린이집 설치비 지원금을 지급받은 자가 이 사건 규정 제35조에 따른 채권관리 기간 동안 지원받은 시설 또는 비품을 매매 · 양도 · 대여 · 폐원 및 담보로 제공한 경우에는 피고는 지원결정의 전부 또는 일부를 취소하여야 하고, 이에 따라 지원금을 지급받은 자는 지원금을 반환하여야 한다.

[1] 특정 사안과 관련하여 법령에서 위임을 한 경우, 위임의 한계를 준수하고 있는지 판단하는 기준

특정 사안과 관련하여 **법령에서 위임**을 한 경우 **위임의 한계**를 준수하고 있는지를 판단할 때는 당해 법령 규정의 입법 목적과 규정 내용, 규정의 체계, 다른 규정과의 관계 등을 종합적으로 살펴야 하고, 수권 규정에서 사용하고 있는 **용어의 의미를 넘어** 그 범위를 확장하거나 축소하여 위임 내용을 구체화하는 단계를 벗어나 **새로운 입법**을 하였는지 등도 아울러 **고려해야** 한다(대판 2018.8.30. 2017두56193 등 참조).

[2] 구 직장어린이집 등 설치 · 운영 규정 제36조 제1항 제3호 및 [별표 3]이 고용보험법 제26조, 고용보험법 시행령 제38조 제5항의 위임범위 내에 있는지 여부(적극)

구 직장어린이집 등 설치 · 운영 규정(고용노동부예규) 제36조 제1항 제3호 및 [별표 3]은 고용보험법 제26조, 고용보험법 시행령 제38조 제5항의 **위임범위 내에 있다**고 보는 것이 타당하다. 이유는 다음과 같다.

① 보조금 교부는 수익적 행정행위로서 교부대상의 선정과 취소, 그 기준과 범위 등에 관하여 교부기관에 상당히 폭넓은 재량이 부여되어 있다. 또한 보조금 지출을 건전하고 효율적으로 운용하기 위해서는, 보조금 교부기관이 보조금 지급목적에 맞게 보조사업이 진행되는지 또는 보조사업의 성공가능성이 있는지에 관하여 **사후적으로 감독**하여 경우에 따라 **교부결정을 취소하고 보조금을 반환받을** 필요도 있다. 그리고 **법령의 위임**에 따라 교부기관이 **보조금의 교부 및 사후 감독** 등에 관한 업무를 수행할 수 있는 이상, 그 **교부결정을 취소하고 보조금을 반환받는** 업무도 **교부기관의 업무**에 포함된다(대판 2018.8.30. 2017두56193 등 참조).

② 직장어린이집 설치비용 지원에 관하여 필요한 사항을 고용노동부장관에게 위임하고 있는 고용보험법 제26조, 고용보험법 시행령 제38조 제5항의 문언에 의하더라도, **사후 감독에 따른 '지원결정 취소 및 지원금 반환'**과 관련한 사항을 위임범위에 포함되는 것으로 본다고 하여 위 시행령 문언의 통상적인 의미에 따른 **위임의 한계**를 벗어난 것으로 단정할 수 없다.

③ 나아가 고용보험기금의 건전성 확보를 위하여 고용보험기금을 지출할 수 있는 경우를 제한적으로 정한 고용보험법 제80조 제1항과 고용노동부장관이 피보험자 등의 고용안정·고용촉진 및 사업주의 인력 확보를 지원하기 위하여 어린이집 등 시설을 설치·운영하는 자에게 지원을 하는 데 필요한 사항을 대통령령에 위임한 고용보험법 제26조, 고용노동부장관이 '직장어린이집 설치비용의 지원 및 지원금의 관리·운용에 관한 권한'을 근로복지공단에 위탁하는 것으로 규정한 고용보험법 시행령 제145조 제2항 제10호의 규정 내용에 비추어 보면, 고용보험법 시행령 제38조 제5항이 정한 위임범위에는, 지원금 지출을 건전하고 효율적으로 운용하기 위하여 필요한 사항으로서 설치비용을 지원받은 **직장어린이집의 '관리'**를 위해 **사후적으로 감독**하여 일정한 경우 **지원결정을 취소하고 그 지원금을 반환받는** 업무도 포함된다고 보는 것이 **위임의 취지에 부합**한다.

④ 국고보조금에 관한 일반법인 '보조금 관리에 관한 법'(이하 '보조금법')의 관련 규정 형식, 문언과 체계 역시 이러한 결론을 뒷받침한다. 보조금법은 보조금 예산의 적정한 관리를 도모함을 목적으로 보조금의 '교부 신청, 교부 결정 및 사용 등'에 관한 기본적인 사항을 규정한다고 하면서(제1조), 보조금의 교부 신청과 교부 결정(제3장) 이외에도 보조사업의 수행(제4장), 보조금의 반환 및 제재(제5장)를 내용으로 한다. 이러한 보조금법의 내용 및 체계에 비추어 보면, 보조금법 제1조의 '교부 신청, 교부 결정 및 사용 등'은 보조금 지원에 필요한 사항으로, 여기에는 보조사업의 수행 및 보조금의 반환에 관한 사항을 당연히 포함한다. 고용보험법 제26조, 고용보험법 시행령 제38조 제5항의 위임범위 해석에서도 이와 달리 볼 이유가 없다.

05 국가유공자등록 거부처분 등 취소 청구 [대판 2020.3.26. 2017두41351]

Ⅰ. 판시사항

[1] 군인 등이 복무 중 자살하였으나 직무수행 또는 교육훈련과 사망 사이에 상당인과관계가 인정되는 경우, 보훈보상대상자 지원에 관한 법률 제2조 제1항의 '직무수행이나 교육훈련 중 사망'에 해당하는지 여부(적극) 및 직무수행 또는 교육훈련과 사망 사이에 상당인과관계가 인정되는데도 자살로 사망하거나 자유로운 의지가 완전히 배제된 상태에서 자살한 것이 아니라는 이유만으로 보훈보상대상자에서 제외할 수 있는지 여부(소극)

[2] 군인 등의 복무 중 자살로 인한 사망과 직무수행 사이에 상당인과관계를 인정할 수 있는 경우 및 상당인과관계 유무를 판단할 때 고려할 사항

[3] 하위 법령의 규정이 상위 법령의 규정에 저촉되는지가 명백하지 않고 하위 법령의 의미를 상위 법령에 합치하도록 해석하는 것이 가능한 경우, 하위 법령이 상위 법령에 위반된다는 이유로 무효를 선언할 수 있는지 여부(소극)

Ⅱ. 이 유

1. 보훈보상대상자 해당 여부

군인 등이 **복무 중 자살**한 경우에 직무수행 또는 교육훈련과 사망 사이에 **상당인과관계**가 인정되면 보훈보상자법 제2조 제1항의 '직무수행이나 교육훈련 중 사망'에 해당한다고 보아야 한다. 직무수행 또는 교육훈련과 사망 사이에 상당인과관계가 인정되는데도 그 사망이 자살로 인한 것이라는 이유 만으로, 또는 **자유로운 의지가 완전히 배제**된 상태에서 **자살한 것이 아니라**는 이유로 **보훈보상자에서 제외해서는 안 된다.**

군인 등이 **직무상 과로나 스트레스로 우울증 등 질병이 발생**하거나 직무상 과로나 스트레스가 우울증 등 질병의 **주된 발생원인과 겹쳐서** 질병이 유발되거나 악화되고, 그러한 질병으로 정상적인 인식능력이나 판단능력, 정신적 억제력이 현저히 떨어져 **합리적인 판단을 기대할 수 없는** 상황에서 **자살에 이른** 것이라고 추단할 수 있는 때에는 직무수행과 사망 사이에 **상당인과관계**를 인정할 수 있다.

2. 구 보훈보상대상자 지원에 관한 법률 시행령(이하 '구 보훈보상자법 시행령') [별표 1] 제15호의 무효 여부

(1) 국가의 법체계는 그 자체로 통일체를 이루고 있으므로 상위 규범과 하위 규범 사이의 충돌은 최대한 배제하여야 한다. 그리고 하위 법령의 규정이 상위 법령의 규정에 저촉되는지 여부가 명백하지 않고 법령의 해석방법을 통하여 하위 법령의 의미를 **상위 법령에 합치**하도록 **해석**하는 것이 가능한 경우에는 하위 법령이 상위 법령에 위반된다는 이유로 무효를 선언할 것은 아니다.

(2) 구 보훈보상자법 시행령 제2조 제1항 제1호, [별표 1] 제15호의 **'자유로운 의지가 배제된 상태',** **'의학적으로 인정된 사람'**이라는 문언에 대하여 상위 법률이 정한 상당인과관계의 범위 안에서 **충분히 해석**할 수 있으므로 상위 법률에 위반되어 **무효**라고 보기 **어렵다.**

⇨ 의무경찰인 망인이 자대에 배치되어 복무하다가 4일 후 부대를 이탈하여 자살한 사안에서, 망인의 사망과 직무 사이에 상당인과관계가 인정되지 않고, 구 보훈보상자법 시행령 제2조 제1항 제1호, [별표 1] 제15호의 '자유로운 의지가 배제된 상태', '의학적으로 인정된 사람'이라는 문언이 상위 법률에 위반되어 무효라고 보기 어렵다는 원심의 판단을 수긍한 사례.

| 예상지문 |

① 군인 등이 **복무 중 자살**한 경우에 직무수행 또는 교육훈련과 사망 사이에 **상당인과관계가 인정**되면 보훈보 상자법 제2조 제1항의 '**직무수행이나 교육훈련 중 사망**'에 해당한다고 보아야 한다.　　　　　　　　(○)

② **하위 법령의 규정**이 **상위 법령의 규정**에 **저촉**되는지 여부가 **명백하지 않고** 법령의 해석방법을 통하여 하위

법령의 의미를 상위 법령에 합치하도록 해석하는 것이 가능한 경우에도 하위 법령이 상위 법령에 위반된다는 이유로 **무효를 선언할 수 있다**. (×)

06 위반차량 감차처분 취소 [대판 2020.5.28. 2017두73693]

판결요지

[1] 구 화물자동차 운수사업법 시행령(대통령령, 이하 '구 시행령') 제5조 제1항 [별표 1] 제재처분기준 제2호 및 비고 제4호에서 정한 '위반행위의 횟수에 따른 **가중처분기준**'은 위반행위에 따른 제재처분을 받았음에도 또다시 같은 내용의 위반행위를 반복하는 경우에 더욱 중하게 처벌하려는 데에 취지가 있다. 이러한 제도의 취지와 구 시행령 [별표 1] 비고 제4호의 문언을 종합하면, '위반행위의 횟수에 따른 가중처분기준'이 적용되려면 **실제 선행 위반행위**가 있고 그에 대하여 **유효한 제재처분**이 이루어졌음에도 그 **제재처분일로부터 1년 이내에** 다시 **같은 내용의 위반행위**가 적발된 경우이면 족하다고 보아야 한다. 선행 위반행위에 대한 선행 제재처분이 반드시 구 시행령 [별표 1] 제재처분기준 제2호에 명시된 처분내용대로 이루어진 경우이어야 할 필요는 없으며, **선행 제재처분에 처분의 종류를 잘못 선택하거나 처분양정(量定)에서 재량권을 일탈·남용한 하자가 있었던 경우라고 해서 달리 볼 것은 아니다.**

[2] 화물자동차 운송사업자가 화물자동차 운수사업법(이하 '화물자동차법') 제19조 제1항 각호에서 정한 사업정지처분사유에 해당하는 위반행위를 한 경우에는 화물자동차법 제19조 제1항에 따라 사업정지처분을 하는 것이 원칙이다. 다만, 입법자는 화물자동차 운송사업자에 대하여 사업정지처분을 하는 것이 운송사업의 이용자에게 불편을 주거나 그 밖에 공익을 해칠 우려가 있으면 대통령령으로 정하는 바에 따라 사업정지처분을 갈음하여 과징금을 부과할 수 있도록 허용하고 있다. 이처럼 **입법자는** 대통령령에 단순히 '**과징금의 산정기준**'을 구체화하는 임무만을 위임한 것이 아니라, **사업정지처분을 갈음하여 과징금을 부과할 수 있는 '위반행위의 종류'를 구체화하는 임무까지** 위임한 것이라고 보아야 한다. 따라서 구 화물자동차 운수사업법 시행령(대통령령) 제7조 제1항 **[별표 2]** '과징금을 부과하는 위반행위의 종류와 과징금의 금액'에 **열거되지 않은** 위반행위의 종류에 대해서 사업정지처분을 갈음하여 과징금을 부과하는 것은 **허용되지 않는다.**

| 예상지문 |

① 법률에서 **사업정지처분에 갈음**하여 **과징금부과처분**을 할 수 있도록 **대통령령으로 위임**한 경우, 대통령령에 단순히 '**과징금의 산정기준**'을 구체화하는 **임무만을 위임한 것이 아니라**, 사업정지처분을 갈음하여 과징금을 부과할 수 있는 '**위반행위의 종류**'를 구체화하는 **임무까지 위임**한 것이라고 보아야 한다. (○)

② 화물자동차 운수사업법 제19조 제1항에서 **사업정지처분에 갈음**하여 **과징금부과처분**을 할 수 있도록 **대통령령으로 위임**한 경우에 화물자동차 운수사업법 시행령 제7조 제1항 **[별표 2]** '과징금을 부과하는 **위반행위의 종류와 과징금의 금액**'에 **열거되지 않은** 위반행위의 종류에 대해서 사업정지처분을 **갈음하여 과징금을 부과**하는 것은 **허용된다**. (×)

| 기출지문 |

법령으로 정한 '과징금을 부과하는 위반행위와 과징금의 금액'에 열거되지 않은 위반행위에 대해 사업정지처분을 갈음하여 과징금을 부과할 수 없다. [22행정사] (○)

07 과징금납부명령취소 [대판 2020.11.12. 2017두36212]

판결요지

공정거래위원회는 독점규제 및 공정거래에 관한 법령상 과징금 상한의 범위에서 **과징금** 부과 여부와 과징금 액수를 정할 **재량**을 가지고 있다. 위 **고시조항**은 과징금 산정에 관한 재량권 행사의 기준으로 마련된 행정청 내부의 사무처리준칙, 즉 **재량준칙**이다. 이러한 재량준칙은 그 기준이 헌법이나 법률에 합치되지 않거나 객관적으로 합리적이라고 볼 수 없어 재량권을 남용한 것이라고 인정되지 않는 이상 **가급적 존중**되어야 한다.

| 예상지문 |

재량준칙은 그 기준이 헌법이나 법률에 합치되지 않거나 객관적으로 합리적이라고 볼 수 없어 재량권을 남용한 것이라고 인정되지 않는 이상 **가급적 존중**되어야 한다. (O)

08 현역병입영처분취소 [대판 2023.8.18. 2020두53293]

구「재병역판정검사 규정」제5조 제2항 제4호 및 제6조 제1항 제4호가 상위법령의 구체적 위임 없이 정한 것이어서 대외적 구속력이 없는지 여부(적극)

구「재병역판정검사 규정」(병무청훈령) 제5조 제2항 제4호 및 제6조 제1항 제4호(이하 '이 사건 규정')는 '군간부후보생 등의 병적에서 제적되어 현역병입영대상자 또는 보충역으로 신분이 변경된 사람'의 재병역판정검사 대상기간은 병역처분을 받은 다음해부터 계산하고, 각종 병적에 편입된 사람을 재병역판정검사 대상에서 제외하도록 규정하고 있다. 그러나 병역법 제14조의2 제2항은 재병역판정검사의 제외 대상과 재병역판정검사의 시기 등에 관하여 시행령에 위임하고, 같은 법 시행령 제18조의2 제1항은 재병역판정검사의 제외대상을, 같은 조 제2항은 재병역판정검사의 시기를 규정하면서 병역법 제14조의2 제2항에서 규정된 내용을 구체화하고 있을 뿐이며, 병역법이나 그 하위법령은 위 병역법령 조항들에서 정한 범위를 뛰어 넘어 추가적인 제외 대상 혹은 시기를 정할 수 있도록 위임한 바 없다. 따라서 이 사건 규정이 병역법령에서 규정한 제외 대상이 아닌 '법무사관후보생 병적에 편입된 사람'을 재병역판정검사 제외 대상에 포함하여 규정한 것은 상위법령의 구체적 위임 없이 정한 것이어서 대외적 구속력이 있다고 볼 수 없다.

| 예상지문 |

구「재병역판정검사 규정」(병무청훈령)이 병역법령에서 규정한 제외 대상이 아닌 '법무사관후보생 병적에 편입된 사람'을 재병역판정검사 제외 대상에 포함하여 규정한 것은 상위법령의 구체적 위임 없이 정한 것이어서 대외적 구속력이 있다고 볼 수 없다. (O)

09 악취배출시설의 신고대상 시설 지정, 고시 처분 등 취소청구의 소

[대판 2021.5.7. 2020두57042]

악취측정을 위한 시료채취의 방법 등이 국립환경과학원 고시 '구 악취공정시험기준'에서 정한 절차에 위반된다는 사정만으로 곧바로 그에 기초하여 내려진 행정처분이 위법한지 여부(소극)

나. 구 **악취공정시험기준**(국립환경과학원고시, 이하 '이 사건 고시')은 국립환경과학원장이 「환경분야 시험·검사 등에 관한 법률」 제6조에 따라 악취를 측정함에 있어서 측정의 정확성 및 통일을 유지하기 위하여 필요한 제반사항을 규정함을 목적으로 하여 국립환경과학원 고시로 제정된 것이다. 이는 시료채취의 방법, 악취측정의 방법 등을 정한 것으로, 그 형식 및 내용에 비추어 행정기관 내부의 **사무처리준칙에 불과**하므로 일반 국민이나 법원을 구속하는 **대외적 구속력이 없다**. 따라서 시료채취의 방법 등이 이 사건 고시에서 정한 절차에 위반된다고 하여 그러한 사정만으로 곧바로 그에 기초하여 내려진 행정처분이 위법하다고 볼 수는 없고, 관계 법령의 규정 내용과 취지 등에 비추어 그 절차상 하자가 채취된 시료를 객관적인 자료로 활용할 수 없을 정도로 중대한지에 따라 판단되어야 한다(대판 2004.12.10. 2003두3246 등 참조).

한편, 이 사건 고시의 규정내용에 의하더라도, 이 사건 고시는 시료채취 대상지역의 기상상태를 조사하도록 하면서, 조사대상이 되는 기상상태의 요소로 날씨, 기온, 풍향, 풍속 등을 들고 있을 뿐이므로, 악취시료채취기록표에 기상상태의 요소 중 일부가 공란으로 된 사정만으로 시료채취의 방법에 관한 이 사건 고시의 규정내용에 위반된다고 볼 수는 없다.

나아가 기상상태는 악취발생의 이동경로 예측과 악취 분석에 중요한 요소이고 그 중 풍향 정보는 해당 사업장 및 주변 지역이나 다른 사업장의 시료채취지점에 대한 영향 등을 분석하는 데 중요한 자료가 된다고 할 것이지만, 이 사건 고시의 규정내용을 종합하여 볼 때 이 사건 고시에서 '부지경계선에서의 시료채취지점의 선정'과 관련하여 시료채취 대상지역의 기상상태를 조사하게 한 주된 취지는, 채취된 시료의 객관성을 확보하기 위한 것이라기보다는, 시료채취자로 하여금 그 기상상태에 의할 때 부지경계선 중 악취가 가장 높을 것으로 판단되는 지점을 시료채취지점으로 선정하도록 하는 데 있는 것으로 보인다.

따라서 당시의 풍향, 풍속 등에 비추어 볼 때 주변 지역이나 다른 사업장에서 발생한 악취의 영향 등으로 인하여 해당 사업장의 부지경계선에서 채취한 시료에 대한 부적합 판정 결과를 그대로 신뢰할 수 없다고 볼 만한 사정이 없는 한, 단지 해당 사업장의 부지경계선에서의 시료채취지점 선정 및 시료채취 과정에서 작성된 악취시료채취기록표에 풍향, 풍속 등 일부가 공란으로 된 사정만으로 부지경계선에서의 시료채취지점 선정 및 그에 따라 이루어진 시료채취 및 분석, 판정이 위법하다고 할 수 없다.

다. 앞서 본 사실관계를 위와 같은 이 사건 고시의 규정내용 및 법리에 비추어 살펴보면, 피고 부산광역시 기장군수의 담당직원이 2018. 10. 1. 아침에 시료를 채취하면서 작성한 악취시료채취기록표에 날씨, 기온만 기재되어 있고 풍향, 풍속은 공란으로 되어 있다고 하더라도 부지경계선에서의 시료채취지점의 선정 및 시료채취 방법과 관련하여 이 사건 고시가 정한 절차를 위반한 것이라고 단정하기 어려울 뿐만 아니라, 설령 이를 위반한 것으로 본다고 하더라도, 그러한 사정만으로 이 사건 개선권고 및 신고대상시설 지정고시처분이 위법하다고 보기 어렵다.

악취방지법에 따라 악취검사를 위한 시료를 채취하여 내려진 개선권고 및 신고대상시설 지정고시처분과 관련하여, 시료를 채취하면서 작성한 악취시료채취기록표에 날씨, 기온만 기재되어 있고 풍향, 풍속은 공란으로 되어 있는 경우, 시료채취지점의 선정 및 시료채취 방법과 관련한 고시(악취공정시험기준)가 정한 절차를 중대하게 위반하였으므로 개선권고 및 신고대상시설 지정고시처분은 위법하다. (×)

10 조업정지처분취소 [대판 2022.9.16. 2021두58912]

[1] 행정청이 채취한 시료를 전문연구기관에 의뢰하여 법령에 정량적으로 규정되어 있는 환경오염물질의 배출허용기준을 초과한다는 검사결과를 회신받아 제재처분을 한 경우, 고도의 전문적이고 기술적인 사항에 관한 행정청의 판단으로서 존중되어야 하는지 여부(원칙적 적극)

행정청이 관계 법령이 정하는 바에 따라 고도의 전문적이고 기술적인 사항에 관하여 전문적인 판단을 하였다면, 판단의 기초가 된 사실인정에 중대한 오류가 있거나 판단이 객관적으로 불합리하거나 부당하다는 등의 특별한 사정이 없는 한 존중되어야 한다. 환경오염물질의 배출허용기준이 법령에 정량적으로 규정되어 있는 경우 행정청이 채취한 시료를 전문연구기관에 의뢰하여 배출허용기준을 초과한다는 검사결과를 회신받아 제재처분을 한 경우, 이 역시 고도의 전문적이고 기술적인 사항에 관한 판단으로서 그 전제가 되는 실험결과의 신빙성을 의심할 만한 사정이 없는 한 존중되어야 함은 물론이다.

[2] 수질오염물질 측정에서 시료채취의 방법 등이 국립환경과학원 고시인 구 수질오염공정시험기준에서 정한 절차를 위반한 경우, 그에 기초하여 내려진 행정처분이 위법한지 판단하는 방법 및 이때 시료의 채취와 보존, 검사방법의 적법성 또는 적절성이 담보되어 시료를 객관적인 자료로 활용할 수 있고 그에 따른 실험결과를 믿을 수 있다는 사정에 관한 증명책임의 소재(=행정청)

수질오염물질을 측정하는 경우 시료채취의 방법, 오염물질 측정의 방법 등을 정한 구 수질오염공정시험기준(국립환경과학원고시)은 형식 및 내용에 비추어 행정기관 내부의 사무처리준칙에 불과하므로 일반 국민이나 법원을 구속하는 대외적 구속력은 없다. 따라서 시료채취의 방법 등이 위 고시에서 정한 절차에 위반된다고 하여 그러한 사정만으로 곧바로 그에 기초하여 내려진 행정처분이 위법하다고 볼 수는 없고, 관계 법령의 규정 내용과 취지 등에 비추어 절차상 하자가 채취된 시료를 객관적인 자료로 활용할 수 없을 정도로 중대한지에 따라 판단되어야 한다(대판 2021.5.7. 2020두57042 등 참조, 48쪽). 다만 이때에도 시료의 채취와 보존, 검사방법의 적법성 또는 적절성이 담보되어 시료를 객관적인 자료로 활용할 수 있고 그에 따른 실험결과를 믿을 수 있다는 사정은 행정청이 증명책임을 부담하는 것이 원칙이다.

① 행정청이 **채취한 시료**를 전문연구기관에 의뢰하여 법령에 정량적으로 규정되어 있는 **환경오염물질의 배출허용기준**을 초과한다는 검사결과를 회신받아 제재처분을 한 경우, 고도의 전문적이고 기술적인 사항에 관한 행정청의 판단으로서 **존중되어야** 한다. (○)

② 수질오염물질을 측정하는 경우 시료채취의 방법, 오염물질 측정의 방법 등을 정한 **구 수질오염공정시험기준** (국립환경과학원고시)은 형식 및 내용에 비추어 행정기관 **내부의 사무처리준칙에 불과**하므로 일반 국민이나 법원을 구속하는 **대외적 구속력은 없으므로**, 시료채취의 방법 등이 위 고시에서 정한 **절차에 위반**된다고 하여 그러한 사정만으로 곧바로 그에 기초하여 내려진 행정처분이 **위법**하다고 볼 수는 없다. (○)

③ 수질오염물질 측정에서 **시료채취의 방법** 등이 국립환경과학원 **고시에서 정한 절차를 위반**한 경우, 그에 기초하여 내려진 행정처분이 위법한지 여부는 시료채취의 절차상 하자가 채취된 시료를 객관적인 자료로 활용할 수 없을 정도로 **중대한지**에 따라 판단되어야 하고, 다만 이때에도 시료를 객관적인 자료로 활용할 수 없고 그에 따른 실험결과를 믿을 수 없다는 사정은 처분의 **상대방이 증명책임**을 부담하는 것이 원칙이다. (×)

11 공급자등록취소 무효확인 등 청구 [대판 2020.5.28. 2017두66541]

판결요지

[1] 공공기관운영법 제39조는 공기업·준정부기관은 공정한 경쟁이나 계약의 적정한 이행을 해칠 것이 명백하다고 판단되는 사람·법인 또는 단체 등에 대하여 <u>2년의 범위 내에서 일정 기간 입찰참가자격을 제한</u>할 수 있고(제2항), 그에 따른 입찰참가자격의 제한기준 등에 관하여 필요한 사항은 기획재정부령으로 정하도록 규정하고 있다(제3항). 그 위임에 따른 '<u>공기업·준정부기관 계약사무규칙</u>' 제15조는 기관장은 공정한 경쟁이나 계약의 적정한 이행을 해칠 것이 명백하다고 판단되는 자에 대해서는 '<u>국가계약법</u>' 제27조에 따라 입찰참가자격을 제한할 수 있다고 규정하고 있다. 이와 같이 공공기관운영법 제39조 제2항과 그 하위법령에 따른 **입찰참가자격제한 조치**는 '구체적 사실에 관한 법집행으로서의 공권력의 행사'로서 **행정처분**에 해당한다. 공공기관운영법은 공공기관을 공기업, 준정부기관, 기타공공기관으로 구분하고(제5조), 그중에서 공기업, 준정부기관에 대해서는 입찰참가자격제한처분을 할 수 있는 권한을 부여하였다.

한국수력원자력 주식회사는 공공기관운영법에 따른 '공기업'으로 지정됨으로써 공공기관운영업 제39조 제2항에 따라 입찰참가자격제한처분을 할 수 있는 권한을 부여받았으므로 '법령에 따라 행정처분권한을 위임받은 공공기관'으로서 **행정청**에 해당한다.

[2] 행정기관이 소속 공무원이나 하급행정기관에 대하여 세부적인 업무처리절차나 법령의 해석·적용 기준을 정해 주는 '**행정규칙**'은 상위법령의 구체적 **위임이 있지 않는** 한 조직 **내부에서만 효력**을 가질 뿐 **대외적**으로 국민이나 법원을 구속하는 **효력이 없다**. 행정규칙이 이를 정한 행정기관의 재량에 속하는 사항에 관한 것인 때에는 그 규정 내용이 객관적 합리성을 결여하였다는 등의 특별한 사정이 없는 한 법원은 이를 존중하는 것이 바람직하다. 그러나 행정규칙의 내용이 **상위법령**이나 법의 **일반원칙에 반**하는 것이라면 법치국가원리에서 파생되는 법질서의 통일성과 모순금지 원칙에 따라 그것은 법질서상 **당연무효**이고, **행정내부적 효력도** 인정될 수 **없다**. 이러한 경우 법원은 해당 행정규칙이 법질서상 부존재하는 것으로 취급하여 행정기관이 한 조치의 당부를 상위법령의 규정과 입법 목적 등에 따라서 판단하여야 한다.

[3] 공공기관운영법이나 그 하위법령은 공기업이 거래상대방 업체에 대하여 공공기관운영법 제39조 제2항 및 공기업·준정부기관 계약사무규칙 제15조에서 정한 범위를 뛰어넘어 추가적인 제재조치를 취할 수 있도록 위임한 바 없다. 따라서 한국수력원자력 주식회사가 조달하는 기자재, 용역 및 정비공사, 기기수리의 공급자에 대한 관리업무 절차를 규정함을 목적으로 제정·운용하고 있는 '공급자관리지침' 중 등록취소 및 그에 따른 일정 기간의 **거래제한조치**에 관한 규정들은 공공기관으로서 행정청에 해당하는 한국수력원자력 주식회사가 상위법령의 **구체적 위임 없이** 정한 것이어서 대외적 구속력이 없는 **행정규칙**이다.

[4] 한국수력원자력 주식회사가 자신의 '**공급자관리지침**'에 **근거**하여 등록된 공급업체에 대하여 하는 '**등록취소 및 그에 따른 일정 기간의 거래제한조치**'는 행정청이 행하는 구체적 사실에 관한 법집행으로서의 공권력의 행사인 '**처분**'에 **해당**한다.

[5] 계약당사자 사이에서 계약의 적정한 이행을 위하여 일정한 계약상 의무를 위반하는 경우 계약해지, 위약벌이나 손해배상액 약정, 장래 일정 기간의 거래제한 등의 제재조치를 약정하는 것은 상위법령과 법의 일반원칙에 위배되지 않는 범위에서 허용되며, 그러한 **계약**에 따른 제재조치는 법령에 근거한 공권력의 행사로서의 제재처분과는 법적 성질을 달리한다.

그러나 **공공기관**의 어떤 제재조치가 **계약에 따른 제재조치**에 해당하려면 일정한 사유가 있을 때 그러한 제재조치를 할 수 있다는 점을 공공기관과 그 거래상대방이 **미리 구체적으로 약정**하였어야 한다. 공공기관이 여러 거래업체들과의 계약에 적용하기 위하여 거래업체가 일정한 계약상 의무를 위반하는 경우 장래 일정 기간의 거래제한 등의 제재조치를 할 수 있다는 내용을 계약특수조건 등의 일정한 형식으로 미리 마련하였다고 하더라도, 약관의 규제에 관한 법률 제3조에서 정한 바와 같이 계약상대방에게 그 중요 **내용을 미리 설명**하여 **계약내용으로 편입**하는 절차를 거치지 **않았다면** 계약의 내용으로 **주장할 수 없다**.

⇨ **한수원**은 공기업으로서 **행정청**이고, 위임이 없는 **지침**은 **행정규칙**이며, 위 지침에 근거한 **거래제한조치**는 **처분**이고, 공공기간운영법상 상한 2년을 훨씬 초과한 **10년 거래제한조치**는 **무효**.

| 예상지문 |

① **공공기관운영법** 제39조 제2항과 그 하위법령에 따른 **입찰참가자격제한 조치**는 '구체적 사실에 관한 법집행으로서의 공권력의 행사'로서 **행정처분**에 해당한다. (○)

② 한국수력원자력 주식회사가 자신의 '**공급자관리지침**'에 근거하여 등록된 공급업체에 대하여 하는 '**등록취소 및 그에 따른 일정 기간의 거래제한조치**'는 행정청이 행하는 구체적 사실에 관한 법집행으로서의 공권력의 행사인 '**처분**'에 해당한다. (○)

| 기출지문 |

한국수력원자력 주식회사가 조달하는 기자재, 용역 및 정비공사, 기기수리의 공급자에 대한 관리업무 절차를 규정함을 목적으로 제정·운용하고 있는 '공급자관리지침' 중 등록취소 및 그에 따른 일정 기간의 거래제한조치에 관한 규정들은 상위 법령의 구체적 위임 없이 정한 것이어서 대외적 구속력이 없는 행정규칙이다. [22국가9급]

(○)

제2절 형식과 내용의 불일치

01 요양불승인처분취소 [대판 2023.4.13. 2022두47391]

산업재해보상보험법 시행령 제34조 제3항 [별표 3] '업무상 질병에 대한 구체적인 인정 기준'은 산업재해보상보험법 제37조 제1항 제2호에서 정한 '업무상 질병'에 해당하는 경우를 예시적으로 규정한 것인지 여부(적극) / 근로복지공단이 처분 당시에 시행된 고용노동부고시 '뇌혈관 질병 또는 심장 질병 및 근골격계 질병의 업무상 질병 인정 여부 결정에 필요한 사항'을 적용하여 한 산재요양 불승인처분에 대한 항고소송에서 법원이 해당 불승인처분 후 개정된 고용노동부고시의 규정 내용과 개정 취지를 참작하여 상당인과관계 존부를 판단할 수 있는지 여부(적극) / 이때 고려할 사항 및 '만성적인 과중한 업무'에 해당하는지 판단하는 방법

산업재해보상보험법(이하 '산재보험법') 제37조 제1항 제2호, 제5항, 산업재해보상보험법 시행령(이하 '산재보험법 시행령') 제34조 제3항 [별표 3]의 규정 내용·형식·입법 취지를 종합하면, 산재보험법 시행령 [별표 3] '업무상 질병에 대한 구체적인 인정 기준(이하 '인정 기준')'은 산재보험법 제37조 제1항 제2호에서 정한 '업무상 질병'에 해당하는 경우를 <u>**예시적으로 규정**</u>한 것이고, 그 기준에서 정한 것 외에는 업무와 관련하여 발생한 질병을 모두 업무상 질병에서 배제하는 규정으로 볼 수 없다. '<u>인정 기준</u>'의 위임에 따른 '뇌혈관 질병 또는 심장 질병 및 근골격계 질병의 업무상 질병 인정 여부 결정에 필요한 사항'(고용노동부고시, 이하 '현행 고용노동부고시')은 대외적으로 **국민과 법원을 구속하는 효력**이 있는 규범이라고 볼 수 <u>**없고**</u>, 근로복지공단에 대한 내부적인 업무처리지침이나 법령의 해석·적용 기준을 정해주는 '<u>행정규칙</u>'이라고 보아야 한다. 따라서 근로복지공단이 처분 당시에 시행된 '고용노동부고시'를 적용하여 산재요양 불승인처분을 하였더라도, 법원은 해당 불승인처분에 대한 항고소송에서 해당 불승인처분이 있은 후 개정된 '현행 고용노동부고시'의 규정 내용과 개정 취지를 참작하여 상당인과관계의 존부를 판단할 수 있다. 다만 '현행 고용노동부고시'는 기존의 고시 규정이 지나치게 엄격하였다는 반성적 고려에서 재해자의 기초질환을 업무관련성 판단의 고려사항으로 보지 않도록 종전에 규정되어 있던 '건강상태'가 삭제되어 있으므로, 이와 같은 개정 경위와 목적을 고려할 필요가 있고, '만성적인 과중한 업무'에 해당하는지는 업무의 양·시간·강도·책임, 휴일·휴가 등 휴무시간, 교대제 및 야간근로 등 근무형태, 정신적 긴장의 정도, 수면시간, 작업 환경, 그 밖에 근로자의 연령, 성별 등을 종합하여 판단해야 한다[I. 1. (다)목 후단]. 따라서 '업무시간'은 업무상 과로 여부를 판단할 때 하나의 고려요소일 뿐 절대적인 판단 기준이 될 수 없다.

관련 판례

1 <u>산재보험법 제37조 제5항</u>은 "업무상의 재해의 구체적인 인정 기준은 대통령령으로 정한다"라고 규정하고 있다. 그 위임에 의한 <u>산재보험법 시행령 제34조 제3항</u> 및 [별표 3] '업무상 질병에 대한 구체적인 인정 기준'은 '뇌혈관 질병 또는 심장 질병의 업무상 질병 인정 기준으로 '업무의 양·시간·강도·책임 및 업무 환경의 변화 등에 따른 만성적인 과중한 업무로 뇌혈관의 정상적인 기능에 뚜렷한 영향을 줄 수 있는 육체적·정신적인 부담을 유발한 경우'를 들면서[제1호 (가)목 3)], 그 결정에 필요한 사항은 <u>고용노동부장관이 정하여 고시하도록</u> 위임하고 있다[제1호 (다)목].

2　그 위임에 따른 고용노동부 고시 「뇌혈관 질병 또는 심장 질병 및 근골격계 질병의 업무상 질병 인정 여부 결정에 필요한 사항」(고용노동부 고시, 이하 '개정 전 고시')은 근로자의 업무가 '만성적인 과중한 업무'에 해당하는지 여부는 업무의 양·시간·강도·책임, 휴일·휴가 등 휴무시간, 교대제 및 야간근로 등 근무형태, 정신적 긴장의 정도, 수면시간, 작업 환경, 그 밖에 근로자의 연령, 성별, '건강상태' 등을 종합하여 판단하되, 업무시간에 관하여는 발병 전 12주 동안 업무시간이 1주 평균 60시간(발병 전 4주 동안 1주 평균 64시간)을 초과하는 경우에는 업무와 발병과의 관련성이 강하다고 규정하였다[I. 1. (다)목 1)].

3　위 고시는 2017. 12. 29. 고용노동부 고시 제2017-117호로 개정되었는데(이하 '개정된 고시'), 개정된 고시는 개정 전 고시의 규정 내용이 지나치게 엄격하였다는 반성적 고려에서, 근로자의 업무가 만성적인 과중한 업무에 해당하는지를 판단 함에 있어 재해자의 기초질환을 고려사항으로 보지 않도록 개정 전 고시에 규정되어 있던 '건강상태'를 삭제하였고, 업무시간에 관하여는 '발병 전 12주 동안 1주 평균 업무시간이 52시간을 초과하는 경우에는 업무시간이 길어질수록 업무와 질병의 관련성이 증가하는 것으로 평가한다.'고 기준 업무시간을 낮추고, 특히 '교대제 업무, 휴일이 부족한 업무 등의 경우에는 업무와 질병의 관련성이 강하다고 평가한다'는 내용을 추가하였다.

4　근로복지공단이 처분 당시에 시행되고 있던 '개정 전 고시'를 적용하여 유족급여 부지급처분을 한 경우라고 하더라도 이에 대한 취소소송에서 법원은 처분 후 개정된 고시의 규정 내용과 개정 취지를 참작하여 상당인과 관계의 존부를 판단할 수 있다(산재요양 불승인처분에 관한 대판 2020.12.24. 2020두39297 등 참조). (대판 2022.2.11. 2021두45633)

| 기출지문 |

「산업재해보상보험법 시행령」 [별표 3] '업무상 질병에 대한 구체적인 인정 기준'은 예시적 규정에 불과한 이상 그 위임에 따른 고용노동부 고시가 대외적으로 국민과 법원을 구속하는 효력이 있는 규범이라고 볼 수 없다.

[22경찰간부]　　(○)

02　인정취소처분등취소청구의소 [대판 2022.4.14. 2021두60960, 표준판례 119]

판결요지

제재적 행정처분의 기준이 **부령 형식**으로 규정되어 있더라도 그것은 행정청 **내부의 사무처리준칙**을 규정한 것에 지나지 않아 **대외적**으로 국민이나 법원을 기속하는 **효력이 없다.** 따라서 그 처분의 적법 여부는 처분기준만이 아니라 관계 법령의 규정 내용과 취지에 따라 판단하여야 한다. 그러므로 처분기준에 부합한다 하여 곧바로 처분이 적법한 것이라고 할 수는 없지만, 처분기준이 그 자체로 헌법 또는 법률에 합치되지 않거나 그 기준을 적용한 결과가 처분사유인 위반행위의 내용 및 관계 법령의 규정과 취지에 비추어 현저히 부당하다고 인정할 만한 합리적인 이유가 없는 한, 섣불리 그 기준에 **따른 처분**이 재량권의 범위를 일탈하였다거나 **재량권을 남용**한 것으로 **판단해서는 안 된다.**

1. 사건의 경위

1) 원고는 온라인 원격평생교육시설 운영업 등을 목적으로 설립된 회사로서 고용보험법 제27조 및 구 「근로자직업능력 개발법」(이하 '구 직업능력개발법') 제20조 제1항 제1호에 따라 직업능력개발훈련을 실시하려는 사업주들로부터 온라인 원격훈련을 위탁받아 실시하는 훈련기관이다.

2) 광주지방고용노동청은 고용노동부의 통보에 따라 원고에 대해 직업능력개발훈련 특별 지도·감독을 실시하여 원고의 영업사원 소외인이 7개 과정에서 위탁사업장훈련생들에 대하여 대리수강을 함으로써 훈련비용 4,819,920원을 부정 수급한 사실(이하 '이 사건 위반행위')을 적발하였다.

3) 피고는 2020. 4. 29. 원고에 대하여 '거짓이나 그 밖의 부정한 방법으로 비용을 받은 경우'로서 그 금액이 '100만 원 이상 500만 원 미만인 경우'에 해당한다는 이유로구 직업능력개발법 제24조 제2항 제2호, 제3항, 구 직업능력개발법 시행규칙(고용노동부령) 제8조의2, [별표 2]의 처분기준에 따라 '인정취소와 3개월 전과정 위탁·인정제한 처분'을, '훈련과정에 대하여 인정받은 내용을 위반하여 직업능력개발훈련을 실시한 경우'로서 '거짓이나 그 밖의 부정한 방법으로 훈련인원을 조작하거나 출결석 관리를 하는 등 훈련기간·시간의 중요 사항에 관하여 훈련목적에 위배될 정도로 인정받은 내용을 위반한 경우'에 해당한다는 이유로 같은 법 제24조 제2항 제5호, 제3항, 같은 시행규칙 제8조의2, [별표 2]의 처분기준에 따라 '인정취소와 6개월 해당과정 위탁·인정제한 처분'을 하였다(이하 '이 사건 각 처분').

2. 대법원의 판단

가. 제재적 행정처분이 재량권의 범위를 일탈하였거나 남용하였는지는, 처분사유인 위반행위의 내용과 그 위반의 정도, 그 처분에 의하여 달성하려는 공익상의 필요와 개인이 입게 될 불이익 및 이에 따르는 여러 사정 등을 객관적으로 심리하여 공익침해의 정도와 처분으로 인하여 개인이 입게 될 불이익을 비교·교량하여 판단하여야 한다. 이러한 제재적 행정처분의 기준이 부령 형식으로 규정되어 있더라도 그것은 행정청 내부의 사무처리준칙을 규정한 것에 지나지 않아 대외적으로 국민이나 법원을 기속하는 효력이 없다. 따라서 그 처분의 적법 여부는 처분기준만이 아니라 관계 법령의 규정 내용과 취지에 따라 판단하여야 한다. 그러므로 처분기준에 부합한다 하여 곧바로 처분이 적법한 것이라고 할 수는 없지만, 처분기준이 그 자체로 헌법 또는 법률에 합치되지 않거나 그 기준을 적용한 결과가 처분사유인 위반행위의 내용 및 관계 법령의 규정과 취지에 비추어 현저히 부당하다고 인정할 만한 합리적인 이유가 없는 한, 섣불리 그 기준에 따른 처분이 재량권의 범위를 일탈하였다거나 재량권을 남용한 것으로 판단해서는 안 된다(대판 2019.9.26. 2017두48406, 대판 2018.5.15. 2016두57984 등 참조).

나. 구 직업능력개발법 제24조 제2항 제2호, 제5호에 의하면, 고용노동부장관은 직업능력개발훈련과정의 인정을 받은 자가 '거짓이나 그 밖의 부정한 방법으로 비용 또는 융자를 받았거나 받으려고 한 경우(제2호)'에는 그 훈련과정의 인정을 취소하여야 하고, '인정받은 내용을 위반하여 직업능력개발훈련을 실시한 경우(제5호)'에는 그 훈련과정의 인정을 취소할 수 있다. 같은 조 제3항에 의하면, 제2항에 따라 인정이 취소된 자에 대하여는 그 취소일부터 5년의 범위에서 제16조 제1항에 따른 직업능력개발훈련의 위탁과 제1항 및 제19조에 따른 인정을 하지 아니할 수 있다.
같은 법 시행규칙 8조의2 및 [별표2]는 같은 법 제24조 제5항의 위임에 따라 인정취소의 세부기준, 인정취소 사유별 구체적인 인정 제한기간의 기준을 정하고 있는데, 제1호의 일반기준 가목은 '법 제24조에 따라 훈련과정의 인정을 받은 자가 법 제24조 제2항 각 호의 어느 하나에 해당하는 행위를 한 경우에는 제2호의 개별기준에 따라 시정명령, 인정취소 또는 위탁 및 인정제한의 처분을 하여야 한다. 다만, 고의 또는 중대한 과실이 없거나 위반의 정도가 경미한 경우에는 개별기준에서 정한 기준의 2분의 1(인정취소의 경우에는 시정명령)의 범위에서 감경하여 조치할 수 있다.'라고 규정하고 있고, 같은 일반기준 라목은 '둘 이상의 위탁 및 인정제한 사유가 동시에 발생한 경우 또는 위탁 및 인정제한 기간에 추가로 제한 사유가 발생한 경우의 위탁 및 인정제한 기간은 3년의 범위에서 각 제한 기간을 합산한 기간으로 한다.'라고 규정하고 있다. 또한, 제2호의 개별기준 나목은 '거짓이나 그 밖의 부정한 방법으로 비용을 지원받은 금액이 100만 원 이상 500만 원 미만'인 경우 '인정취소와 3개월 전과정 위탁·인정제한'처분을 하도록 규정하고 있고, 같은 개별기준 마목은 '거짓이나 그 밖의 부정한 방법으로 훈련인원을 조작하거나 출결석 관리를 하는 등 훈련기간·시간의 중요 사항에 관하여 훈련목적에 위배될 정도로 인정받은 내용을 위반한 경우'에는 '인정취소와 6개월 해당직종 위탁·인정제한' 처분을 하도록 규정하고 있다.

다. 구 직업능력개발법이 직업능력개발훈련과정의 인정을 받은 사람이 '거짓이나 그 밖의 부정한 방법으로 비용을 지급받은 경우' 부정수급액의 반환명령 및 추가징수를 통한 환수 외에 '시정명령·훈련과정 인정취소·인정제한'을 할 수 있도록 규정한 취지는, 부정수급자를 엄중하게 제재하여 부정수급 행위를 방지하고 직업능력개발훈련에 대한 건전한 신뢰와 법질서를 확립하며 직업능력개발훈련 지원금 예산의 재정건전성을 유지하고자 함에 있다. 이와 같은 구 직업능력개발법 제24조 제2항, 제3항의 입법 취지나 목적, 그에 따른 인정취소 및 위탁·인정제한의 세부기준을 정한 구 직업능력개발법 시행규칙 조항들의 구체적인 내용 등에 비추어 보면, 같은 시행규칙 제8조의2, [별표2]에서 정한 기준이 그 자체로 헌법 또는 법률에 합치되지 않는다거나 그 처분기준을 적용한 결과가 현저히 부당하다고 보이지 않는다.

라. 또한, 원심판결 이유와 기록에 의하여 알 수 있는 다음과 같은 사정들을 고려하면, 위 [별표2]에서 정한 기준에 따른 이 사건 각 처분이 재량권의 범위를 일탈하였다거나 재량권을 남용하였다고 보기 어렵다.

1) 원고는 2017. 4. 17.경부터 2017. 12. 24.경까지 60명의 훈련생에 대한 대리수강행위를 통하여 합계 4,819,920원의 훈련비용을 부정수급 하였는데, 대리수강 건수와 부정수급 비용의 액수 등에 비추어 볼 때, 이 사건 위반행위의 정도가 경미하다고 단정할 수 없다. **[법규위반행위의 중대성은 단순히 금액과 비율의 다과를 기준으로 판단하여서는 아니 된다]**

2) 원고가 영업사원 소외인에 대하여 관리·감독을 철저히 하는 등 주의의무를 다하였다고 볼 만한 사정도 찾아볼 수 없다. **[대판 2000.5.26. 98두5972의 법리 견지]**

3) 이 사건 각 처분 이전에 사전유보조치가 있었다는 점이나 이후 인증유예 등급이 부여될 우려가 있다는 점 등은 이 사건 각 처분 전후 발생할 수 있는 부수적인 사정에 불과하고, 이 사건 각 처분으로 인하여 원고가 입게 되는 직접적인 불이익이라고 볼 수 없으므로, 이 사건 각 처분으로 달성하고자 하는 공익 목적과 비교·교량하는 원고의 불이익으로 고려하기에는 직절치 않다. **[비례원칙과 관련된 이익형량의 대상은 해당 처분으로 인한 직접적인 불이익에 한한다]**

| 예상지문 |

> **부령에 의한 처분기준**이 그 자체로 헌법 또는 법률에 합치되지 않거나 그 기준을 적용한 결과가 처분사유인 위반행위의 내용 및 관계 법령의 규정과 취지에 비추어 **현저히 부당**하다고 인정할 만한 **합리적인 이유**가 없는 한, 섣불리 그 **기준에 따른 처분**이 재량권의 범위를 일탈하였다거나 재량권을 **남용**한 것으로 판단해서는 **안 된다**.
>
> (○)

제2장 행정계획

01 산업단지개발계획변경신청거부처분취소청구의소 [대판 2021.7.29. 2021두33593]

판결요지

[1] 행정청은 구체적인 행정계획을 입안·결정할 때 **비교적 광범위한 형성의 재량**을 가진다. 다만 행정청의 이러한 형성의 재량이 무제한적이라고 할 수는 없고, 행정계획에서는 그에 관련되는 자들의 이익을 **공익과 사익** 사이에서는 물론이고 **공익 사이**에서나 **사익 사이**에서도 정당하게 **비교·교량**하여야 한다는 제한이 있으므로, 행정청이 행정계획을 입안·결정할 때 이익형량을 **전혀** 행하지 아니하거나 이익형량의 고려 대상에 마땅히 포함시켜야 할 사항을 **누락**한 경우 또는 이익형량을 하였으나 **정당성과 객관성이 결여**된 경우에는 그 행정계획 결정은 **이익형량에 하자가 있어 위법**하게 될 수 있다. 이러한 법리는 산업입지 및 개발에 관한 법률상 **산업단지개발계획 변경권자**가 산업단지 입주업체 등의 **신청**에 따라 산업단지개발**계획**을 **변경할 것인지를 결정**하는 경우에도 마찬가지로 **적용된다.**

[2] **환경의 훼손**이나 **오염을 발생시킬 우려**가 있다는 점을 처분사유로 하는 **산업단지개발계획 변경신청 거부처분**과 관련하여 재량권의 **일탈·남용** 여부를 심사할 때에는 산업입지 및 개발에 관한 법률의 입법 취지와 목적, 인근 주민들의 토지이용실태와 생활환경 등 구체적 지역 상황, 환경권의 보호에 관한 각종 규정의 입법 취지 및 상반되는 이익을 가진 이해관계자들 사이의 권익 균형 등을 종합하여 신중하게 판단하여야 한다. 그리고 **'환경오염 발생 우려'**와 같이 **장래에 발생할 불확실한 상황과 파급효과에 대한 예측**이 필요한 요건에 관한 행정청의 재량적 판단은 그 내용이 **현저히 합리성을 결여**하였다거나 상반되는 이익이나 가치를 대비해 볼 때 **형평이나 비례의 원칙에 뚜렷하게 배치**되는 등의 사정이 없는 한 **폭넓게 존중하여야** 한다. 또한 처분이 재량권을 **일탈·남용**하였다는 사정은 그 **처분의 효력을 다투는** 자가 주장·증명하여야 한다.

예상지문

① **형량명령의 법리**는 산업입지 및 개발에 관한 법률상 **산업단지개발계획 변경권자**가 산업단지 입주업체 등의 **신청**에 따라 **산업단지개발계획**을 **변경**할 것인지를 결정하는 경우에도 마찬가지로 적용된다. (O)

② **'환경오염 발생 우려'**와 같이 **장래에 발생할 불확실한 상황**과 **파급효과에 대한 예측**이 필요한 요건에 관한 행정청의 재량적 판단은 그 내용이 **현저히 합리성을 결여**하였다거나 상반되는 이익이나 가치를 대비해 볼 때 **형평이나 비례의 원칙에 뚜렷하게 배치**되는 등의 사정이 없는 한 **폭넓게 존중**하여야 한다. (O)

기출지문

행정계획의 변경신청을 거부하는 처분에 대하여 취소소송으로 다투는 경우, 행정청이 재량권을 일탈·남용하였다는 사정은 처분의 효력을 다투는 자가 주장·증명하여야 한다. [23-2] (O)

02 건축신고불수리처분취소 [대판 2021.4.29. 2020두55695]

판결요지

국토의 계획 및 이용에 관한 법률(이하 '국토계획법') 제2조 제11호, 제58조 제1항 제3호, 제3항, 국토의 계획 및 이용에 관한 법률 시행령 제56조 제1항 [별표 1의2] 제1호 (다)목 규정의 내용, 체계 및 도시·군계획사업에 관한 제반 절차 등에 비추어 보면, **국토계획법 제58조 제1항 제3호에서 개발행위허가 기준**의 하나로 정하고 있는 "도시·군계획사업의 **시행에 지장이 없을 것**"에서 말하는 도시·군계획사업은 반드시 개발행위허가신청에 대한 **처분 당시** 이미 도시·군계획사업이 결정·고시되어 **시행이 확정**되어 있는 것만을 의미하는 것이 아니고, 도시·군계획사업에 관한 구역 지정 절차 내지 도시·군관리계획 수립 등의 **절차가 구체적으로 진행**되고 있는 등의 경우에는 행정청으로서는 그와 같이 구체적으로 시행이 예정되어 있는 도시·군계획사업의 **시행에 지장을 초래**하는 개발행위에 대해서 이를 **허가하지 아니할 수 있다.**

| 예상지문 |

> 국토계획법 제58조 제1항 제3호에서 **개발행위허가 기준**의 하나로 정하고 있는 "도시·군계획사업의 **시행에 지장이 없을 것**"에서 말하는 도시·군계획사업에 개발행위허가신청에 대한 **처분 당시 이미** 도시·군계획사업이 결정·고시되어 **시행이 확정**되어 있는 것 외에 **구체적으로 시행이 예정**되어 있는 도시·군계획사업이 **포함**된다.　　　　　　　　　　　　　　　　　　　　　　　　　　　　　　(○)

03 청구이의의소 [대판 2020.6.25. 2019두57404]

Ⅰ. 판시사항

[1] 위법한 행정처분에 대한 취소판결이 확정된 경우, 행정청이 취할 조치

[2] 행정계획의 의미 및 행정주체가 구체적인 행정계획을 입안·결정할 때 가지는 형성의 자유의 한계 / 행정청이 행정계획을 입안·결정할 때 이익형량을 전혀 하지 않거나 이익형량의 고려 대상에 마땅히 포함시켜야 할 사항을 누락한 경우 또는 이익형량을 하였으나 정당성과 객관성이 결여된 경우, 행정계획 결정이 위법한지 여부(적극) / 행정청이 주민 등의 도시관리계획 입안 제안을 받아들여 도시관리계획결정을 할 것인지 결정하는 경우에도 마찬가지 법리가 적용되는지 여부(적극)

[3] 주민 등의 도시관리계획 입안 제안을 거부한 처분에 이익형량의 하자가 있어 위법하다고 판단하여 취소하는 판결이 확정된 경우, 행정청에 그 입안 제안을 그대로 수용하는 내용의 도시관리계획을 수립할 의무가 있는지 여부(소극) 및 행정청이 다시 새로운 이익형량을 하여 도시관리계획을 수립한 경우, 취소판결의 기속력에 따른 재처분의 의무를 이행한 것인지 여부(적극) / 이때 행정청이 다시 적극적으로 수립한 도시관리계획의 내용이 계획재량의 한계를 일탈한 것인지 여부는 별도로 심리·판단하여야 하는지 여부(적극)

Ⅱ. 이 유

취소 확정판결의 기속력의 범위에 관한 법리 및 도시관리계획의 입안·결정에 관하여 행정청에 부여된 재량을 고려하면, 주민 등의 도시관리계획 **입안 제안을 거부**한 처분을 **이익형량에 하자**가 있어 위

법하다고 판단하여 **취소하는 판결**이 확정되었더라도 행정청에 그 입안 제안을 **그대로 수용**하는 내용의 도시관리계획을 **수립할 의무**가 있다고는 볼 수 **없고**, 행정청이 **다시 새로운 이익형량**을 하여 적극적으로 **도시관리계획을 수립**하였다면 취소판결의 기속력에 따른 **재처분의무를 이행**한 것이라고 보아야 한다. 다만 취소판결의 기속력 위배 여부와 계획재량의 한계 일탈 여부는 별개의 문제이므로, 행정청이 적극적으로 수립한 도시관리계획의 내용이 취소판결의 기속력에 위배되지는 않는다고 하더라도 계획재량의 한계를 일탈한 것인지의 여부는 별도로 심리·판단하여야 한다.

❙ 예상지문 ❙

① 주민 등의 도시관리계획 입안 제안을 거부한 처분을 이익형량에 하자가 있어 위법하다고 판단하여 취소하는 판결이 확정되었더라도 행정청에 그 입안 제안을 그대로 수용하는 내용의 도시관리계획을 수립할 의무가 있다고는 볼 수 없다. (○)

② 주민 등의 도시관리계획 입안 제안을 거부한 처분을 이익형량에 하자가 있어 위법하다고 판단하여 취소하는 판결이 확정되어, 행정청이 다시 새로운 이익형량을 하여 적극적으로 도시관리계획을 수립하였다면 취소판결의 기속력에 따른 재처분의무를 이행한 것이라고 보아야 하고, 행정청이 적극적으로 수립한 도시관리계획의 내용이 취소판결의 기속력에 위배되지는 않는다면 계획재량의 한계를 일탈한 것인지 여부를 별도로 심리·판단할 필요는 없다고 보아야 한다. (×)

❙ 기출지문 ❙

주민의 도시관리계획 입안 제안을 거부한 처분에 대해 이익형량에 하자가 있어 위법하다는 이유로 취소판결이 확정된 경우라면, 행정청은 그 입안 제안을 그대로 수용하는 내용의 도시관리계획을 수립하여야 할 의무가 있다.
[23-2] (×)

04 도시계획시설결정해제신청 거부처분취소청구 [대판 2023.11.16. 2022두61816, 표준판례 4]

[1] 행정계획의 의미 / 행정주체가 행정계획을 입안·결정할 때 광범위한 형성의 자유를 가지는지 여부(적극) 및 그 한계 / 행정주체가 행정계획을 입안·결정하면서 이익형량을 하지 않거나 이익형량의 고려 대상에 포함해야 할 사항을 누락한 경우 또는 이익형량을 했으나 정당성·객관성이 결여된 경우, 행정계획 결정이 위법한지 여부(적극)

행정계획이란 행정에 관한 전문적·기술적 판단을 기초로 하여 도시의 건설·정비·개량 등과 같은 특정한 행정목표를 달성하기 위하여 서로 관련되는 행정수단을 종합·조정함으로써 장래의 일정한 시점에 일정한 질서를 실현하기 위한 활동기준으로 설정된 것이다. 도시공원 및 녹지 등에 관한 법률(이하 '공원녹지법') 등 관계 법령에는 **추상적인 행정목표와 절차만**이 규정되어 있을 뿐 행정계획의 **내용**에 대하여는 별다른 규정을 두고 있지 않으므로 행정주체는 **구체적인 행정계획을 입안·결정**하면서 **비교적 광범위한 형성의 자유**를 가진다.

하지만 행정주체가 가지는 이와 같은 형성의 자유는 무제한적인 것이 아니라 행정계획에 관련되는 자들의 이익을 공익과 사익 사이에서는 물론이고 공익 상호 간과 사익 상호 간에도 정당하게 비교교량해야 한다는 제한이 있다. 따라서 행정주체가 행정계획을 입안·결정하면서 이익형량을 **전혀 행하지 않거나** 이익형량의 고려 대상에 마땅히 포함시켜야 할 사항을 **누락한 경우** 또는 이익형량을 하였으나 **정당성과 객관성이 결여된** 경우에는 그 행정계획결정은 **형량에 하자가 있어 위법**하다.

[2] 도시관리계획결정과 관련하여 재량권 일탈·남용 여부를 판단하는 방법 / 자연환경 보호 등을 목적으로 하는 도시관리계획결정은 행정청의 재량적 판단으로서 폭넓게 존중해야 하는지 여부(원칙적 적극)

공원녹지의 확충·관리·이용 등 쾌적한 도시환경의 조성 등을 목적으로 하는 도시관리계획결정과 관련하여 재량권의 일탈·남용 여부를 심사할 때에는 공원녹지법의 입법 취지와 목적, 보존하고자 하는 녹지의 조성 상태 등 구체적 현황, 이해관계자들 사이의 권익 균형 등을 종합하여 신중하게 판단해야 한다. 그리고 자연환경 보호 등을 목적으로 하는 도시관리계획결정은 식생이 양호한 수림의 훼손 등과 같이 **장래 발생할 불확실한 상황과 파급효과에 대한 예측** 등을 반영한 행정청의 **재량적 판단으로서, 그 내용이 현저히 합리성을 결여**하거나 **형평이나 비례의 원칙에 뚜렷하게 반**하는 등의 사정이 없는 한 **폭넓게 존중**해야 한다.

│ 예상지문 │

> 자연환경 보호 등을 목적으로 하는 **도시관리계획결정**은 식생이 양호한 수림의 훼손 등과 같이 장래 발생할 **불확실한 상황과 파급효과에 대한 예측** 등을 반영한 행정청의 **재량적 판단**으로서, 그 내용이 현저히 합리성을 결여하거나 형평이나 비례의 원칙에 뚜렷하게 반하는 등의 사정이 없는 한 **폭넓게 존중해야** 한다.　　　　　　　　(O)

제3장　행정행위

제1절　행정행위의 종류와 내용

01 사업정지처분취소 [대판 2021.2.25. 2020두51587]

판결요지

직업정보제공사업자의 준수사항을 정한 직업안정법 제25조와 그 위임에 따른 직업안정법 시행령 제28조의 입법 목적, 관련 규정들의 내용과 체계 등을 종합하면, 직업안정법 시행령 제28조 제1호에서 **금지**하고 있는 '구인자의 업체명(또는 성명)이 표시되어 있지 아니하여 구인자의 신원이 확실하지 아니한 구인광고를 게재한 행위'에는 구인자의 업체명(또는 성명)을 구체적으로 표시하지 않은 경우뿐만 아니라 구인자의 업체명(또는 성명)을 허위로 표시한 경우도 포함되며, 따라서 **직업정보제공사업자가 직업정보제공매체에 구인자의 업체명(또는 성명)이 객관적으로 허위인 구인광고**를 게재한 경우에는 직업안정법 시행령 제28조 제1호에서 정한 직업정보제공사업자의 준수사항 위반에 해당하여 직업안정법 제36조 제1항 제3호에 따른 사업정지 등의 **제재처분**을 할 수 있다. 구체적인 이유는 다음과 같다.

① **'침익적 행정처분** 근거 규정 **엄격해석의 원칙'**이란 단순히 행정실무상의 필요나 입법정책적 필요만을 이유로 **문언의 가능한 범위를 벗어나** 처분상대방에게 **불리한 방향**으로 확장해석하거나 유추해석해서는 안 된다는 것이지, 처분상대방에게 **불리한 내용의 법령해석은 일체 허용되지 않는다는** 취지가 **아니다.** 문언의 가능한 범위 내라면 **체계적 해석과 목적론적 해석은** 허용된다. 또한 **행정법규 위반**에 대한 **제재처분**은 행정 목적의 달성을 위하여 행정법규 위반이라는 **객관적 사실**에 착안하여 가하는 제재이므로, **반드시 현실적인 행위**자가 **아니라도** 법령상 책임자로 규정된 자에게 부과되고, 특별한 사정이 없는 한 위반자에게 **고의나 과실이 없더라도** 부과할 수 있다.

② 위와 같은 준수사항들은 직업정보제공사업자가 구인자의 구인광고를 직업정보제공매체에 게재하기 전에 구인자의 확실한 신원(업체명 또는 성명)과 주소, 전화번호 등 연락처, 사업자등록 내용을 파악할 것을 전제로 한다. 다만 직업정보제공사업자가 구인자의 확실한 신원, 연락처, 사업자등록 내용을 파악하기 위하여 상당한 주의를 기울였음에도 구인자의 악의적인 기망과 허위자료 제출로 구인자가 제출한 정보가 객관적으로 허위임을 파악하여 구인광고를 게재하지 아니할 것을 기대하기 어렵다고 인정할 만한 특별한 사정이 있어 **직업정보제공사업자의 의무위반**을 탓할 수 없는 **정당한 사유**가 있는 경우에는 직업정보제공사업자에 대하여 **제재처분을 할 수 없다**. 여기에서 '**의무위반을 탓할 수 없는 정당한 사유**'가 있는지를 판단할 때에는 직업정보제공사업자 본인이나 그 대표자의 주관적인 인식을 기준으로 하는 것이 아니라, 그의 가족, 대리인, 피용인 등과 같이 본인에게 책임을 **객관적**으로 귀속시킬 수 있는 **관계자 모두**를 기준으로 판단하여야 한다.

❚ 예상지문 ❚

① '**침익적 행정처분** 근거 규정 **엄격해석의 원칙**'이란 단순히 행정실무상의 필요나 입법정책적 필요만을 이유로 **문언의 가능한** 범위를 벗어나 처분상대방에게 **불리한 방향**으로 **확장해석**하거나 **유추해석**해서는 안 된다는 것이므로, 처분상대방에게 **불리한** 내용의 **법령해석은 일체 허용되지 않는다**는 취지이다.　　　　　　(×)

② '**침익적 행정처분** 근거 규정 **엄격해석의 원칙**'이 처분상대방에게 불리한 내용의 법령해석은 일체 허용되지 않는다는 취지가 아니므로, **문언의 가능한** 범위 내라면 **체계적 해석**과 **목적론적 해석**은 허용된다.　　(○)

③ 직업정보제공사업자의 **의무위반**을 탓할 수 없는 **정당한 사유**가 있는 경우에는 직업정보제공사업자에 대하여 **제재처분을 할 수 없다**. 여기에서 '**의무위반을 탓할 수 없는 정당한 사유**'가 있는지를 판단할 때에는 직업정보제공사업자 본인이나 그 대표자의 주관적인 인식을 기준으로 하는 것이 아니라, **그의 가족, 대리인,** 피용인 등과 같이 본인에게 책임을 **객관적**으로 귀속시킬 수 있는 **관계자 모두**를 기준으로 판단하여야 한다. (○)

02 개발부담금부과처분취소 [대판 2021.12.30. 2021두45534, 표준판례 44]

개발사업 완료 전에 사업시행자의 지위가 승계된 경우 그 지위를 승계한 사람이 개발부담금을 납부할 의무가 있다고 정한 개발이익 환수에 관한 법률 제6조 제1항 제3호의 규정 취지

개발이익 환수에 관한 법률 제6조 제1항 제3호는 <u>개발사업 완료 전에 사업시행자의 지위가 승계된 경우 그 지위를 승계한 사람이 개발부담금을 납부할 의무가 있다고 정하고 있다</u>. 이 조항은 개발사업이 승계된 경우 그 승계 시까지 발생한 개발이익과 승계 후에 발생한 개발이익을 가려내기가 쉽지 않다는 사정을 고려하여 마련된 규정으로서, 개발사업의 승계 당사자 사이에 개발이익과 개발부담금의 승계에 관한 약정이 가능함을 전제로 그러한 약정이 불가능하다는 등의 특별한 사정이 없는 한 사업시행자의 지위를 승계한 사람으로 하여금 개발부담금의 납부의무를 부담하도록 한 것이다(대판 2002.4.12. 2000두2655, 대판 2009.3.12. 2008두19321 등 참조).

⇨ 사안의 경우, 최초 개발행위허가를 받은 개발사업 대상 토지가 이후 여러 필지로 분할되어 필지별로 원고들을 포함한 양수인들에게 양도된 후 원고들 명의로 개발행위변경허가가 이루어지고 개발행위가 완료된 경우로서, 원고들은 최초 개발행위허가를 받은 사업시행자의 지위를 승계하였다고 볼 수 있으므로 이들에 대한 개발부담금 부과처분이 적법하다고 판단한 판결이다.
개발부담금 부과는 개발사업에 부과되는 것이라는 점에서 대물적 처분임을 전제로 하였다.

| 예상지문 |

「개발이익 환수에 관한 법률」에 따르면 개발사업 완료 전에 **사업시행자의 지위가 승계**된 경우 그 지위를 승계한 사람이 **개발부담금을 납부할 의무**가 있다.　　　　　　　　　　　　　　　　　　　　　　　(O)

03 입주계약 해지처분 무효 확인의 소 [대판 2023.6.29. 2023두30994]

「산업집적활성화 및 공장설립에 관한 법률」제42조 제1항, 같은 법 시행령 제54조에 따라 내려진 시정명령에서 부여된 시정기간이 적법한지 여부가 문제된 사건

Ⅰ. 판시사항

1. 침익적 행정처분의 근거가 되는 행정법규의 해석 방법

2. 「산업집적활성화 및 공장설립에 관한 법률」제42조 제1항과 같은 법 시행령 제54조가 정한 시정명령의 시정기간 '6개월'의 의미(= 6개월의 범위 내에서 입주기업체 등이 시정명령을 이행함에 필요한 상당한 기간)

Ⅱ. 판결요지

가. 관련 규정 및 법리

「산업집적활성화 및 공장설립에 관한 법률」(이하 '산업집적법', 같은 법 시행령을 '산업집적법 시행령')제42조 제1항은 "관리기관은 입주기업체 또는 지원기관이 다음 각 호의 어느 하나에 해당하는 경우에는 대통령령으로 정하는 기간 내에 그 시정을 명하고 이를 이행하지 아니하는 경우 그 입주계약을 해지할 수 있다"라고 규정하면서, 그 해지사유 중의 하나로 제1호에서 '입주계약을 체결한 후 정당한 사유 없이 산업통상자원부령으로 정하는 기간 내에 그 공장등의 건설에 착수하지 아니한 경우'를 들고 있다. 산업집적법 시행령 제54조는 "법 제42조 제1항 각 호 외의 부분에서 대통령령으로 정하는 기간이란 6개월을 말한다"라고 규정하고 있다.

침익적 행정처분의 근거가 되는 행정법규는 **엄격하게 해석·적용**하여야 하고 행정처분의 상대방에게 불리한 방향으로 지나치게 확장해석하거나 유추해석해서는 아니 되나, 이는 단순히 행정실무상의 필요나 입법정책적 필요만을 이유로 문언의 가능한 범위를 벗어나 처분상대방에게 **불리한 방향으로 확장해석**하거나 **유추해석**해서는 아니 된다는 것이지, 처분상대방에게 **불리한 내용의 법령해석**이 일체 허용되지 않는다는 취지가 아니며, 문언의 가능한 범위 내라면 체계적 해석과 **목적론적 해석이 허용됨은 당연하다**(대판 2018.11.29. 2018두48601, 대판 2020.5.14. 2019두63515 등 참조).

나. 판단

위와 같은 관련 규정들의 내용과 산업집적법에 시정명령제도를 둔 취지 등을 종합하면, 입주기업체 등이 **입주계약을 체결**하였음에도 **정당한 사유 없이 2년 내**에 공장등의 **건설에 착수하지 아니한 경우**에 산업집적법상의 관리기관이 입주기업체 등에게 그 **시정을 명**하면서 부여하는 **시정기간**은 '6개월이라는 **고정된 기간**'이 아니라 '6개월의 범위 내에서 입주기업체 등이 **시정명령을 이행함에 필요한 상당한 기간**'이라고 봄이 타당하다. 나아가 법원은 관리기관이 입주기업체 등으로 하여금 시정명령을 실질적으로 이행하지 못할 정도로 시정기간을 지나치게 짧게 정함으로써 재량권을 일탈·남용한 위법이 있는지를 가려 보아야 할 것이다.

그 구체적인 이유는 다음과 같다.

가) 산업집적법 시행령 제54조가 산업집적법 제42조 제1항의 위임에 따라 규정하고 있는 '6개월'은 그 문언 그대로 상위 법령인 산업집적법 제42조 제1항에서의 '대통령령으로 정하는 기간'을 의미하지, '대통령령으로 정하는 기간 내'를 의미하는 것이 아니다. 즉, 산업집적법 제42조 제1항은 대통령령으로 시정기간의 최장 한도를 정하도록 위임한 것이지 시정기간 자체를 정하도록 위임한 것이 아니다. 따라서 산업집적법 제42조 제1항 본문에서 시정을 명하는 기간을 '6개월 이내의 상당한 기간'으로 해석하는 것은 관계 법령의 문언에 부합하거나 그 문언의 통상적인 의미 내에 있다.

나) 산업집적법 제42조 제1항은 각 호에서 입주계약의 해지사유로 입주계약을 체결한 후 정당한 사유 없이 산업통상자원부령으로 정하는 기간 내에 그 공장등의 건설에 착수하지 아니한 경우(제1호), 공장등의 준공이 사실상 불가능하다고 인정될 경우(제2호), 공장등의 준공 후 1년 이내에 정당한 사유 없이 그 사업을 시작하지 아니하거나 계속하여 1년 이상 그 사업을 휴업한 경우(제3호), 법 제38조 제2항에 따른 변경계약을 체결하지 않고 산업통상자원부령으로 정하는 사항을 변경한 경우(제4호), 법 제38조 및 제38조의2에 따른 입주계약을 위반한 경우(제5호) 등을 정하고 있다. 위와 같이 산업집적법 제42조 제1항 각 호는 해지사유를 다양하게 규정하고 있고, 해지사유별로 또는 동일한 해지사유라도 개별 사안마다 그 내용과 경중 등이 다를 수 있다. 따라서 산업집적법 제42조 제1항, 산업집적법 시행령 제54조는 그 시정기간을 일률적으로 6개월로 확정하여 규정하지 않고 시정명령권한이 있는 관리기관에게 시정기간을 정할 재량을 부여하고 있다고 봄이 합리적이다.

다) 이는 산업용지의 환수에 관한 시정명령을 규정하고 있는 산업집적법 제41조 제2항, 산업집적법 시행령 제53조 제2항의 규정 내용과 대비하면 더욱 명확하다. 즉, 산업집적법 제41조 제1항은 "관리기관은 입주기업체 또는 지원기관이 분양받은 산업용지의 전부 또는 일부가 입주계약에 의한 용도로 사용되지 아니하고 있을 때에는 대통령령으로 정하는 바에 따라 제39조 제5항 본문에 따른 가격을 지급하고 그 용지를 환수할 수 있다"라고 규정하고, 제2항은 "관리기관은 제1항에 따라 산업용지의 전부 또는 일부를 환수하기 전에 입주기업체 또는 지원기관에 입주계약에 의한 용도에 사용하도록 대통령령으로 정하는 바에 따라 시정명령을 하여야 한다"라고 규정하고 있으며, 산업집적법 시행령 제53조 제2항은 "법 제41조 제2항에 따른 시정명령기간은 6개월로 한다"라고 규정함으로써 시정기간을 6개월로 확정하여 관리기관에게 시정기간을 정할 수 있는 재량을 부여하지 않고 있다. 만일 입법자가 입주계약의 해지에 관한 시정명령의 경우에도 산업용지 환수에 관한 시정명령의 경우와 마찬가지로 관리기관에게 시정기간을 임의로 정할 수 있는 재량을 부여하지 않을 요량이었다면 위와 같은 입법형식을 취하였을 것이다.

라) 산업집적법은 산업의 집적을 활성화하고 공장의 원활한 설립을 지원하며 산업입지 및 산업단지를 체계적으로 관리함으로써 지속적인 산업발전 및 균형 있는 지역발전을 통하여 국민경제의 건전한 발전에 이바지하려는 목적으로 제정되었다(산업집적법 제1조 참조). 또한 산업집적법상 입주계약의 체결은 실수요자에게 상대적으로 저렴한 분양금액과 관련 법령에 따른 각종 혜택을 부여하여 공장의 원활한 설립을 지원하기 위한 것이다. 이러한 산업집적법의 입법목적 등에 비추어 보면, 산업집적법 제42조 제1항이 입주계약의 해지에 관하여 시정명령을 규정하고 있는 취지는 입주계약에 따른 공장등의 건설이 장기간 지연됨으로 인하여 해지사유가 발생한 입주기업체에게 그 시정을 촉구함으로써 산업단지에 공장등이 설립되지 아니한 채 산업용지가 장기간 방치되는 것을 방지하기 위한 것임을 알 수 있다. 따라서 산업집적법 제42조 제1항, 산업집적법 시행령 제54조가 규정하고 있는 '6개월 내에 그 시정을 명하고'의 의미를 관리기관이 입주기업체에게 6개월의 범위 내에서 시

정명령의 이행에 필요한 상당한 기간을 정하여 그 시정을 명하는 것으로 새기는 것은 침익적 행정처분 근거규정에 관한 엄격해석 원칙에 반하는 것이 아니다.

마) 물론 관리기관에게 입주계약의 해지에 관한 시정을 명하면서 시정기간을 6개월의 범위 내에서 정할 수 있는 권한이 부여되어 있다고 하더라도, 산업집적법상 위법상태의 해소를 목적으로 하는 시정명령제도의 본질에다가 관리기관에게 입주기업체 등이 시정명령을 실질적으로 이행할 수 있을 정도로 그 이행에 필요한 충분한 기간을 부여할 의무가 있다는 점을 보태어 보면, 시정이 되어야 할 법위반사실의 내용, 그 위반의 정도 등에 비추어 관리기관이 시정명령을 하면서 입주기업체 등에게 시정명령의 이행에 필요한 상당한 기간이라고 보기 어려운 시정기간을 부여하는 것은 허용되지 않는다고 보아야 한다. 시정명령의 상대방이 시정명령을 이행할 수 없을 정도로 시정기간을 지나치게 짧게 정하는 것은 위법상태의 시정이라는 행정목적 달성을 위한 적절한 수단이 될 수 없고, 그 상대방에게 불가능한 일을 명령하는 결과밖에 되지 아니하기 때문이다.

※ 피고(○○군수)는, 원고가 이 사건 농공단지의 관리기관인 피고와 이 사건 농공단지 내의 토지에 관하여 입주계약(이하 '이 사건 입주계약')을 체결한 후 정당한 사유 없이 2년 이상 공장 등의 건설에 착수하지 않고 있음을 이유로 원고에게 2개월 이내에 공장 등 건설에 착수하라는 취지의 시정명령(이하 '이 사건 시정명령')을 통보하였음. 그 후 원고가 이 사건 시정명령을 이행하지 않자, 피고는 이 사건 입주계약을 해지하는 이 사건 처분을 하였음.
대법원은 아래와 같은 법리에 따라, 「산업집적활성화 및 공장설립에 관한 법률」 제42조 제1항, 같은 법 시행령 제54조에서 규정하고 있는 '6개월 내에 그 시정을 명하고'의 의미가 관리기관이 시정명령의 시정기간을 반드시 6개월로 정하여야만 하는 것으로 해석되는 것은 아니고, 피고가 이 사건 시정명령을 하면서 시정기간으로 부여한 약 2개월이 원고가 이 사건 시정명령을 이행하지 못할 정도로 지나치게 짧은 것으로 보이지 않는 등 재량권을 일탈·남용한 것으로 보기 어렵다고 판단한 원심을 수긍하여 상고를 기각함.

| 예상지문 |

① 「산업집적활성화 및 공장설립에 관한 법률」에 따른 **산업단지 예주계약**은 **공법상 계약**이다. (○)
② 산업집적법상 **산업단지 예주계약 해지**의 의사표시는 행정청의 일방적 의사표시에 의한 공권력 행사로서 항고소송의 대상인 **행정처분**에 해당한다. (○)
③ 입주기업체 등이 **입주계약을 체결**하였음에도 **정당한 사유 없이 2년 내**에 공장등의 건설에 **착수하지 아니한** 경우에 산업집적법상의 관리기관이 입주기업체 등에게 그 **시정을 명**하면서 부여하는 **시정기간**은 '**6개월이라는 고정된 기간**'이다. (×)

04 이사회 결의 무효 확인의 소 [대판 2020.10.29. 2017다269152]

판결요지

[1] 구 사회복지사업법은 임시이사의 선임사유와 절차만 정하고 있을 뿐 직무범위, 임기, 해임절차 등을 정하고 있지 않다. 그러나 관할 행정청은 임시이사 선임권한을 가지고 있으므로, 임시이사 선임사유가 해소되거나 해당 임시이사로 하여금 업무를 계속하도록 하는 것이 적절하지 않다고 판단할 경우 언제든지 임시이사를 해임할 수 있다고 보아야 한다.

구 **사회복지사업법상** 관할 행정청의 **임시이사 선임행위는 행정처분**에 해당한다. 따라서 임시이사 선임에 하자가 존재하더라도 그 하자가 중대·명백하지 않은 이상 이를 당연 무효라고 볼 수는 없고, 임시이사 **해임처분이 있기 전까지는** 임시이사의 지위가 **유효**하게 존속한다.

[2] 구 사회복지사업법 제20조 제2항에 따르면, 사회복지법인의 임시이사는 결원을 보충하기 위하여 선임되는 기관이므로 정식이사가 선임될 때까지만 재임하는 것이 원칙이다. 다만 관할 행정청은 임시이사의 임기를 분명히 하기 위하여 확정기한으로 정할 수 있다. 그러나 **임시이사를 선임하면서** 임기를 '**후임 정식이사가 선임될 때까지**'로 기재한 것은 근거 법률의 해석상 당연히 도출되는 사항을 **주의적·확인적**으로 기재한 이른바 '**법정부관**'일 뿐, 행정청의 의사에 따라 붙이는 **본래 의미의 행정처분 부관**이라고 볼 수 **없다.**
후임 정식이사가 선임되었다는 사유만으로 임시이사의 임기가 자동적으로 만료되어 임시이사의 지위가 상실되는 효과가 발생하지 않고, 관할 행정청이 후임 정식이사가 선임되었음을 이유로 **임시이사를 해임**하는 행정처분을 해야만 **비로소 임시이사의 지위가 상실되는** 효과가 발생한다.

[3] 행정절차법 제24조 제1항은 **처분 내용의 명확성**을 확보하고 **처분의 존부에 관한 다툼**을 방지하여 **처분상대방의 권익을 보호**하기 위한 것이므로, 행정청이 문서로 처분을 한 경우 원칙적으로 처분서의 문언에 따라 어떤 처분을 하였는지 확정하여야 한다. 그러나 처분서의 문언만으로는 행정청이 어떤 처분을 하였는지 불분명한 경우 처분 경위와 목적, 처분 이후 상대방의 태도 등 여러 사정을 고려하여 처분서 문언과 달리 처분의 내용을 해석할 수 있다. 특히 행정청이 **행정처분**을 하면서 **논리적으로 당연히 수반**되어야 하는 **의사표시를 명시적으로 하지 않았다**고 하더라도, 그것이 행정청의 **추단적 의사**에도 부합하고 **상대방도 이를 알 수 있는** 경우에는 행정처분에 위와 같은 **의사표시가 묵시적**으로 포함되어 있다고 볼 수 있다.

[4] 구 사회복지사업법 제18조 제5항, 구 사회복지사업법 시행규칙 제10조 등에 따르면, 관할 행정청은 사회복지법인으로부터 정식이사 선임에 대한 보고를 받으면 여러 심사 후 이를 수리하는 처분을 하게 된다. 임시이사는 이사의 결원을 보충하기 위하여 정식이사가 선임될 때까지만 재임하는 것이 원칙이므로, **정식이사의 선임과 종전 임시이사의 해임은 동시에** 이루어져야 한다. 따라서 새로 선임된 정식이사와 종전 임시이사가 일시적으로라도 병존하여야 하는 다른 특별한 사정이 없는 한, 관할 행정청이 사회복지법인의 **정식이사 선임보고를 수리**하는 처분에는 정식이사가 선임되어 이사의 결원이 해소되었음을 이유로 **종전 임시이사를 해임**하는 (묵시적)의사표시, 즉 **임시이사 해임처분이 포함**된 것으로 보아야 한다.

| 예상지문 |

① 행정청이 **행정처분**을 하면서 **논리적으로 당연히 수반**되어야 하는 **의사표시를 명시적으로 하지 않았다**고 하더라도, 그것이 행정청의 **추단적 의사**에도 부합하고 **상대방도 이를 알 수 있는** 경우에는 행정처분에 위와 같은 **의사표시가 묵시적**으로 포함되어 있다고 볼 수 **있다.** (O)

② 관할 행정청이 사회복지법인의 **정식이사 선임보고를 수리**하는 처분에는 정식이사가 선임되어 이사의 결원이 해소되었음을 이유로 **종전 임시이사를 해임**하는 의사표시, 즉 **임시이사 해임처분이 포함**된 것으로 보아야 한다. (O)

③ 구 **사회복지사업법상** 관할 행정청의 **임시이사 선임행위는 행정처분**에 해당한다. 따라서 임시이사 선임에 하자가 존재하더라도 그 하자가 중대·명백하지 않은 이상 이를 당연 무효라고 볼 수는 없고, 임시이사 **해임처분이 있기 전까지는** 임시이사의 지위가 **유효**하게 존속한다. (O)

④ 구 사회복지사업법에 따라 **후임 정식이사가 선임**되었다는 사유만으로 임시이사의 임기가 자동적으로 만료되

어 **임시이사의 지위가 상실**되는 효과가 발생하므로, 관할 행정청이 후임 정식이사가 선임되었음을 이유로 **임시이사를 해임**하는 행정처분을 해야만 **비로소 임시이사의 지위가 상실**되는 효과가 발생하는 것은 아니다.

(×)

05 총회결의무효 [대판 2021.2.10. 2020두48031]

판결요지

[1] 구 도시 및 주거환경정비법에 기초하여 주택재개발정비사업조합이 수립한 사업시행계획은 관할 행정청의 인가·고시가 이루어지면 이해관계인들에게 구속력이 발생하는 독립된 행정처분에 해당하고, 관할 행정청의 사업시행계획 인가처분은 사업시행계획의 법률상 효력을 완성시키는 보충행위에 해당한다. 따라서 기본행위인 사업시행계획에는 하자가 없는데 보충행위인 **인가처분에 고유한 하자**가 있다면 그 **인가처분의 무효확인이나 취소를 구하여야 할 것이지만,** 인가처분에는 고유한 하자가 없는데 **사업시행계획에 하자가 있다면 사업시행계획의 무효확인이나 취소를 구하여야 할 것**이지 사업시행계획의 무효를 주장하면서 곧바로 그에 대한 인가처분의 무효확인이나 취소를 구하여서는 아니 된다.

[2] 주택재개발정비사업조합의 조합원이 분양신청절차에서 분양신청을 하지 않으면 분양신청기간 종료일 다음 날에 현금청산대상자가 되고 조합원의 지위를 상실한다. 그 후 그 분양신청절차의 근거가 된 사업시행계획이 사업시행기간 만료나 폐지 등으로 실효된다고 하더라도 이는 장래에 향하여 효력이 발생할 뿐이므로 그 이전에 발생한 조합관계 탈퇴라는 법적 효과가 소급적으로 소멸하거나 이미 상실된 조합원의 지위가 자동적으로 회복된다고 볼 수는 없다.

[3] 주택재개발정비사업조합의 최초 사업시행계획이 폐지인가를 받아 실효된 후 최초 사업시행계획에 따른 분양신청절차에서 분양신청을 하지 않아 조합원 자격을 상실한 현금청산대상자들 중 일부가 참여한 총회에서 새로운 사업시행계획이 수립되고 인가를 받자 주택재개발사업구역 내 부동산 소유자들이 사업시행계획의 취소를 구하는 소를 제기한 사안에서, **총회결의에 조합원 자격이 없는 현금청산대상자들이 참여하였으나 그들을 제외하더라도** 사업시행계획 수립을 위한 **의결정족수를 넉넉히 충족**하여 사업시행계획 수립에 관한 총회결의의 결과에 어떤 **실질적인 영향**을 미쳤다고 볼 만한 **특별한 사정이 없는** 이상, 조합원 자격이 없는 현금청산대상자들에게 소집통지가 이루어졌고 그들이 총회결의에 일부 참여하였다는 점만으로 총회결의가 무효라거나 총회결의를 통해 수립된 사업시행계획에 이를 취소하여야 할 정도의 **위법사유**가 있다고 **단정하기는 어렵다.**

| 예상지문 |

① 구 도시정비법상 주택재개발정비사업조합이 수립한 **사업시행계획**은 관할 행정청의 **인가·고시**가 이루어지면 이해관계인들에게 **구속력이 발생하는 독립된 행정처분**에 해당하므로 인가처분에 고유한 하자가 없더라도 **사업시행계획에 하자**가 있다면 곧바로 그에 대한 **인가처분의** 무효확인이나 취소를 구하여야 한다. (×)

② 주택재개발정비사업조합의 최초 사업시행계획이 폐지인가를 받아 실효된 후 최초 사업시행계획에 따른 분양신청절차에서 분양신청을 하지 않아 조합원 자격을 상실한 현금청산대상자들 중 일부가 참여한 총회에서 새로운 사업시행계획이 수립되고 인가를 받은 경우, **조합원 자격이 없는 현금청산대상자들이 총회결의에 참여한** 것은 의사결정 과정에 중대한 위법사유가 있는 것으로 보아야 하므로 그 **수가 일부에 지나지 않는다고** 하더라도 **총회결의는 무효**이다. (×)

| 기출지문 |

① 기본행위가 적법·유효하고 보충행위인 인가처분 자체에만 하자가 있다면 그 인가처분의 무효나 취소를 주장할 수 있지만, **기본행위에 하자가 있다** 하더라도 **인가처분에 하자가 없다면** 기본행위의 무효를 내세워 바로 그에 대한 인가처분의 취소 또는 무효확인을 구할 수 없다. [13변시] [22-2]　　　　　　　　　(○)

② 강학상의 인가처분에 하자가 없더라도 기본행위에 하자가 있다면 그 기본행위의 하자를 내세워 바로 그에 대한 행정청의 인가처분의 취소 또는 무효확인을 소구할 법률상의 이익이 있다. [21-1]　　　　　(×)

③ 기본행위인 조합설립행위는 민법에 따라 행해지므로 기본행위에 하자가 있는 경우에는 민사쟁송으로써 그 기본행위의 취소 또는 무효확인을 구하는 것은 별론으로 하고 그 기본행위의 불성립 또는 무효를 내세워 바로 조합설립인가처분의 취소 또는 무효확인을 소구할 법률상 이익은 없다. [20-2]　　　(×)

06 계약금반환청구 [대판 2022.1.27. 2019다289815]

학교법인이 기본재산에 대한 용도변경이나 의무부담을 내용으로 하는 계약을 체결한 경우 반드시 계약 전에 관할청의 허가를 받아야 하는 것은 아니고 계약 후라도 관할청의 허가를 받으면 유효하게 될 수 있는지 여부(적극) 및 이러한 계약이 확정적으로 무효가 되는 경우

학교법인이 **기본재산에 대한 용도변경** 등을 하거나 **의무를 부담**하려는 경우에는 **관할청의 허가를 받아야** 하고(사립학교법 제28조 제1항 본문), 관할청의 허가 없이 이러한 행위를 하면 효력이 없다. 위 규정은 학교법인의 용도변경 등 자체를 규제하려는 것이 아니라 사립학교를 설치·운영하는 학교법인의 재산을 유지·보전하기 위하여 관할청의 허가 없이 용도를 변경하거나 의무를 부담하는 것 등을 규제하려는 것이다. 따라서 학교법인이 용도변경이나 의무부담을 내용으로 하는 계약을 체결한 경우 반드시 계약 전에 관할청의 허가를 받아야만 하는 것은 아니고 계약 후라도 **관할청의 허가**를 받으면 **유효하게** 될 수 있다. 이러한 계약은 관할청의 불허가 처분이 있는 경우뿐만 아니라 당사자가 허가신청을 하지 않을 의사를 명백히 표시하거나 계약을 이행할 의사를 철회한 경우 또는 그 밖에 관할청의 허가를 받는 것이 사실상 불가능하게 된 경우 **무효로 확정**된다.

▷ 「사립학교법」 제28조 제1항에 따른 관할청의 허가는 학문상 인가이다. 확정적으로 무효가 되지 않은 관할청의 허가(인가)를 받지 않은 해당 계약은 유동적 무효의 상태에 있는 것이라고 할 수 있다.

| 예상지문 |

① 학교법인이 용도변경이나 의무부담을 내용으로 하는 계약을 체결한 경우 반드시 계약 전에 관할청의 허가를 받아야만 하는 것은 아니고 **계약 후라도 관할청의 허가**를 받으면 유효하게 될 수 있다.　　(○)

② 학교법인이 용도변경이나 의무부담을 내용으로 하는 **계약을 체결**한 경우, 이러한 계약은 관할청의 불허가 처분이 있는 경우뿐만 아니라 당사자가 허가신청을 하지 않을 의사를 명백히 표시하거나 계약을 이행할 의사를 철회한 경우 또는 그 밖에 관할청의 허가를 받는 것이 사실상 불가능하게 된 경우 **무효로 확정**된다.　　(○)

Ⅰ. 판결요지

[1] 행정청의 행위가 '**처분**'에 해당하는지가 **불분명**한 경우에는 그에 대한 불복방법 선택에 중대한 이해관계를 가지는 상대방의 인식가능성과 예측가능성을 중요하게 고려하여 규범적으로 판단하여야 한다.

[2] 항고소송의 대상인 처분에 관한 법리에 비추어 고용보험 및 산업재해보상보험의 보험료징수 등에 관한 법률(이하 '고용산재보험료징수법')상 규정, 같은 법 시행령 제9조 제3호, 같은 법 시행규칙 제12조 및 근로복지공단이 고용산재보험료징수법령 등에서 위임된 사항과 그 시행을 위하여 필요한 사항을 규정할 목적으로 제정한 '적용 및 부과업무 처리 규정' 등 관련 규정들의 내용과 체계 등을 살펴보면, 근로복지공단이 사업주에 대하여 하는 '개별 사업장의 사업종류 변경결정'은 행정청이 행하는 구체적 사실에 관한 법집행으로서의 공권력의 행사인 '**처분**'에 해당한다.

Ⅱ. 이 유

사업종류별 산재보험료율은 고용노동부장관이 매년 정하여 고시하므로, 개별 사업장의 **사업종류가 구체적**으로 결정되면 그에 따라 해당 사업장에 적용할 **산재보험료율**이 자동적으로 정해진다. 고용산재보험료징수법은 개별 사업장의 사업종류 결정의 절차와 방법, 결정기준에 관하여 구체적으로 규정하거나 하위법령에 명시적으로 위임하지는 않았으나, 고용산재보험료징수법의 사업종류 변경신고에 관한 규정들과 근로복지공단의 사실조사에 관한 규정들은 개별 사업장의 구체적인 특성을 고려하여 사업종류가 결정되고 그에 따라 산재보험료율이 결정되어야 함을 전제로 하고 있다. 따라서 **근로복지공단**이 개별 사업장의 **사업종류를 결정**하는 것은 **고용산재보험료징수법을 집행**하는 과정에서 이루어지는 행정작용이다.

이러한 사업종류 결정의 주체, 내용과 결정기준을 고려하면, 개별 사업장의 **사업종류 결정은** 구체적 사실에 관한 법집행으로서 **공권력을 행사**하는 '**확인적 행정행위**'라고 보아야 한다.

따라서 **근로복지공단**이 사업주에 대하여 하는 '**개별 사업장의 사업종류 변경결정**'은 행정청이 행하는 구체적 사실에 관한 법집행으로서의 공권력의 행사인 '**처분**'에 **해당**한다고 보아야 한다.

⇨ 대법원 1995. 7. 28. 선고 94누8853 판결에서는 산재보험적용 사업종류 변경결정을 항고소송의 대상인 처분이 아니라고 판단하였으나, 이는 구법 하에서의 사안에 관한 것으로서, 신법 하에서 관련 규정이 정비되어 처분성을 인정하였다.

한편, 근로복지공단의 사업종류 변경결정에 따라 국민건강보험공단이 사업주에 대하여 하는 각각의 산재보험료 부과처분도 항고소송의 대상인 처분에 해당하므로, 사업주는 각각의 산재보험료 부과처분을 별도의 항고소송으로 다툴 수 있다. 그런데 근로복지공단이 **사업종류 변경결정**을 하면서 개별 사업주에 대하여 사전통지 및 의견청취, 이유제시 및 불복방법 고지가 포함된 처분서를 작성하여 교부하는 등 실질적으로 행정절차법에서 정한 처분절차를 준수함으로써 사업주에게 방어권행사 및 불복의 기회가 보장된 경우에는, 그 **사업종류 변경결정**은 그 내용·형식·절차의 측면에서 단순히 조기의 권리구제를 가능하게 하기 위하여 행정소송법상 처분으로 인정되는 소위 '쟁송법적 처분'이 아니라, 개별·구체적 사안에 대한 규율로서 외부에 대하여 직접적 법적 효과를 갖는 행정청의 의사표시인 소위 '**실체법적 처분**'에 해당하는 것으로 보아야 한다. 이 경우 사업주가 행정심판법 및 행정소송법에서 정한 기간 내에 불복하지 않아 불가쟁력이 발생한 때에는 그 사업종류 변경결정이 중대·명백한 하자가 있어 당연무효가 아닌 한, 사업주는 그 사업종류 변경결정에 기초하여 이루어진 각각의 산재보험료 부과처분에 대한 쟁송절차에서는 선행처분인 사업종류 변경결정의 위법성을 주장할 수 없다고 봄이 타당하다. 이 경우 근로복지공단의 사업종류 변경결정을 항고소송의 대상인 처분으로 인정하여 행정소송법에 따른 불복기회를 보장하는 것은 '행정법관계의 조기 확정'이라는 단기의 제소기간 제도의 취지에도 부합한다.

> **관련 판례**
>
> 처분서의 문언만으로는 행정청이 어떤 처분을 하였는지 불분명한 경우에는 처분 경위와 목적, 처분 이후 상대방의 태도 등 여러 사정을 고려하여 처분서의 문언과 달리 처분의 내용을 해석할 수 있다. 특히 행정청이 행정처분을 하면서 논리적으로 당연히 수반되어야 하는 의사표시를 명시적으로 하지 않았다고 하더라도, 그것이 행정청의 추단적 의사에도 부합하고 상대방도 이를 알 수 있는 경우에는 행정처분에 위와 같은 의사표시가 묵시적으로 포함되어 있다고 볼 수 있다(대판 2020.10.29. 2017다269152, 대판 2021.2.4. 2017다207932).

기출지문

① 근로복지공단이 사업주에 대하여 하는 '개별 사업장의 사업종류 변경결정'은 구체적 사실에 관한 법집행으로서 공권력을 행사하는 확인적 행정행위라고 보아야 한다. [22-3]　　　　　　(○)

② 근로복지공단이 사업주에 대하여 하는 개별 사업장의 사업종류변경결정은 사업종류 결정의 주체, 내용과 결정기준을 고려할 때 확인적 행정행위로서 처분에 해당한다. [21국회8급]　　　　　　(○)

③ 근로복지공단이 사업주에 대하여 하는 '개별 사업장의 사업종류 변경결정'만으로는 사업주의 권리·의무에 직접적인 변동이나 불이익이 발생한다고 볼 수 없고, 국민건강보험공단이 보험료 부과처분을 함으로써 비로소 사업주에게 현실적인 불이익이 발생하게 되므로, 위 사업종류 변경결정은 항고소송의 대상이 되는 처분에 해당하지 않는다. [23변시]　　　　　　(×)

④ 판례상 사업종류 변경결정처분과 산재보험료 부과처분 사이에 하자의 승계가 인정되지 않는다. [22-3] (○)

08 유가보조금환수처분취소 – 제재사유의 승계 [대판 2021.7.29. 2018두55968]

판결요지

화물자동차법 제16조 제4항은 화물자동차 운송사업을 양수하고 신고를 마치면 양수인이 양도인의 '운송사업자로서의 지위'를 승계한다고 규정하고 있다. 이러한 지위 승계 규정은 양도인이 해당 사업과 관련하여 관계 법령상 의무를 위반하여 제재사유가 발생한 후 사업을 양도하는 방법으로 제재처분을 면탈하는 것을 방지하려는 데에도 그 입법 목적이 있다.

화물자동차법에서 '운송사업자'란 화물자동차법 제3조 제1항에 따라 화물자동차 운송사업 허가를 받은 자를 말하므로(제3조 제3항), '운송사업자로서의 지위'란 운송사업 허가에 기인한 공법상 권리와 의무를 의미하고, 그 '지위의 승계'란 양도인의 공법상 권리와 의무를 승계하고 이에 따라 양도인의 의무위반행위에 따른 위법상태의 승계도 포함하는 것이라고 보아야 한다. 불법증차를 실행한 운송사업자로부터 운송사업을 양수하고 화물자동차법 제16조 제1항에 따른 신고를 하여 화물자동차법 제16조 제4항에 따라 운송사업자의 지위를 승계한 경우에는 설령 양수인이 영업양도·양수 대상에 불법증차 차량이 포함되어 있는지를 구체적으로 알지 못하였다 할지라도, 양수인은 불법증차 차량이라는 물적 자산과 그에 대한 운송사업자로서의 책임까지 포괄적으로 승계한다.

따라서 **관할 행정청**은 양수인의 선의·악의를 불문하고 양수인에 대하여 **불법증차** 차량에 관하여 지급된 **유가보조금의 반환을 명할 수 있다.** 다만 그에 따른 양수인의 **책임범위는 지위승계 후 발생한** 유가보조금 부정수급액에 한정되고, **지위승계 전에** 발생한 유가보조금 부정수급액에 대해서까지 양수인을 상대로 **반환명령을 할 수는 없다.** **유가보조금 반환명령**은 '운송사업자 등'이 유가보조금을 지급받을 요건을 충족하지 못함에도 유가보조금을 청구하여 부정수급하는 행위를 처분사유로 하는 '**대인적 처분**'으로서, '운송사업자'가 불법증차 차량이라는 물적자산을 보유하고 있음을 이유로 한 운송사업 허가취소 등의 '대물적 제재처분'과 구별되고, **양수인은 영업양도·양수 전에 벌어진 양도인의 불법증차 차량**의 제공 및 유가보조금 부정수급이라는 결과발생에 어떠한 **책임**이 있다고 볼 수 **없기 때문이다.**

| 예상지문 |

① 화물자동차법 제16조 제4항은 화물자동차 운송사업을 양수하고 신고를 마치면 양수인이 양도인의 '운송사업자로서의 지위'를 승계한다고 규정하고, 그 '**지위의 승계**'란 양도인의 **공법상 권리와 의무**를 승계하고 이에 따라 **양도인의 의무위반행위**에 따른 **위법상태의 승계**도 포함하는 것이라고 보아야 한다. (O)

② 관할 행정청은 화물자동차법 제16조 제4항에 따라 운송사업자의 지위를 승계한 **양수인의 선의·악의를 불문**하고 양수인에 대하여 불법증차 차량에 관하여 지급된 유가보조금의 **반환을 명할 수 있다.** (O)

③ **유가보조금 반환명령**은 '운송사업자 등'이 유가보조금을 지급받을 요건을 충족하지 못함에도 유가보조금을 청구하여 부정수급하는 행위를 처분사유로 하는 '**대인적 처분**'으로서, '운송사업자'가 불법증차 차량이라는 물적자산을 보유하고 있음을 이유로 한 운송사업 허가취소 등의 '대물적 제재처분'과 구별된다. (O)

④ 화물자동차법 제16조 제4항에 따라 운송사업자의 지위를 승계한 양수인의 **책임범위는 지위승계 후 발생한** 유가보조금 부정수급액에 한정되지 않고, **지위승계 전에 발생한** 유가보조금 부정수급액에 대해서까지 양수인을 상대로 **반환명령을 할 수는 있다.** (×)

09 업무정지처분취소 [대판 2022.1.27. 2020두39365, 표준판례 42]

판결요지

요양기관이 속임수나 그 밖의 부당한 방법으로 보험자에게 요양급여비용을 부담하게 한 때에 구 국민건강보험법 제85조 제1항 제1호에 의해 받게 되는 **요양기관 업무정지처분**은 의료인 **개인의 자격에 대한 제재가 아니라** 요양기관의 업무자체에 대한 것으로서 **대물적 처분의 성격**을 갖는다. 따라서 속임수나 그 밖의 부당한 방법으로 보험자에게 요양급여비용을 부담하게 한 **요양기관이 폐업**한 때에는 그 요양기관은 업무를 할 수 없는 상태일 뿐만 아니라 그 **처분대상도 없어졌으므로** 그 요양기관 및 **폐업 후** 그 요양기관의 개설자가 **새로 개설한 요양기관**에 대하여 **업무정지처분을 할 수는 없다.**

이러한 해석은 **침익적 행정행위**의 근거가 되는 행정법규는 **엄격하게 해석**·적용하여야 하고, 입법 취지와 목적 등을 고려한 **목적론적 해석**이 전적으로 배제되는 것이 아니라고 하더라도 그 해석이 문언의 **통상적인 의미**를 벗어나서는 아니 된다는 법리에도 부합한다.

요양기관 개설자인 의료인 개인에 대한 제재수단이 별도로 존재하는 이상, 위와 같은 사안에서 제재의 실효성 확보를 이유로 구 국민건강보험법 제85조 제1항 제1호의 '요양기관'을 확장해석할 필요도 없다.

관련 판례

요양기관이 속임수나 그 밖의 부당한 방법으로 보험자에게 요양급여비용을 부담하게 한 때에 국민건강보험법 제98조 제1항 제1호에 의해 받게 되는 요양기관 업무정지처분은 의료인 개인의 자격에 대한 제재가 아니라 요양기관의 업무 자체에 대한 것으로서 대물적 처분의 성격을 갖는다. 따라서 속임수나 그 밖의 부당한 방법으로 보험자에게 요양급여비용을 부담하게 한 요양기관이 폐업한 때에는 그 요양기관은 업무를 할 수 없는 상태일 뿐만 아니라 그 처분대상도 없어졌으므로 그 요양기관 및 폐업 후 그 요양기관의 개설자가 새로 개설한 요양기관에 대하여 업무정지처분을 할 수는 없다(대판 2022.1.27. 2020두39365 참조). 이러한 법리는 보건복지부 소속 공무원의 검사 또는 질문을 거부·방해 또는 기피한 경우에 국민건강보험법 제98조 제1항 제2호에 의해 받게 되는 요양기관 업무정지처분 및 의료급여법 제28조 제1항 제3호에 의해 받게 되는 의료급여기관 업무정지처분의 경우에도 마찬가지로 적용된다(대판 2022.4.28. 2022두30546).

| 예상지문 |

① 요양기관이 속임수나 그 밖의 부당한 방법으로 보험자에게 요양급여비용을 부담하게 한 때에 구 국민건강보험법 제85조 제1항 제1호에 의해 받게 되는 요양기관 업무정지처분은 의료인 개인의 자격에 대한 제재가 아니라 요양기관의 업무자체에 대한 것으로서 대물적 처분의 성격을 갖는다. (○)

② 속임수나 그 밖의 부당한 방법으로 보험자에게 요양급여비용을 부담하게 한 요양기관이 폐업한 때에는 그 요양기관 및 폐업 후 그 요양기관의 개설자가 새로 개설한 요양기관에 대하여 업무정지처분을 할 수 있다. (×)

③ 침익적 행정행위의 근거가 되는 행정법규는 엄격하게 해석·적용하여야 하고, 입법 취지와 목적 등을 고려한 목적론적 해석이 전적으로 배제되는 것은 아니므로 그 해석이 문언의 통상적인 의미를 벗어나더라도 위법이라고 볼 수 없다. (×)

제2절 재량권과 판단여지

01 여객자동차운송사업계획변경개선명령취소 [대판 2022.9.7. 2021두39096]

[1] 여객자동차 운수사업법 제23조 제1항에 따라 운송사업자에 대하여 사업계획의 변경이나 노선의 연장·단축 또는 변경 등을 명하는 개선명령이 행정청의 재량행위인지 여부(적극) 및 개선명령의 결과로 동일노선을 운행하는 다른 운송사업자의 운행수익이 종전보다 감소될 것이 예상되더라도 공익상의 필요가 우월하고 합리성이 있다고 인정되는 경우, 개선명령이 적법한지 여부(적극)

「여객자동차 운수사업법」 제23조 제1항에 따라 운송사업자에 대하여 사업계획의 변경이나 노선의 연장·단축 또는 변경 등을 명하는 개선명령은 여객을 원활히 운송하고 서비스를 개선해야 할 공공복리상 필요가 있다고 인정될 때 행정청이 직권으로 행하는 재량행위이다(대판 2002.10.11. 2002두3768 등 참조). 이러한 개선명령의 결과로 동일노선을 운행하는 다른 운송사업자의 운행수익이 종전보다 감소될 것이 예상된다 하더라도 개선명령의 목적과 경위, 그로 인해 관련 운송사업자의 수익 변동에 미치는 영향, 당해 노선을 운행하는 자동차를 이용하는 주민들의 편익 등 관련 당사자의 사익과 공익을 비교 형량하여 볼 때 공익상의 필요가 우월하고 합리성이 있다고 인정된다면 이는 재량권의 범위 내에 속하는 것으로서 적법하다(대판 2012.5.10. 2011두13484 등 참조).

[2] 행정청의 재량행위에 대한 사법심사의 대상과 판단 기준 / 행정청이 행정행위를 할 때 이익형량을 전혀 하지 않거나 이익형량의 고려 대상에 마땅히 포함시켜야 할 사항을 누락한 경우 또는 이익형량을 하였으나 정당성·객관성이 결여된 경우, 그 행정행위가 위법한지 여부(적극) / 재량권 일탈·남용에 관한 증명책임의 소재(=행정행위의 효력을 다투는 사람)

재량행위에 대한 사법심사는 행정청의 재량에 기초한 공익 판단의 여지를 감안하여 법원이 독자적인 결론을 내리지 않고 해당 처분에 재량권 일탈·남용이 있는지 여부만을 심사하게 되고, 사실오인과 비례·평등의 원칙 위반 여부 등이 그 판단기준이 된다(대판 2020.9.3. 2019두60899 등 참조). 행정청이 행정행위를 함에 있어 이익형량을 전혀 하지 아니하거나 이익형량의 고려대상에 마땅히 포함시켜야 할 사항을 누락한 경우 또는 이익형량을 하였으나 정당성·객관성이 결여된 경우 그 행정행위는 재량권을 일탈·남용하여 위법하다고 할 수 있다(대판 2020.6.11. 2020두34384 등 참조). 이러한 재량권 일탈·남용에 관해서는 그 행정행위의 효력을 다투는 사람이 증명책임을 진다(대판 2019.7.4. 2016두47567 등 참조).

이 유

2. 원심판결 이유에 의하면, 원심은 피고 경상남도도지사가 2019. 3. 28. 피고소송참가인들(이하 '참가인들')에 대하여 서울남부터미널과 창원시 진해구 소재 용원시외버스센터를 왕래하는 시외버스 노선 중 1일 9회에 관하여 마산남부시외버스터미널을 경유하도록 운행경로를 변경하는 내용의 개선명령(이하 '이 사건 처분')을 하면서, 단순히 이를 통해 마산 남부지역 주민들의 교통편의가 증진될 것이라고 전제하였을 뿐 원고들을 비롯한 기존 운송사업자들의 운행현황과 수익에 대한 영향, 마산 남부지역의 실제 수송수요 및 참가인들의 기존 노선 이용자들이 입게 될 침해 정도 등의 사정들을 구체적으로 고려하지 않았다고 보았다. 이어 원심은 이 사건 처분은 이익형량을 전혀 하지 않았거나 이익형량을 하였으나 정당성·객관성이 결여된 경우로서 재량권을 일탈 ·남용하여 위법하다고 판단하였다.

3. 그러나 원심판단은 다음과 같은 이유로 받아들일 수 없다.

가. 1) 기록에 의하면 다음과 같은 사실을 알 수 있다.

가) 피고는 이 사건 처분에 앞서 2016. 3. 23. 동일익스프레스 주식회사 등에 대하여 서울남부터미널과 경남 함안군 소재 군북버스터미널 등을 왕래하는 시외버스노선 중 1일 3회에 관하여 마산남부시외버스터미널을 경유하도록 운행경로를 변경하는 내용의 개선명령(이하 '이 사건 선행처분')을 하였다. 마산고속버스터미널과 서울 사이를 고속버스로 1일 64회 운행하던 원고들은 피고를 상대로 이 사건 선행처분의 무효확인 및 취소를 구하는 행정소송을 제기하여 2개의 노선에 관하여는 원고들의 청구가 배척되었고, 1개의 노선에 관하여는 피고가 경상북도지사와 미리 협의하지 아니한 절차상 하자가 있다고 인정되어 이 사건 선행처분을 취소하는 판결을 받았다.

나) 마산남부시외버스터미널부터 기차역인 마산역까지(이동거리 약 7km)는 자동차로 약 25분 소요되고, 마산남부시외버스터미널부터 마산고속버스터미널까지(이동거리 약 6km)는 자동차로 약 20분 소요된다.

2) 이러한 사정에 비추어 볼 때 위 소송이 종결된 후 이 사건 처분을 할 당시 피고는 원고들의 운행현황과, 이 사건 처분과 같은 개선명령이 원고들의 수익에 미치는 영향을 고려하였을 것으로 보인다. 피고가 이 사건 처분에 앞서 원고들에 대하여 의견을 조회하여 원고들이 주장하는 바와 같은

대안을 살펴보지 않았다는 사정만으로 이 사건 처분을 하면서 원고들을 비롯한 기존 운송사업자들의 운행현황과 수익에 대한 영향을 전혀 고려하지 않았다고 보기는 어렵다.

나. 이 사건 선행처분으로 비로소 마산남부시외버스터미널과 서울 사이를 운행하는 시외버스 노선이 신설되었으나 그 운행횟수는 1일 3회에 불과하였고, 기록에 의하면 실제로 이 사건 선행처분 이후 이 사건 처분이 이루어지기 전까지 마산남부시외버스터미널에서 서울로 운행되는 시외버스 노선을 늘려달라는 민원이 꾸준히 제기되었음에 비추어 이 사건 선행처분만으로는 마산 남부지역의 수송수요를 충족시키기에 부족하였다고 보이는 점, 피고가 관할 구역 내 도시개발 현황 등을 고려하여 이 사건 처분에 이르렀다고 보이는 점 등에 비추어 볼 때, 피고가 이 사건 처분을 하면서 마산 남부지역의 수송수요를 전혀 고려하지 않았다고 보기 어렵다.

다. 이 사건 처분으로 인해 참가인들의 기존 노선 이용자들 입장에서는 운행거리와 시간이 다소 늘어나게 되는 등 교통상 불편이 발생할 수 있으나, 이는 이 사건 처분으로 증대되는 마산 남부지역 주민들의 교통편의에 비하면 참을 수 있는 수준이라고 보일 뿐만 아니라 처분에 앞서 구체적으로 조사하지 않더라도 쉽게 예상하여 고려할 수 있는 사항이다.

라. 따라서 피고가 이 사건 처분을 하면서 이익형량을 전혀 하지 않았다거나 이익형량의 고려대상에 마땅히 포함시켜야 할 사항을 누락하였다고 보기 어렵다. 이 사건 처분을 통해 마산 남부지역 주민들의 교통편의가 상당히 증대되는 점에 비추어 볼 때, 원고들을 비롯한 기존 운송사업자들의 수익에 미치는 영향이나 참가인들의 기존 노선이용자들에게 발생하는 교통상의 불편 등을 고려하더라도 이 사건 처분의 이익형량에 정당성과 객관성이 결여되었다고 단정하기는 어렵다. 그런데도 원심은 이와 다른 전제에서 이 사건 처분에 재량권을 일탈·남용한 위법이 있다고 판단하였다. 이러한 원심판단에는 재량권 일탈·남용 등에 관한 법리를 오해하여 판결에 영향을 미친 잘못이 있다.

▎예상지문 ▎

① **여객자동차 운수사업법** 제23조 제1항에 따라 운송사업자에 대하여 사업계획의 변경이나 노선의 연장·단축 또는 변경 등을 명하는 **개선명령**은 행정청의 **재량행위**이다. (○)

② **개선명령의 결과**로 동일노선을 운행하는 다른 운송사업자의 **운행수익이 종전보다 감소**될 것이 예상된다 하더라도 개선명령의 목적과 경위, 그로 인해 관련 운송사업자의 수익변동에 미치는 영향, 당해 노선을 운행하는 자동차를 이용하는 주민들의 편익 등 관련 당사자의 사익과 공익을 **비교 형량**하여 볼 때 **공익상의 필요가 우월**하고 합리성이 있다고 인정된다면 이는 **재량권의 범위 내**에 속하는 것으로서 **적법**하다. (○)

02 시정명령 취소 [대판 2022.9.7. 2022두40376]

식품위생법 제7조 등 관련 규정이 적정한 식품의 규격과 기준을 설정하고, 이를 위반한 식품에 대하여 식품으로 인한 국민의 생명·신체에 대한 위험을 예방하기 위한 조치를 취할 수 있는 합리적 재량권한을 식품의약품안전처장 및 관련 공무원에게 부여한 것인지 여부(적극) / 장래에 발생할 불확실한 상황과 파급효과에 대한 예측이 필요한 요건에 관한 행정청의 재량적 판단은 존중되어야 하는지 여부(원칙적 적극)

구 식품위생법 제7조 등의 규정 내용과 형식, 체계 등에 비추어 보면, 식품위생법 관련규정은 식품의 위해성을 평가하면서 관련 산업 종사자들의 재산권이나 식품산업의 자율적 시장질서를 부당하게 해치지 않는 범위 내에서 적정한 식품의 규격과 기준을 설정하고, 그러한 규격과 기준을 위반한 식품에 대하여 식품으로 인한 국민의 생명·신체에 대한 위험을 예방하기 위한 조치를 취할 수 있는 합리적 재량권한을 식품의약품안전처장 및 관련 공무원에게 부여한 것이라고 봄이 상당하다(대판 2010.11.25. 2008다67828 참조). 나아가, 장래에 발생할 불확실한 상황과 파급효과에 대한 예측이 필요한 요건에 관한 **행정청의 재량적 판단**은, 그 내용이 현저히 합리성을 결여하였다거나 상반되는 이익이나 가치를 대비해 볼 때 형평이나 비례의 원칙에 뚜렷하게 배치되는 등의 사정이 없는 한 **존중하여야** 한다(대판 2017.3.15. 2016두55490, 대판 2021.2.25. 2019두53389 등 참조).

| 예상지문 |

① **식품위생법상 허가**는 강학상 허가에 해당하므로, 식품위생법 제7조 등 관련 규정이 적정한 **식품의 규격과 기준**을 설정하고, 이를 위반한 식품에 대하여 식품으로 인한 국민의 생명·신체에 대한 위험을 예방하기 위한 조치를 취할 수 있는 **합리적 재량권한**을 식품의약품안전처장 및 관련 공무원에게 부여한 것으로 볼 수 없다. (×)

② 장래에 발생할 불확실한 상황과 파급효과에 대한 **예측이 필요**한 요건에 관한 **행정청의 재량적 판단**은, 그 내용이 현저히 합리성을 결여하였다거나 상반되는 이익이나 가치를 대비해 볼 때 형평이나 비례의 원칙에 뚜렷하게 배치되는 등의 사정이 없는 한 **존중하여야** 한다. (O)

03 교권보호위원회조치처분취소 [대판 2023.9.14. 2023두37858]

[1] 교사가 학생에 대한 교육 과정에서 한 판단과 교육활동은 존중되어야 하는지 여부(원칙적 적극) 및 부모 등 보호자의 보호하는 자녀 또는 아동의 교육에 관한 의견 제시의 방식과 한계

부모 등 보호자는 보호하는 자녀 또는 아동의 교육에 관하여 학교에 의견을 제시할 수 있으며 학교는 그 의견을 존중하여야 하는바, 학급을 담당한 교원의 교육방법이 부적절하여 교체를 희망한다는 의견도 부모가 인사권자인 교장 등에게 제시할 수 있는 의견에 해당한다고 볼 수 있다. 그러나 학기 중에 담임에서 배제되는 것은 해당 교사의 명예를 크게 실추시키고 인사상으로도 불이익한 처분이며, 학교장에게는 학기 중에 담임 보직인사를 다시 하는 부담이 발생하고, 해당 학급의 학생들에게는 담임교사의 변경으로 인한 혼란이 발생할 수 있으므로, 설령 해당 담임교사의 **교육방법에 문제**가 있다 하더라도 **교육방법의 변경** 등으로 문제가 **해결될 수 있다면** 먼저 그 방안을 시도하는 것이 바람직하다. 따라서 학부모가 정당한 사유 및 절차에 따르지 아니한 채 **반복적으로 담임교체를 요구**하는 것은, 위와 같은 **해결 방안이 불가능**하거나 이를 **시도하였음에도 문제가 해결되지 않았고**, 그러한 문제로 인해 담임교사로서 온전한 **직무수행을 기대할 수 없는 비상적인 상황에 한하여** 보충적으로만 허용된다고 보는 것이 타당하다.

| 예상지문 |

① 해당 담임교사의 **교육방법에 문제**가 있다 하더라도 **교육방법의 변경** 등으로 문제가 해결될 수 있다면 먼저 그 방안을 시도하는 것이 바람직하다. (O)

② 담임교사의 **교육방법에 문제**가 있다면 **학부모는 담임교체를 요구**할 수 있고, 설사 **교육방법의 변경**으로 그 **문제해결이 가능**하다는 사정만으로 학부모의 이러한 담임교체 요구를 위법하다고 볼 것은 아니다. (×)

판결요지

[1] 행정청이 **제재처분** 양정을 하면서 공익과 사익의 형량을 전혀 하지 않았거나 이익형량의 고려대상에 마땅히 포함하여야 할 사항을 누락한 경우 또는 이익형량을 하였으나 정당성·객관성이 결여된 경우에는 제재처분은 **재량권을 일탈·남용**한 것이라고 보아야 한다. 처분상대방에게 법령에서 정한 임의적 감경사유가 있는 경우에, 행정청이 감경사유까지 고려하고도 감경하지 않은 채 개별처분기준에서 정한 상한으로 처분을 한 경우에는 재량권을 일탈·남용하였다고 단정할 수는 없으나, 행정청이 감경사유를 전혀 고려하지 않았거나 감경사유에 해당하지 않는다고 오인하여 개별처분기준에서 정한 상한으로 처분을 한 경우에는 마땅히 **고려대상에 포함**하여야 할 **사항을 누락**하였거나 고려대상에 관한 사실을 **오인한 경우**에 해당하여 **재량권을 일탈·남용**한 것이라고 보아야 한다.

[2] 구 국민건강보험법 제98조 제1항 제1호에 따른 업무정지처분을 하려면 행정청은 처분사유, 즉 요양기관이 요양급여비용을 청구하여 지급받은 어떤 진료행위가 국민건강보험법령과 그 하위 규정들에 따르면 요양급여비용으로 지급받을 수 없는 경우에 해당한다는 객관적 사정을 증명하는 것으로 족하며, 해당 요양기관이 '속임수'를 사용하지 않았다는 사정은 행정청의 처분양정 단계에서 그리고 이에 대한 법원의 재량권 일탈·남용 여부 심사 단계에서 고려할 사정이므로 이를 자신에게 유리한 사정으로 주장하는 원고가 증명하여야 한다.

⇨ 한의사가 실제 하지도 않은 진료행위를 한 것처럼 진료기록부를 허위로 작성하였고, 허위 진료기록부를 기초로 간호사가 월말에 요양급여비용청구서를 사실과 다르게 작성하여 요양급여비용을 부당청구하였음.

개정된 구 국민건강보험법 시행령(대통령령) [별표 5] '업무정지 처분 및 과징금 부과의 기준' 제4호는 "위반행위의 동기·목적·정도 및 위반횟수 등을 고려하여 업무정지기간 또는 과징금 금액의 2분의 1 범위에서 감경할 수 있다. 다만, 속임수를 사용하여 공단·가입자 및 피부양자에게 요양급여비용을 부담하게 하였을 때에는 그러하지 아니하다"라는 감경처분 규정이 신설되었음. 그에 따라 '속임수'의 경우에는 재량감경이 불가능하지만, '그 밖의 부당한 방법'의 경우에는 재량감경이 가능하게 되어, 원고에게 재량감경 사유가 있는지 여부, 다시 말해 원고가 '속임수'를 사용한 경우인지 여부가 다투어진 사안임.

원심은 요양급여비용 부당청구가 간호사의 착오로 인한 것일 뿐, 원고가 '속임수'를 사용한 경우로는 볼 수 없다고 판단한 다음, 원고가 속임수를 사용하여 부당청구를 하였다는 전제에서 이루어진 부당이득 전액 징수처분은 감경사유를 전혀 고려하지 않은 채 이루어진 것이어서 재량권을 일탈·남용한 것이라고 판단하였음.

그러나 대법원은 원심이 요양급여비용 부당청구에서 '속임수'의 의미와 증명책임에 관한 법리 등을 오해한 잘못이 있다고 판단하여 파기환송한 사례임.

(제재적 처분임에도 종래 행정계획의 영역에서 인정되는 형량명령의 원리를 행정재량의 경우에도 적용한 판결이다.)

| 예상지문 |

① 처분상대방에게 **법령**에서 정한 **임의적 감경사유**가 있는 경우에, 행정청이 감경사유까지 **고려하고도** 감경하지 않은 채 개별처분기준에서 정한 **상한으로 처분**을 한 경우에는 재량권을 **일탈·남용**하였다고 **단정할 수는 없다.** (O)

② 행정청이 감경사유를 **전혀 고려하지 않**았거나 감경사유에 해당하지 않는다고 오인하여 개별처분기준에서 정한 **상한으로 처분**을 한 경우에는 마땅히 고려대상에 포함하여야 할 사항을 누락하였거나 고려대상에 관한 사실을 오인한 경우에 해당하여 **재량권**을 **일탈·남용**한 것이라고 보아야 한다. (O)

05 공항버스한정면허기간갱신거부처분취소 [대판 2020.6.11. 2020두34384]

판결요지

여객자동차 운수사업법 제4조 제1항 단서 및 제2항, 제3항, 여객자동차 운수사업법 시행규칙 제17조 제1항 제1호 (가)목 1), 제5항 및 제6항을 종합하면, 여객자동차운송사업의 **한정면허**는 특정인에게 권리나 이익을 부여하는 수익적 행정행위로서, 교통수요, 운송업체의 수송 및 공급능력 등에 관한 기술적·전문적 판단이 필요하고, 원활한 운송체계의 확보, 일반 공중의 교통 편의성 제고 등 운수행정을 통한 공익적 측면과 함께 관련 운송사업자들 사이의 이해관계 조정 등 사익적 측면을 고려하는 등 합목적성과 구체적 타당성을 확보하기 위한 적합한 기준에 따라야 하므로, 그 범위 내에서는 법령이 특별히 규정한 바가 없으면 행정청이 재량을 보유하고 이는 한정면허가 기간만료로 실효되어 갱신되는 경우에도 마찬가지이다. 따라서 한정면허가 신규로 발급되는 때는 물론이고 한정면허의 갱신 여부를 결정하는 때에도 관계 법규 내에서 한정면허의 기준이 충족되었는지를 판단하는 것은 관할 **행정청의 재량**에 속한다. 그러므로 시·도지사가 한정면허의 기준을 충족하였는지 여부를 심사한 것이 객관적으로 합리적이지 않거나 타당하지 않다고 보이지 아니하는 한 그 의사는 가능한 존중되어야 하고, 이에 대한 사법심사는 원칙적으로 재량권의 **일탈이나 남용**이 있는지 여부만을 대상으로 하며, 사실오인과 비례·평등의 원칙 위반 여부 등이 판단 기준이 된다.

특히 한정면허의 갱신은 신규면허 당시에 구비하였던 여객자동차 운수사업법 시행규칙 제17조 제1항 각호의 요건이 그 후 시간의 경과에 따라 해당 요건을 충족하지 않게 된 경우, 종전의 한정면허가 더는 유지되지 않게 함으로써 여객자동차 운수사업의 건전한 발전을 도모하는 데에 목적이 있다. 다른 한편으로, 한정면허의 갱신을 신청하는 사가 과거에 여객자동차 운수사업법 시행규칙 제17조 제1항 각호의 요건을 충족한 것으로 인정받아 한정면허를 받은 바 있고 그에 따라 **이미 많은 자본**을 투자하여 상당한 인원과 설비를 갖추었다면, **한정면허의 갱신** 여부에 관하여 **신규로 면허**를 신청하는 **경우보다** 훨씬 중대한 이해관계를 갖는다. 따라서 이러한 사정은 한정면허의 내용, 그 경위와 목적, 종전 한정면허 당시와 비교한 **사정 변경 여부** 등과 함께 한정면허의 갱신 여부를 심사하는 과정에서 **고려대상에 포함되어야** 한다. 만일 이와 달리 행정청인 시·도지사가 한정면허의 갱신 여부를 심사할 때 **한정면허의 갱신**을 신청한 자가 **거부처분**으로 입게 되는 불이익의 내용과 정도 등을 전혀 비교형량하지 아니하였거나 비교형량의 고려대상에 마땅히 포함시켜야 할 사항을 누락한 경우 또는 비교형량을 하였으나 정당성·객관성이 결여된 경우에는 한정면허의 갱신에 관한 거부처분은 **재량권을 일탈·남용**하여 위법하다고 할 수밖에 없다.

① 여객자동차운송사업의 한정면허를 **신규로 발급**하는 때 및 한정면허의 **갱신 여부**를 결정하는 때에 관계 법규 내에서 한정면허의 기준이 충족되었는지를 판단하는 것이 관할 행정청의 **재량**에 속한다. (O)

② 한정면허의 **갱신 여부**를 심사하는 과정에서 고려할 사항 및 시·도지사가 한정면허의 갱신 여부를 심사할 때 한정면허 갱신 신청자가 **거부처분**으로 입게 되는 **불이익**의 내용과 정도 등을 **전혀 비교형량**하지 **않았거**나 비교형량의 고려대상에 포함해야 할 사항을 **누락**한 경우 또는 비교형량을 하였으나 **정당성·객관성**이 **결여**된 경우, 한정면허의 갱신에 관한 거부처분은 **위법**하다. (O)

06 개발행위불허가처분취소 [대판 2020.7.9. 2017두39785, 표준판례 48]

판결요지

[1] 구 군사기지 및 군사시설 보호법(이하 '구 군사기지법') 제2조 제6호 (나)목, 제8호, 제4조, 제5조 제1항 제2호 (다)목, 제6조 제1항 [별표 1], 제13조 제1항 제1호, 제7호, 제2항 제1호, 제10조 제1항 제4호, 구 군사기지 및 군사시설 보호법 시행규칙(국방부령) 제7조 제2항의 문언, 체제, 형식과 군사기지 및 군사시설을 보호하고 군사작전을 원활히 수행하기 위하여 필요한 사항을 규정함으로써 국가안전보장에 이바지하려는 구 군사기지법의 목적(제1조) 등을 종합하면, **협의 요청**의 대상인 행위가 **군사작전에 지장**을 초래하거나 초래할 우려가 있는지, 그러한 지장이나 우려를 해소할 수 있는지, 항공등화의 명료한 인지를 방해하거나 항공등화로 오인될 우려가 있는지 등은 해당 부대의 임무, 작전계획, 군사기지 및 군사시설의 유형과 특성, 주변환경, 지역주민의 안전에 미치는 영향 등을 종합적으로 고려하여 행하는 **고도의 전문적·군사적 판단** 사항으로서, 그에 관해서는 국방부장관 또는 관할부대장 등에게 **재량권**이 부여되어 있다.

[2] 행정청의 **전문적인 정성적 평가** 결과는 판단의 기초가 된 사실인정에 중대한 오류가 있거나 그 판단이 사회통념상 현저하게 타당성을 잃어 객관적으로 불합리하다는 등의 특별한 사정이 없는 한 **법원이 당부를 심사**하기에 **적절하지 않으므로 가급적 존중**되어야 하고, 여기에 재량권을 **일탈·남용**한 특별한 사정이 있다는 점은 증명책임분배의 일반원칙에 따라 이를 **주장하는 자가 증명하여야** 한다.

이러한 법리는 국방부장관 또는 관할부대장 등이 구 군사기지 및 군사시설 보호법 등 관계 법령이 정하는 바에 따라 전문적·군사적인 정성적 평가를 한 경우에도 마찬가지로 적용된다. 따라서 국방부장관 또는 관할부대장 등의 **전문적·군사적 판단**은 그 판단의 **기초가** 된 **사실인정에 중대한 오류**가 있거나 그 판단이 **객관적으로 불합리**하거나 부당하다는 등의 **특별한 사정이 없는 한** 존중**되어야** 하고, 국방부장관 또는 관할부대장 등의 판단을 기초로 이루어진 행정처분에 재량권을 일탈·남용한 특별한 사정이 있다는 점은 처분의 효력을 다투는 자가 증명하여야 한다.

구 군사기지 및 군사시설 보호법상 국방부장관 또는 관할부대장에 대한 관계 행정기관장의 협의 요청 대상인 행위가 **군사작전에 지장**을 초래하거나 초래할 우려가 있는지 등은 **고도의 전문적·군사적 판단** 사항으로서 그 판단의 기초가 된 사실인정에 중대한 오류가 있거나 그 판단이 객관적으로 불합리하거나 부당하다는 등의 특별한 사정이 없는 한 **존중되어야** 한다. (O)

07 건축허가취소처분취소 [대판 2020.7.23. 2019두31839]

판결요지

국토의 계획 및 이용에 관한 법률상 개발행위허가는 허가기준 및 금지요건이 불확정개념으로 규정된 부분이 많아 그 요건에 해당하는지 여부는 행정청의 **재량판단**의 영역에 속한다. 그러므로 그에 대한 **사법심사**는 행정청의 공익판단에 관한 재량의 여지를 감안하여 원칙적으로 재량권의 **일탈 · 남용**이 있는지 여부만을 대상으로 하고, 사실오인과 비례 · 평등원칙 위반 여부 등이 판단 기준이 된다. 특히 환경의 훼손이나 오염을 발생시킬 우려가 있는 개발행위에 대한 행정청의 허가와 관련하여 재량권의 일탈 · 남용 여부를 심사할 때에는 해당 지역 주민들의 토지이용실태와 생활환경 등 구체적 지역 상황과 상반되는 이익을 가진 이해관계자들 사이의 권익 균형 및 환경권의 보호에 관한 각종 규정의 입법 취지 등을 종합하여 신중하게 판단하여야 한다. '**환경오염 발생 우려**'와 같이 **장래에 발생할 불확실한 상황**과 **파급효과**에 대한 **예측이 필요한** 요건에 관한 행정청의 재량적 판단은 그 내용이 **현저히 합리성**을 결여하였다거나 상반되는 이익이나 가치를 대비해 볼 때 **형평이나 비례**의 원칙에 뚜렷하게 배치되는 등의 사정이 없는 한 **폭넓게 존중**하여야 한다.

관련 판례

환경의 훼손이나 오염을 발생시킬 우려가 있는 개발행위에 대한 행정청의 허가와 관련하여 재량권의 일탈 · 남용 여부를 심사할 때에는, 해당지역 주민들의 토지이용실태와 생활환경 등 구체적 지역 상황과 상반되는 이익을 가진 이해관계자들 사이의 권익 균형 및 환경권의 보호에 관한 각종 규정의 입법 취지 등을 종합하여 신중하게 판단하여야 한다. '환경오염 발생 우려'와 같이 장래에 발생할 불확실한 상황과 파급효과에 대한 예측이 필요한 요건에 관한 행정청의 재량적 판단은 내용이 현저히 합리성을 결여하였다거나 상반되는 이익이나 가치를 대비해 볼 때 형평이나 비례의 원칙에 뚜렷하게 배치되는 등의 사정이 없는 한 폭넓게 존중될 필요가 있는 점 등을 함께 고려하여야 한다. 이 경우 행정청의 **당초 예측**이나 **평가와 일부 다른** 내용의 **감정의견이 제시**되었다는 등의 사정만으로 쉽게 행정청의 **판단이 위법**하다고 **단정할 것은 아니다**(대판 2017.3.15. 2016두55490).

기출지문

국토계획법상 **개발행위허가**의 기준 및 금지요건이 **불확정개념**으로 규정된 부분이 많다 하더라도 그 **요건에** 해당하는지 여부에 대하여 행정청이 **재량**을 가지는 것은 **아니다**. [21-1]　　　　　　　　　　(×)

---

08 교육환경평가심의결과(불승인)통보취소 [대판 2020.10.15. 2019두45739]

판결요지

행정행위가 재량성의 유무 및 범위와 관련하여 이른바 기속행위와 재량행위로 구분은 해당 행위의 근거법규의 체재 · 형식과 문언, 해당 행위가 속하는 행정 분야의 주된 목적과 특성, 해당 행위 자체의 개별적 성질과 유형 등을 모두 고려하여 판단하여야 한다. 이렇게 구분되는 양자에 대한 사법심사는, 전자의 경우 법원이 사실인정과 관련 법규의 해석 · 적용을 통하여 일정한 결론을 도출한 후 그 결론에 비추어 행정청이 한 판단의 적법 여부를 독자의 입장에서 판정하는 방식에 의하나, 후자의 경우 행정청의 재량에 기한 공익판단의 여지를 고려하여 법원은 독자의 결론을 도출함이 없이 해당 행위에 재량권의 일탈 · 남용이 있는지만을 심사하게 된다.

이러한 법리를 전제로 하여 교육환경 보호에 관한 법령 관련 규정들의 체계와 내용, 교육환경평가서 승인제도의 입법 연혁과 취지, 특성 등을 종합하여 볼 때, 교육환경보호구역에서 건축법 제11조 제1항 단서, 건축법 시행령 제8조 제1항에 따른 건축물을 건축하려는 자가 제출한 **교육환경평가서를 심사한** 결과 그 내용 중 교육환경 영향평가 결과와 교육환경 보호를 위한 조치 계획이 교육환경법 **시행규칙 제2조 [별표 1]**에서 정한 '**평가대상별 평가기준**'에 **부합**하거나 구체적인 개선방안과 **대책 등이 포함**되어 있다면, **교육감은 원칙적으로** 제출된 **교육환경평가서를 승인하여야** 하고, 다만 교육환경 보호를 위하여 **추가로 필요**한 사항을 사업계획에 반영할 수 있도록 사업시행자에게 **권고하는 한편** 사업시행으로 인한 교육환경의 피해를 방지하기 위하여 교육환경평가서의 **승인내용**과 **권고사항**의 이행 여부를 계속적으로 **관리 · 감독할 권한과 의무**가 있을 뿐이라고 보아야 한다.

그럼에도 원심은 교육환경평가서의 승인 여부에 관하여 피고에게 폭넓은 재량권이 있음을 전제로, 이 사건 교육환경평가서를 승인하지 아니할 중대한 공익상의 필요가 있다고 보아, 이 사건 불승인 통보가 적법하다고 판단하였다. 이러한 원심의 판단은 교육환경법상 교육환경평가서 승인제도의 법적 성격 등에 관한 법리를 오해하여 필요한 심리를 다하지 아니함으로써 판결에 영향을 미친 잘못이 있다.

| 예상지문 |

> ① 교육감은 교육환경법령상 **교육환경평가서의 승인** 여부에 관하여 **폭넓은 재량권**이 있으므로 교육환경평가서를 승인하지 아니할 **중대한 공익상의 필요**가 있다는 이유로 **교육환경 평가서**에 대하여 **불승인 통보**를 한 것은 **적법**하다. (×)
>
> ② 교육환경법 **시행규칙 제2조 [별표 1]**에서 정한 '**평가대상별 평가기준**'에 **부합**하거나 구체적인 **개선방안과 대책** 등이 **포함**되어 있다면, **교육감은 원칙적으로** 제출된 교육환경평가서를 **승인하여야** 하고, 다만 교육환경 보호를 위하여 **추가로 필요**한 사항을 **사업계획에 반영**할 수 있도록 사업시행자에게 **권고**하는 한편 그 이행 여부를 계속적으로 **관리 · 감독할 권한과 의무**가 있을 뿐이라고 보아야 한다. (O)

---

09 건축허가신청반려처분취소 [대판 2021.3.25. 2020두51280]

판결요지

국토의 계획 및 이용에 관한 법률상 개발행위허가는 허가기준 및 금지요건이 불확정개념으로 규정된 부분이 많아 그 요건에 해당하는지 여부는 행정청의 재량판단의 영역에 속한다. 그러므로 그에 대한 사법심사는 행정청의 공익판단에 관한 재량의 여지를 감안하여 원칙적으로 재량권의 일탈 · 남용이 있는지 여부만을 대상으로 하고, 사실오인과 비례 · 평등원칙 위반 여부 등이 판단 기준이 된다.

특히 환경의 훼손이나 오염을 발생시킬 우려가 있는 개발행위에 대한 행정청의 허가와 관련하여 재량권의 일탈 · 남용 여부를 심사할 때에는 해당 지역 주민들의 토지이용실태와 생활환경 등 구체적 지역 상황과 상반되는 이익을 가진 이해관계자들 사이의 권익 균형 및 환경권의 보호에 관한 각종 규정의 입법 취지 등을 종합하여 신중하게 판단하여야 한다. '**환경오염 발생 우려**'와 같이 **장래에 발생할 불확실**한 상황과 **파급효과에 대한 예측**이 필요한 요건에 관한 행정청의 **재량적 판단**은 그 내용이 현저히 합리성을 결여하였다거나 상반되는 이익이나 가치를 대비해 볼 때 형평이나 비례의 원칙에 뚜렷하게 배치되는 등의 사정이 없는 한 **폭넓게 존중하여야** 한다. 그리고 처분이 재량권을 일탈 · 남용하였다는 사정은 그 처분의 효력을 다투는 자가 주장 · 증명하여야 한다.

| 예상지문 |

① 국토의 계획 및 이용에 관한 법률상 **개발행위허가는** 허가기준 및 금지요건이 **불확정개념**으로 규정된 부분이 많아 그 요건에 해당하는지 여부는 행정청의 **재량판단의 영역**에 속한다. (O)

② **개발행위허가**와 관련하여 '**환경오염 발생 우려**'와 같이 장래에 발생할 불확실한 상황과 파급효과에 대한 예측이 필요한 요건에 관한 행정청의 **재량적 판단**은 그 내용이 현저히 합리성을 결여하였다거나 상반되는 이익이나 가치를 대비해 볼 때 형평이나 비례의 원칙에 뚜렷하게 배치되는 등의 사정이 없는 한 **폭넓게 존중**하여야 한다. (O)

③ 행정처분이 **재량권을 일탈·남용**하였다는 위법성 여부와 관련하여 법치행정의 원리에 따라 피고인 **행정청**은 그 처분이 재량권의 한계를 준수하였음을 **스스로 주장·증명**하여야 한다. (×)

10 폐기물처리사업계획부적합통보처분취소 [대판 2020.7.23. 2020두36007]

[1] 행정청이 지정폐기물이 아닌 폐기물처리업 허가 신청에 앞서 제출된 폐기물처리사업계획서의 적합 여부를 판단할 때 검토할 사항 및 그 판단에 관하여 행정청에 광범위한 재량권이 인정되는지 여부(적극) / 법원이 위 폐기물처리사업계획서의 적합 여부 결정과 관련한 행정청의 재량권 일탈·남용 여부를 심사하는 방법과 대상

폐기물관리법과 환경정책기본법은 지정폐기물이 아닌 폐기물의 경우에도 폐기물관리법과 환경정책기본법의 입법 목적에 입각하여 환경 친화적으로 폐기물처리업을 영위하도록 요구하고 있다.

폐기물관리법 제25조 제1항, 제2항, 제3항, 환경정책기본법 제12조 제1항, 제13조, 제3조 제1호의 내용과 체계, 입법 취지에 비추어 보면, 행정청은 사람의 건강이나 주변 환경에 영향을 미치는지 여부 등 **생활환경**과 **자연환경**에 미치는 영향을 두루 검토하여 **폐기물처리사업계획서의 적합 여부**를 판단할 수 있으며, 이에 관해서는 행정청에 **광범위한 재량권**이 인정된다.

따라서 법원이 적합 여부 결정과 관련한 행정청의 재량권 일탈·남용 여부를 심사할 때에는 해당 지역의 자연환경, 주민들의 생활환경 등 구체적 지역 상황, 상반되는 이익을 가진 이해관계자들 사이의 권익 균형과 환경권의 보호에 관한 각종 규정의 입법 취지 등을 종합하여 신중하게 판단하여야 한다. '**자연환경·생활환경**에 미치는 영향'과 같이 장래에 발생할 불확실한 상황과 파급효과에 대한 예측이 필요한 요건에 관한 행정청의 재량적 판단은 그 내용이 현저히 합리적이지 않다거나 상반되는 이익이나 가치를 대비해 볼 때 형평이나 비례의 원칙에 뚜렷하게 배치되는 등의 사정이 없는 한 폭넓게 존중하여야 한다. 그리고 이 경우 행정청의 당초 예측이나 평가와 **일부 다른 내용의 감정의견이 제시**되었다는 등의 사정만으로 쉽게 행정청의 **판단이 위법**하다고 단정할 것은 **아니다**. 또한 이때 제출된 폐기물처리사업계획 그 자체가 독자적으로 생활환경과 자연환경에 미칠 수 있는 영향을 분리하여 심사대상으로 삼을 것이 아니라, 기존의 주변 생활환경과 자연환경 상태를 기반으로 그에 더하여 제출된 폐기물처리사업계획까지 실현될 경우 주변 환경에 총량적·누적적으로 어떠한 악영향을 초래할 우려가 있는지를 심사대상으로 삼아야 한다.

[2] 행정청이 폐기물처리사업계획서 부적합 통보를 하면서 처분서에 불확정개념으로 규정된 법령상의 허가기준 등을 충족하지 못하였다는 취지만 간략히 기재한 경우, 부적합 통보에 대한 취소소송절차에서 행정청은 구체적 불허가사유를 분명히 하여야 하는지 여부(적극) 및 이 경우 부적합 통보의 효력을 다투는 상대방은 구체적인 불허가사유에 관한 판단과 근거에 재량권 일탈·남용의 위법이 있음을 밝히기 위하여 추가적인 주장 등을 할 필요가 있는지 여부(적극)

처분이 재량권을 일탈·남용하였다는 사정은 처분의 효력을 다투는 자가 주장·증명하여야 한다. 행정청이 **폐기물처리사업계획서 부적합 통보**를 하면서 **처분서에** 불확정개념으로 규정된 법령상의 **허가기준 등**을 충족하지 못하였다는 **취지만을 간략히** 기재하였다면, 부적합 통보에 대한 **취소소송절차에서** 행정청은 처분을 하게 된 판단 근거나 자료 등을 제시하여 **구체적 불허가사유를** 분명히 하여야 한다. 이러한 경우 재량행위인 폐기물처리사업계획서 부적합 통보의 효력을 다투는 원고로서는 행정청이 제시한 구체적인 불허가사유에 관한 판단과 근거에 재량권 일탈·남용의 위법이 있음을 밝히기 위하여 소송절차에서 추가적인 주장을 하고 자료를 제출할 필요가 있다.

[3] 행정절차법 제17조 제5항이 행정청으로 하여금 신청에 대하여 거부처분을 하기 전에 반드시 신청인에게 신청의 내용이나 처분의 실체적 발급요건에 관한 사항까지 보완할 기회를 부여하여야 할 의무를 정한 것인지 여부(소극)

행정절차법 제17조가 '구비서류의 미비 등 흠의 보완'과 '신청 내용의 보완'을 분명하게 구분하고 있는 점에 비추어 보면, 행정절차법 제17조 제5항은 신청인이 신청할 때 관계 법령에서 필수적으로 첨부하여 제출하도록 규정한 서류를 첨부하지 않은 경우와 같이 쉽게 보완이 가능한 사항을 누락하는 등의 흠이 있을 때 행정청이 곧바로 거부처분을 하는 것보다는 신청인에게 보완할 기회를 주도록 함으로써 행정의 공정성·투명성 및 신뢰성을 확보하고 국민의 권익을 보호하려는 행정절차법의 입법 목적을 달성하고자 함이지, 행정청으로 하여금 신청에 대하여 거부처분을 하기 전에 반드시 신청인에게 신청의 내용이나 처분의 **실체적 발급요건**에 관한 사항까지 **보완할 기회를 부여하여야** 할 의무를 정한 것은 **아니**라고 보아야 한다.

| 예상지문 |

① 행정청은 사람의 건강이나 주변 환경에 영향을 미치는지 여부 등 **생활환경**과 **자연환경**에 미치는 영향을 두루 검토하여 **폐기물처리사업계획서의 적합 여부**를 판단할 수 있으며, 이에 관해서는 행정청에 **광범위한 재량권**이 인정된다.　　　　　　　　　　　　　　　　　　　　　　　　　　　　　(O)

② 행정청이 **폐기물처리사업계획서 부적합 통보**를 하면서 처분서에 **불확정개념**으로 규정된 법령상의 **허가기준 등**을 충족하지 못하였다는 **취지만을 간략히** 기재하였다면, 부적합 통보에 대한 **취소소송절차에서** 행정청은 처분을 하게 된 판단 근거나 자료 등을 제시하여 **구체적 불허가사유를** 분명히 하여야 한다.　　(O)

| 기출지문 |

행정청은 사인의 신청에 구비서류의 미비와 같은 흠이 있는 경우 신청인에게 보완을 요구하여야 하는바, 이때 보완의 대상이 되는 흠은 원칙상 형식적·절차적 요건뿐만 아니라 실체적 발급요건상의 흠을 포함한다. [22지방7급]
　　　　　　　　　　　　　　　　　　　　　　　　　　　　　　　　　　　　　　　(×)

11 폐기물처리사업계획신청 반려처분취소 [대판 2023.7.27. 2023두35661]

주민동의서 미보완을 이유로 한 폐기물처리사업계획서 반려 통보의 취소를 구한 사건

1. 행정청이 폐기물처리사업계획서의 적합 여부를 판단하는 방법 및 그 적합 여부 판단에 관하여 행정청에 광범위한 재량권이 인정되는지 여부(적극)

폐기물관리법은 폐기물의 발생을 최대한 억제하고 발생한 폐기물을 친환경적으로 처리함으로써 환경보전과 국민생활의 질적 향상에 이바지하는 것을 목적으로 한다(제1조). 이는 2010. 7. 23. 법률 제10389호로 개정되기 전의 구 폐기물관리법이 '폐기물을 적정하게 처리할 것'을 입법 목적으로 하던 것에서 더 나아가 '폐기물을 친환경적으로 처리할 것'까지 요구하는 것이다.

이에 따라 폐기물처리업 중 지정폐기물(사업장폐기물 중 폐유·폐산 등 주변 환경을 오염시킬 수 있거나 의료폐기물 등 인체에 위해를 줄 수 있는 해로운 물질로서 대통령령으로 정하는 폐기물을 말한다. 폐기물관리법 제2조 제4호)이 아닌 경우에도, 폐기물의 수집·운반, 재활용 또는 처분을 업으로 하려는 사람은 허가신청에 앞서 사업의 개요와 시설·장비 설치내용 등을 기재한 '폐기물처리사업계획서'를 시·도지사에게 제출하여야 하고(제25조 제1항), 시·도지사는 제출된 폐기물처리사업계획서를 위 법상의 다른 요건들과 더불어 '폐기물처리시설의 설치·운영으로 수도법 제7조에 따른 상수원보호구역의 수질이 악화되거나 환경정책기본법 제12조에 따른 환경기준의 유지가 곤란하게 되는 등 사람의 건강이나 주변 환경에 영향을 미치는지 여부(제25조 제2항 제4호)'를 심사하여야 한다. 이는 2015. 1. 20. 법률 제13038호로 개정되기 전의 구 폐기물관리법 제25조 제2항 제4호가 심사기준으로 '폐기물처리시설의 설치·운영으로 사람의 건강이나 주변 환경에 영향을 미치는지 여부'로 규정하였던 것에서 더 나아가 '환경정책기본법상의 환경기준 유지 여부'를 구체적인 심사기준으로 명시한 것이다. 따라서 시·도지사는 폐기물처리사업계획서의 적합 여부를 판단함에 있어, 환경의 질적인 향상과 그 보전을 통한 쾌적한 환경의 조성 및 이를 통한 인간과 환경 간의 조화와 균형의 유지라는 환경정책기본법의 입법 취지와 환경정책기본법에 따라 설정된 환경기준도 고려하여야 한다.

폐기물관리법 제25조 제2항 제4호가 인용하고 있는 환경정책기본법 제12조 제1항은 "국가는 생태계 또는 인간의 건강에 미치는 영향 등을 고려하여 환경기준을 설정하여야 하며, 환경 여건의 변화에 따라 그 적정성이 유지되도록 하여야 한다"고 규정하고 있다. 2016. 1. 27. 법률 제13894호로 개정되기 전의 구 환경정책기본법 제12조 제1항이 "국가는 환경기준을 설정하여야 하며, 환경 여건의 변화에 따라 그 적정성이 유지되도록 하여야 한다"고 규정하였던 것에서 더 나아가 대통령령에서 환경기준을 설정할 때 고려하여야 할 주요사항으로 '생태계 또는 인간의 건강에 미치는 영향 등'을 명시함으로써 환경기준의 방향을 제시하고 환경기준을 종전보다 강화하여 국민건강을 보호하려는 것이 그 입법 취지이다.

나아가 환경정책기본법 제13조는 '환경기준의 유지'라는 제목으로 환경기준 유지를 위하여 고려해야 할 사항으로 '환경 악화의 예방 및 그 요인의 제거(제1호)', '환경오염지역의 원상회복(제2호)', '새로운 과학기술의 사용으로 인한 환경오염 및 환경훼손의 예방(제3호)', '환경오염방지를 위한 재원의 적정 배분(제4호)'을 들고 있다. 여기서 '환경'에는 '생활환경'과 '자연환경'이 모두 포함된다(환경정책기본법 제3조 제1호).

이와 같이 폐기물관리법과 환경정책기본법은 지정폐기물이 아닌 폐기물의 경우에도 폐기물관리법과 환경정책기본법의 입법 목적에 입각하여 환경 친화적으로 폐기물처리업을 영위하도록 요구하고 있다.

위와 같은 관련 규정들의 내용과 체계, 입법 취지에 비추어 보면, **행정청**은 사람의 건강이나 주변 환경에 영향을 미치는지 여부 등 생활환경과 자연환경에 미치는 영향을 두루 검토하여 **폐기물처리사업계획서의 적합 여부**를 판단할 수 있으며, 이에 관해서는 행정청에 **광범위한 재량권**이 인정된다 (대판 2017.10.31. 2017두46783 참조).

따라서 법원이 적합 여부 결정과 관련한 행정청의 재량권 일탈·남용 여부를 심사할 때에는 해당 지역의 자연환경, 주민들의 생활환경 등 구체적 지역 상황, 상반되는 이익을 가진 이해관계자들 사이의 권익 균형과 환경권의 보호에 관한 각종 규정의 입법 취지 등을 종합하여 신중하게 판단하여야 한다. '**자연환경·생활환경에 미치는 영향**'과 같이 장래에 발생할 불확실한 상황과 파급효과에 대한 예측이 필요한 요건에 관한 **행정청의 재량적 판단**은 그 내용이 현저히 합리적이지 않다거나 상반되는 이익이나 가치를 대비해 볼 때 형평이나 비례의 원칙에 뚜렷하게 배치되는 등의 사정이 없는 한 **폭넓게 존중될 필요가 있다**(대판 2017.3.15. 2016두55490 등 참조).

2. 행정청이 처분서에 불확정개념으로 규정된 법령상의 허가기준 등을 충족하지 못하였다는 취지만 간략히 기재하여 폐기물처리사업계획서 반려 통보를 한 경우, 반려 통보에 대한 취소소송절차에서 행정청이 구체적 불허가사유를 분명히 하여야 하는지 여부(적극) 및 이에 대하여 원고가 재량권 일탈·남용의 위법이 있음을 밝히기 위하여 추가적인 주장 및 자료를 제출할 필요가 있는지 여부(적극)

처분이 **재량권을 일탈·남용**하였다는 사정은 그 처분의 효력을 **다투는 자가 주장·증명하여야** 한다(대판 2016.10.27. 2015두41579 등 참조). 행정청이 폐기물처리사업계획서 반려 내지 **부적합 통보를 하면서** 그 처분서에 불확정개념으로 규정된 법령상의 허가기준 등을 충족하지 못하였다는 취지만을 간략히 기재하였다면, 반려 내지 부적합 통보에 대한 취소소송절차에서 **행정청**은 그 처분을 하게 된 판단 근거나 자료 등을 제시하여 **구체적 불허가사유를 분명히 하여야** 한다. 이러한 경우 재량행위인 폐기물처리사업계획서 반려 내지 부적합 통보의 효력을 다투는 **원고로서는** 행정청이 제시한 구체적인 불허가사유에 관한 판단과 근거에 재량권 일탈·남용의 위법이 있음을 밝히기 위하여 소송절차에서 추가적인 주장을 하고 자료를 제출할 필요가 있다(대판 2018.12.27. 2018두49796, 대판 2019.12.24. 2019두45579 참조).

⇨ 원고가 폐기물관리법 제25조 제1항에 따라 폐기물처리사업계획서를 제출하였는데, 피고가 '폐기물관리법 제25조 제7항 및 「영천시 폐기물처리업 등에 관한 인허가 지침」('이 사건 지침') 제3조에 따른 주민 건강 및 주변 환경 영향 여부를 확인하기 위한 주민동의서 미제출'을 처분사유로 하여 위 계획서를 반려하는 통보를 하자 원고가 위 반려처분의 취소를 구함. 피고 영천시장은 이 사건 소 계속 중 처분사유로 기재되어 있던 '주민의 건강과 주변 환경에의 영향'이라는 불확정개념을 구체화하였음.

원심은, 피고가 원고의 폐기물처리사업계획서 제출에 따른 '주민건강 및 주변 환경영향 여부'를 검토·확인한 후 그 검토결과를 이유로 한 처분사유를 제시하지 아니한 채, 오로지 '보완서류(인근 주민들의 동의서) 미제출'이라는 절차적 이유만으로 이 사건 반려처분을 한 것은 재량권을 일탈·남용한 것으로서 위법하다고 판단하였음.

대법원은 아래 법리에 따라, 폐기물처리사업계획서 반려 처분에 대한 취소소송 절차에서 피고가 구체적인 불허가사유를 분명히 하였다면, 원심으로서는 원고로 하여금 원고가 운영하려는 폐기물처리시설 예정지의 자연환경, 기반시설과 인근의 주거시설, 상업시설, 산업시설, 근린생활시설 등의 위치, 규모 및 현황을 확인할 수 있는 자료 및 그 폐기물처리시설이 주민들의 건강과 주변 환경에 어떠한 영향을 주는지에 관한 주장 및 자료를 제출하게 하여 원고가 운영하려는 폐기물처리시설로 인한 주민들의 건강이나 주변 환경에의 영향의 유무 및 그 정도를 심리하였어야 한다고 보아, 피고의 반려 통보가 단순히 보완서류 미이행(주민동의서 미제출)만을 처분사유로 하였다는 전제에서 재량권 일탈·남용의 위법이 있다고 단정한 원심판결을 파기·환송함.

| 예상지문 |

① 시·도지사는 폐기물처리사업계획서의 적합 여부를 판단함에 있어, 환경의 질적인 향상과 그 보전을 통한 쾌적한 환경의 조성 및 이를 통한 인간과 환경 간의 조화와 균형의 유지라는 환경정책기본법의 입법 취지와 환경정책기본법에 따라 설정된 환경기준도 고려하여야 한다. (O)

② 시·도지사는 폐기물처리사업계획서의 적합 여부를 판단함에 있어 있어서 폐기물관리법령의 입법취지 이외에 환경정책기본법의 입법 취지와 환경정책기본법에 따라 설정된 환경기준도 고려해야 하는 것은 아니다. (×)

③ 행정청은 사람의 건강이나 주변 환경에 영향을 미치는지 여부 등 생활환경과 자연환경에 미치는 영향을 두루 검토하여 폐기물처리사업계획서의 적합 여부를 판단할 수 있으며, 이에 관해서는 행정청에 광범위한 재량권이 인정된다. (O)

④ '자연환경·생활환경에 미치는 영향'과 같이 장래에 발생할 불확실한 상황과 파급효과에 대한 예측이 필요한 요건에 관한 행정청의 재량적 판단은 그 내용이 현저히 합리적이지 않다거나 상반되는 이익이나 가치를 대비해 볼 때 형평이나 비례의 원칙에 뚜렷하게 배치되는 등의 사정이 없는 한 폭넓게 존중될 필요가 있다. (O)

12 의료기관 개설허가취소처분 취소 [대판 2021.3.11. 2019두57831]

판결요지

의료기관이 의료법 제64조 제1항 제1호에서 제7호, 제9호의 사유에 해당하면 관할 행정청이 1년 이내의 의료업 정지처분과 개설 허가 취소처분(또는 폐쇄명령) 중에서 제재처분의 종류와 정도를 선택할 수 있는 재량을 가지지만, **법인이 개설한 의료기관**에서 **거짓으로 진료비**를 청구하였다는 범죄사실로 법인의 **대표자가 금고 이상**의 형을 선고받고 형이 확정된 경우, 의료기관이 **의료법 제64조 제1항 제8호**에 해당하면 관할 **행정청은 반드시** 해당 의료기관에 대하여 더 이상 의료업을 영위할 수 없도록 **개설 허가취소처분**(또는 **폐쇄명령**)을 하여야 할 뿐 **선택재량**을 가지지 **못한다.**

| 예상지문 |

법인이 개설한 의료기관에서 **거짓으로 진료비**를 청구하였다는 **범죄사실**로 법인의 대표자가 **금고 이상**의 형을 선고받고 **형이 확정**된 경우, 의료기관이 **의료법 제64조 제1항 제8호**에 해당하면 관할 행정청은 **반드시** 해당 의료기관에 대하여 더 이상 의료업을 영위할 수 없도록 개설 **허가취소처분** 또는 **폐쇄명령**을 하여야 할 뿐, **선택재량**을 가지지 **못한다.** (O)

13 가축분뇨배출시설 변경허가 신청 불허가처분 취소청구 [대판 2021.6.30. 2021두35681]

판결요지

「가축분뇨의 관리 및 이용에 관한 법률」(이하 '가축분뇨법')에 따른 **처리방법 변경허가**는 허가권자의 **재량행위**에 해당한다. 허가권자는 변경허가 신청 내용이 가축분뇨법에서 정한 처리시설의 설치기준(제12조의2 제1항)과 정화시설의 방류수 수질기준(제13조)을 충족하는 경우에도 반드시 이를 허가하여야 하는 것은 아니고, 자연과 주변 환경에 미칠 수 있는 영향 등을 고려하여 허가 여부를 결정할 수 있다. 가축분뇨 처리방법 변경 불허가처분에 대한 **사법심사**는 법원이 허가권자의 재량권을 대신 행사하는 것이 아니라 허가권자의 공익판단에 관한 재량의 여지를 감안하여 원칙적으로 **재량권의 일탈·남용**이 있는지 여부만을 판단하여야 하고, 사실오인과 비례·평등원칙 위반 여부 등이 그 판단 기준이 된다.

| 예상지문 |

가축분뇨법에 따른 **처리방법 변경허가**는 허가권자의 **재량행위**에 해당하고, 가축분뇨 처리방법 변경 불허가처분에 대한 **사법심사**는 법원이 허가권자의 공익판단에 관한 재량의 여지를 감안하여 원칙적으로 **재량권의 일탈·남용**이 있는지 **여부만을** 판단하여야 하고, 사실오인과 비례·평등원칙 위반 여부 등이 판단 기준이 된다. (O)

| 기출지문 |

「가축분뇨의 관리 및 이용에 관한 법률」에 따른 **가축분뇨 처리방법 변경** 불허가처분에 대한 사법심사는 법원이 허가권자의 재량권을 대신 행사하는 것이 아니라 허가권자의 공익판단에 관한 재량의 여지를 감안하여 원칙적으로 재량권의 일탈·남용이 있는지 여부만을 판단하여야 한다. [23경찰간부] (O)

14 기타부담금부과처분취소 [대판 2022.12.29. 2020두49041]

구 학교용지 확보 등에 관한 특례법 제5조 제1항에 따른 학교용지부담금 부과의 법적 성격(=재량행위) 및 학교용지부담금 부과처분이 재량권의 일탈·남용에 해당하는지 판단하는 방법

구 학교용지 확보 등에 관한 특례법(이하 '구 학교용지법') 제5조 제1항은 "시·도지사는 개발사업지역에서 단독주택을 건축하기 위한 토지를 개발하여 분양하거나 공동주택을 분양하는 자에게 부담금을 부과·징수할 수 있다"라고 규정하고 있어, 문언상 위 규정에 따른 학교용지부담금 부과는 재량행위로 해석된다.

또한 같은 조 제4항은 "시·도지사는 다음 각호의 어느 하나에 해당하는 경우에는 부담금을 면제할 수 있다. 다만 제1호·제3호 및 제4호의 경우에는 부담금을 면제하여야 한다"라고 규정하면서 제2호에서 '최근 3년 이상 취학 인구가 지속적으로 감소하여 학교 신설의 수요가 없는 지역에서 개발사업을 시행하는 경우'를 들고 있다. 이와 같이 위 규정 제1호, 제3호, 제4호에 따른 학교용지부담금 면제는 **기속행위**인 반면, 제2호에 따라 학교용지부담금을 면제할 것인지 여부를 결정하는 데에는 행정청의 **재량**이 인정된다.

학교용지부담금의 설치 근거가 되는 부담금관리 기본법 제5조 제1항은 '부담금은 설치목적을 달성하기 위하여 필요한 최소한의 범위 안에서 공정성 및 투명성이 확보되도록 부과되어야 한다'고 규정하고 있다. 따라서 학교용지부담금의 부과 대상이 되는 개발사업에 대하여 구체적 사정에 따라 학교용지부담금을 부과하는 것이 부담금관리 기본법에서 정한 위와 같은 한계를 넘거나 비례·평등원칙 등에 위배된다고 볼 만한 특별한 사정이 있을 때에 한하여 재량권을 일탈·남용한 것으로서 위법하게 된다.

특히 학교시설 확보의 필요성은 그동안 누적된 수요가 기존 학교시설의 수용 한계를 초과하는 때에 비로소 발현되고, 교육환경에 대한 사회적 인식과 교육정책의 변화 등에 따라 같은 수의 학생을 수용하는 데에 종전보다 더 많은 학교시설이 필요한 경우도 있으며, 종래 취학 인구가 감소하던 지역이더라도 인구유입과 지역적 상황의 변화에 따라 향후 학교 신설의 수요가 발생할 가능성도 있다.

따라서 부담금 부과 당시를 기준으로 사업시행 지역의 취학 인구가 최근 3년 이상 지속적으로 감소하였다거나 개발사업으로 유발된 수요가 기존 학교시설로 충족될 수 있다는 사정만으로 곧바로 구 학교용지법 제5조 제4항 제2호에서 정한 면제사유에 해당한다고 할 수 없고, 인구유입과 지역적 상황의 변화 가능성 및 교육정책적 목적 등을 모두 고려하더라도 장래에 학교 신설의 수요가 없다는 것까지 인정되는 경우에 비로소 위와 같은 면제요건이 충족된다. 나아가 구 학교용지법 제5조 제4항 제2호에서 정한 면제사유에 해당하는 경우에도 학교용지부담금 부과처분이 위법하다고 보기 위해서는 부담금 부과를 통해 달성하려고 하는 공익과 그로써 처분상대방이 입게 되는 불이익의 내용과 정도를 비교형량하여 부담금을 면제하지 않은 것이 재량권의 일탈·남용에 해당한다고 볼 만한 사정이 인정되어야 한다.

| 예상지문 |

구 학교용지 확보 등에 관한 특례법 제5조 제1항에 따른 **학교용지부담금 부과**는 재량행위이므로, 학교용지부담금 부과처분이 위법하다고 보기 위해서는 부담금 부과를 통해 달성하려는 공익과 그로써 처분상대방이 입게 되는 불이익의 내용과 정도를 **비교형량**하여 부담금을 면제하지 않은 것이 재량권의 일탈·남용에 해당한다고 볼 만한 사정이 인정되어야 한다. (O)

15 제재조치요구처분취소 [대판 2021.6.10. 2020두55282]

판결요지

甲 지방자치단체가 乙이 생전에 납입한 개발행위허가 이행보증금을 **납부자별로 관리**하기 위해 乙 명의의 정기예금 계좌에 재예치해 달라고 요청함에 따라 **丙 은행이 이미 사망한 乙 명의**의 정기예금 계좌를 개설한 사실에 대하여, 금융위원회가 丙 은행에 대하여 담당 직원 丁 등이 실명확인의무를 이행하지 않았다는 등의 이유로, 금융실명법 제3조, 제5조의2에 따라 정 등에게 제재조치를 할 것을 요구한 사안에서, **금융실명법** 제3조를 비롯한 관련 규정의 문언, 체제와 목적 등에 비추어 보면, 위 계좌가 거래당사자인 甲 자치단체가 아니라 이미 사망한 乙 명의로 개설되었으므로, 금융회사인 丙 은행이 거래자의 실명으로 금융거래를 한 것이라고 볼 수 없고, 지방자치단체가 세입세출외 현금을 납부자별로 관리하기 위한 업무의 편의상 납부자 개인 명의가 해당 계좌의 예금주로 표시되도록 하였다거나 해당 계좌의 상품명이 정부보관금으로 되어 있어 지방자치단체의 **금고에 해당함을 명백히** 알 수 있더라도 **마찬가지**이므로 이와 달리 본 원심판단에 법리오해의 잘못이 있으나, 丁 등은 甲 자치단체의 요청에 따라 예치금을 납부자별로 관리하기 위하여 계좌를 개설하였고 이와 같은 업무처리에 **부정한 복적이나 동기가 없었던** 점 등을 종합하면, **위 처분이 재량권을 일탈·남용**하여 위법하다고 본 결론은 정당하다고 한 사례.

| 예상지문 |

① **甲 지방자치단체**가 乙이 생전에 납입한 개발행위허가 이행보증금을 **납부자별로 관리**하기 위해 乙 명의의 **정기예금 계좌**에 재예치해 달라고 요청함에 따라 **丙 은행이 이미 사망한 乙 명의**의 정기예금 계좌를 개설한 것은 **금융실명법**에 위반하여 **위법**하다. (O)

② **甲 자치단체의 요청**에 따라 예치금을 납부자별로 관리하기 위하여 이미 사망한 자의 계좌를 개설하였고 이와 같은 업무처리에 **부정한 목적이나 동기가 없었던** 점 등을 종합하면, 금융실명법 위반에 따른 **제재조치**는 재량권을 **일탈·남용**하여 **위법**하다. (O)

16 시정명령등취소 [대판 2022.5.12. 2022두31433]

[1] 공정거래위원회가 구 독점규제 및 공정거래에 관한 법률 제23조 제1항 또는 제2항, 제23조의2 또는 제23조의3, 구 대리점거래의 공정화에 관한 법률 제6조부터 제12조를 위반한 사업자에 대하여 위반행위를 시정하기 위해 필요한 제반 조치를 할 수 있는지 여부(적극) 및 공정거래위원회에 이러한 시정의 필요성 및 시정에 필요한 조치 내용의 판단에 관한 재량이 인정되는지 여부(적극)

구 독점규제 및 공정거래에 관한 법률(이하 '구 공정거래법') 제24조, 구 대리점거래의 공정화에 관한 법률(이하 '구 대리점법') 제23조의 문언 내용에 비추어 보면, 공정거래위원회는 구 공정거래법 제23조 제1항 또는 제2항, 제23조의2 또는 제23조의3, 구 대리점법 제6조부터 제12조를 위반한 사업자에 대하여 <u>위반행위를 시정하기 위하여 필요하다고 인정되는 제반 조치를 할 수 있고</u>, 이러한 <u>시정의 필요성 및 시정에 필요한 조치의 내용에 관하여는 공정거래위원회에 그 판단에 관한 재량이 인정된다</u>(대판 2009.6.11. 2007두25138, 대판 2010.11.25. 2008두23177 등 참조).

[2] 공정거래위원회가 구 독점규제 및 공정거래에 관한 법률 제24조, 구 대리점거래의 공정화에 관한 법률 제23조에 따라 해당 사업자에 대하여 시정명령을 받은 사실을 통지하도록 명하는 경우, 통지명령의 상대방이 될 수 있는 자의 범위

공정거래위원회는 구 독점규제 및 공정거래에 관한 법률(이하 '구 공정거래법') 제24조, 구 대리점거래의 공정화에 관한 법률(이하 '구 대리점법') 제23조에 따라 위반행위를 시정하기 위하여 필요하다고 인정되는 조치의 하나로 해당 사업자에 대하여 시정명령을 받은 사실을 통지하도록 명할 수 있다. 이러한 시정조치는 현재의 법 위반행위를 중단시키고, 향후 유사행위의 재발을 방지·억지하며, 왜곡된 경쟁질서를 회복시키고, 공정하고 자유로운 경쟁을 촉진시키는 데에 취지가 있는 것으로, 그중 통지명령은 통지명령의 상대방에 대한 피해구제가 목적이 아니고, <u>통지명령의 상대방으로 하여금 해당 사업자의 위반행위를 명확히 인식하도록 함과 동시에 해당 사업자로 하여금 통지명령의 상대방이 지속적으로 위반행위 여부를 감시하리라는 것을 의식하게 하여 향후 유사행위의 재발방지·억지를 보다 효율적으로 하기 위한 것이다.</u> 따라서 통지명령의 상대방은 반드시 당해 위반행위에 의하여 직접 영향을 받았던 자로 한정되어야 하는 것은 아니고, 그 취지와 필요성 등을 고려하여 향후 영향을 받을 가능성이 큰 자도 이에 포함될 수 있다.

⇨ 흡수합병 전 피합병회사의 대리점에 대한 구입강제 행위, 경제상 이익제공 강요행위 및 불이익 제공행위를 이유로 합병 후 존속회사에게 시정명령을 받은 날 현재 거래하고 있는 모든 대리점에게 시정명령을 받은 사실을 통지하도록 한 사안임

대법원은 합병 후 존속회사가 합병 전후에 걸쳐 동일성을 유지한 채 기존 사업 및 거래를 계속하는 이상 동일·유사 유형의 위반행위가 되풀이 될 가능성이 예상되고, <u>흡수합병 당시 피합병회사와 거래하지 않던 대리점이라 해도</u> 시정명령을 받은 날 현재 합병 후 존속회사와 거래하고 있는 대리점이라면 동일·유사 유형의 위반행위에 의해 향후 영향을 받을 가능성이 적지 않은 점 등에 비추어 위와 같은 통지명령에 재량권을 일탈·남용한 위법이 없다고 판단하여, 이와 달리 위 통지명령 중 흡수합병 당시 피합병회사와 거래하지 않던 대리점으로서 시정명령을 받은 날 현재 합병 후 존속회사와 거래하고 있는 대리점에게 통지를 명한 부분이 위법하다고 판단한 원심판결 부분을 파기환송함

| 예상지문 |

> ① **공정거래위원회**는 공정거래법 제24조, 구 대리점법 제23조에 따라 사업자에 대하여 위반행위를 시정하기 위하여 필요하다고 인정되는 **제반 조치**를 할 수 있고, 이러한 시정의 필요성 및 시정에 필요한 조치의 내용에 관하여는 공정거래위원회에 그 판단에 관한 **재량이 인정**된다. (○)
>
> ② 공정거래위원회가 공정거래법 제24조, 구 대리점법 제23조에 따라 해당 사업자에 대하여 **시정명령을 받은** 사실을 통지하도록 명하는 경우, 통지명령의 상대방은 당해 위반행위에 의하여 **직접 영향을 받았던 자**로 한정되어야 하고, 그 취지와 필요성 등을 고려하여 **향후 영향을 받을 가능성이 큰 자**를 포함시킬 수 없다. (×)

제3절   행정행위의 부관

제4절   행정행위의 성립요건 · 효력발생요건 · 적법요건

01 손실보상금 [대판 2020.8.20. 2019두34630]

판결요지

상대방이 **부당하게** 등기취급 우편물의 **수취를 거부**함으로써 우편물의 내용을 **알 수 있는 객관적 상태**의 **형성을 방해**한 경우 그러한 상태가 형성되지 아니하였다는 사정만으로 **발송인의 의사표시의 효력을 부정**하는 것은 **신의성실의 원칙**에 반하므로 **허용되지 아니한다.** 이러한 경우에는 부당한 수취 거부가 없었더라면 상대방이 우편물의 내용을 알 수 있는 객관적 상태에 놓일 수 있었던 때, 즉 **수취거부시**에 의사표시의 **효력이 생긴** 것으로 보아야 한다. 여기서 우편물의 수취 거부가 신의성실의 원칙에 반하는지는 발송인과 상대방과의 관계, 우편물의 발송 전에 발송인과 상대방 사이에 우편물의 내용과 관련된 법률관계나 의사교환이 있었는지, 상대방이 발송인에 의한 우편물의 발송을 예상할 수 있었는지 등 여러 사정을 종합하여 판단하여야 한다. 이때 우편물의 **수취를 거부**한 것에 **정당한 사유**가 있는지에 관해서는 **수취거부를 한 상대방**이 이를 **증명할 책임**이 있다.

| 예상지문 |

> ① 상대방이 **부당하게** 등기취급 우편물의 **수취를 거부**함으로써 우편물의 **내용을 알 수 있는** 객관적 상태의 형성을 **방해**한 경우 그러한 상태가 형성되지 아니하였다는 사정만으로 발송인의 **의사표시의 효력을 부정**하는 것은 **신의성실의 원칙**에 반하므로 **허용되지 아니한다.** (○)
>
> ② 상대방이 **부당하게** 등기취급 우편물의 **수취를 거부**함으로써 우편물의 내용을 알 수 있는 객관적 상태의 형성을 방해한 경우 **수취 거부시**에 의사표시의 효력이 생긴다. (○)

[2] 요양기관의 국민건강보험공단에 대한 요양급여비용청구권이 공단의 지급결정과 무관하게 국민건강보험법령에 의하여 곧바로 발생하는지 여부(소극)

요양기관의 **국민건강보험공단**에 대한 **요양급여비용청구권**은 요양기관의 청구에 따라 **공단이 지급결정**을 함으로써 **구체적인 권리가 발생**하는 것이지, 공단의 결정과 무관하게 **국민건강보험법령**에 의하여 곧바로 발생한다고 볼 수 없다.

[3] 행정처분의 성립 요건 및 어떠한 처분이 외부적으로 성립하였는지 판단하는 기준

행정처분은 주체·내용·절차와 형식이라는 내부적 성립 요건과 외부에 대한 표시라는 외부적 성립 요건을 모두 갖춘 경우에 존재한다. **행정처분의 외부적 성립**은 행정의사가 **외부에 표시되어 행정청이 자유롭게 취소·철회할 수 없는 구속**을 받게 되는 시점, 그리고 상대방이 쟁송을 제기하여 다툴 수 있는 기간의 시점을 정하는 의미를 가지므로, 어떠한 **처분의 외부적 성립 여부**는 행정청에 의하여 해당 처분에 관한 행정의사가 법령 등에서 정하는 **공식적인 방법**으로 **외부에 표시**되었는지를 기준으로 판단하여야 한다.

[4] 甲 병원의 개설명의자인 乙이 丙 은행에 甲 병원과 관련하여 乙이 국민건강보험공단에 대해 가졌거나 가지게 될 요양급여비용 채권을 양도하는 계약을 체결하고 공단에 채권양도를 통지하였고, 그 후 공단이 甲 병원이 의료법 제33조 제8항에서 규정한 의료기관 개설기준을 위반한 것으로 확인된다는 이유로 甲 병원이 청구하는 요양급여비용에 대한 지급거부처분을 하였다가, 乙이 제기한 행정소송에서 지급거부처분을 취소한다는 판결이 내려지자, 판결 확정 전 丙 은행에 지급거부처분에 따라 지급하지 않았던 요양급여비용을 지급한 다음 乙에게 지급거부처분이 해제되었고 요양급여비용을 丙 은행에 지급하였다는 내용을 고지하였는데, 丙 은행이 지급거부된 요양급여비용에 대하여 민법에 따른 지연손해금이 발생하였음을 전제로 지급받은 돈을 지연손해금 채권과 원본 채권에 순서대로 충당한 다음 공단을 상대로 남은 요양급여비용과 이에 대한 지연손해금의 지급을 구한 사안에서, 丙 은행의 공단에 대한 구체적인 요양급여비용청구권은 공단이 丙 은행에 요양급여비용을 지급한 시점에 비로소 발생하였다고 보아야 하므로, 지급거부기간 동안 요양급여비용에 대한 민법상 이자 내지 지연손해금이 발생하지 않지만, 구 국민건강보험법 제47조의2 제3항, 제4항, 구 국민건강보험법 시행령 제22조의2 제6항을 유추적용하여 지급거부된 요양급여비용에 대한 이자를 지급하는 것이 타당하다고 한 사례

| **예상지문** |

행정처분의 **외부적 성립**은 행정의사가 외부에 표시되어 **행정청이 자유롭게 취소·철회할 수 없는 구속**을 받게 되는 시점, 그리고 상대방이 쟁송을 제기하여 다툴 수 있는 기간의 시점을 정하는 의미를 가지므로, 어떠한 처분의 **외부적 성립 여부**는 행정청에 의하여 해당 처분에 관한 행정의사가 법령 등에서 정하는 **공식적인 방법**으로 **외부에 표시**되었는지를 기준으로 판단하여야 한다.　　　　　　　　　　　　　　　　　(○)

제5절 행정행위의 효력

01 도로교통법위반(무면허운전) — 형사소송에서의 구성요건적 효력 관련 행정행위의 효력 여부가 선결문제인 경우 [대판 2021.9.16. 2019도11826]

자동차 운전면허 취소처분을 받은 사람이 자동차를 운전하였으나 운전면허 취소처분의 원인이 된 교통사고 또는 법규 위반에 대하여 범죄사실의 증명이 없는 때에 해당한다는 이유로 무죄판결이 확정된 경우, 취소처분이 취소되지 않았더라도 도로교통법에 규정된 무면허운전의 죄로 처벌할 수 있는지 여부(소극)

자동차 운전면허가 취소된 사람이 그 처분의 원인이 된 교통사고 또는 법규 위반에 대하여 혐의없음 등으로 불기소처분을 받거나 무죄의 확정판결을 받은 경우 지방경찰청장은 구 도로교통법 시행규칙 (행정안전부령) 제91조 제1항 [별표 28] 1. 마.항 본문에 따라 즉시 그 취소처분을 취소하고, 같은 규칙 제93조 제6항에 따라 도로교통공단에 그 내용을 통보하여야 하며, 도로교통공단도 즉시 취소당시의 정기적성검사기간, 운전면허증 갱신기간을 유효기간으로 하는 운전면허증을 새로이 발급하여야 한다.

그리고 행정청의 자동차 **운전면허 취소처분**이 직권으로 또는 **행정쟁송절차**에 의하여 **취소되면**, 운전 면허 취소처분은 그 처분 시에 **소급하여 효력을 잃고** 운전면허 취소처분에 **복종할 의무**가 **원래부터 없었음이 확정**되므로, 운전면허 취소처분을 받은 사람이 운전면허 취소처분이 취소되기 전에 자동차 를 운전한 행위는 도로교통법에 규정된 **무면허운전의 죄**에 해당하지 **아니**한다.

위와 같은 관련 규정 및 법리, 헌법 제12조가 정한 적법절차의 원리, 형벌의 보충성 원칙을 고려하면, **자동차 운전면허 취소처분**을 받은 사람이 **자동차를 운전**하였으나 **운전면허 취소처분의 원인**이 된 교 통사고 또는 법규 위반에 대하여 **범죄사실의 증명이 없는** 때에 해당한다는 이유로 **무죄판결이 확정**된 경우에는 그 **취소처분이 취소되지 않았더라도** 도로교통법에 규정된 **무면허운전의 죄로 처벌할 수는 없다**고 보아야 한다.

| 기출지문 |

> 자동차 운전면허 취소처분을 받은 사람이 자동차를 운전하였으나 운전면허 취소처분의 원인이 된 교통사고 또는 법규위반에 대하여 범죄사실의 증명이 없는 때에 해당한다는 이유로 무죄판결이 확정되었더라도 그 운전면허 취소처분이 취소되지 않고 있다면 「도로교통법」에 규정된 무면허운전의 죄로 처벌할 수 있다. [22경찰간부]
>
> (×)

02 자동차관리법위반, 자동차손해배상보장법위반 [대판 2023.4.27. 2020도17883]

자동차관리법 제24조의2 제2항에 따른 운행정지명령의 적법 요건 및 같은 법 제82조 제2호의2에 따른 처벌을 하기 위해서는 운행정지명령이 적법한 것이어야 하는지 여부(적극) 및 운행정지명령이 위법한 처분으로 인정되는 경우, 같은 법 제82조 제2호의2 위반죄가 성립할 수 있는지 여부(소극)

자동차관리법 제2조 제3호, 제24조의2 제1항, 제2항 제1호, 제82조 제2호의2, 자동차관리법 시행규칙 제22조 등을 종합하면, 시·도지사 또는 시장·군수·구청장(이하 '시장 등')은 자동차 소유자 또는 자동차 소유자로부터 자동차의 운행 등에 관한 사항을 위탁받은 사람에 해당하지 아니하는 사람이 정당한 사유 없이 자동차를 운행하는 경우에 운행정지명령을 하여야 하고, 이러한 요건을 갖추지 못하였다면 그 운행정지명령은 적법 요건을 갖추지 못하였다고 보아야 한다.

나아가 시장 등이 한 **운행정지명령을 위반**하여 자동차를 운행하였다는 이유로 같은 법 제82조 제2호의2에 따른 처벌을 하기 위해서는 그 **운행정지명령이 적법**한 것이어야 하고, 그 **운행정지명령이 당연무효는 아니더라도 위법한 처분**으로 인정된다면 같은 법 제82조 제2호의2 위반죄는 **성립할 수 없다.**

| 예상지문 |

> 자동차관리법상 **운행정지명령을 위반**하여 자동차를 운행하였다는 이유로 같은 법 제82조 제2호의2에 따른 **처벌**을 하기 위해서는 그 **운행정지명령이 적법**한 것이어야 하고, 그 운행정지명령이 **당연무효는 아니더라도 위법한 처분**으로 인정된다면 같은 법 제82조 제2호의2 **위반죄는 성립할 수 없다.** (O)

03 헌법재판소 위헌결정의 기속력 [대판 2021.7.29. 2016다259363]

판결요지

구 광주민주화운동보상법 제16조 제2항은 "이 법에 의한 보상금 지급결정은 신청인이 동의한 때에는 광주민주화운동과 관련하여 입은 피해에 대하여 **민사소송법**의 규정에 의한 **재판상 화해가** 성립된 것으로 본다"라고 정하고 있었다.

헌법재판소는 2021. 5. 27. 구 광주민주화운동보상법 제16조 제2항의 '광주민주화운동과 관련하여 입은 피해' 중 '**정신적 손해**' 부분은 **헌법에 위반**된다는 결정을 선고하였다. 그 결정은 위와 같이 '광주민주화운동과 관련하여 입은 피해' 중 일부인 '정신적 손해' 부분을 위헌으로 선언함으로써 그 효력을 상실시켜 구 광주민주화운동보상법 제16조 제2항의 일부가 폐지되는 것과 같은 결과를 가져오는 일부위헌결정으로서 **법원에 대한 기속력**이 있다.

이러한 **위헌결정의 효력**은 그 위헌결정이 있기 전에 구 광주민주화운동보상법 제16조 제2항의 위헌 여부가 **재판의 전제**가 되어 **법원에 계속 중**이던 사건에 미치므로, 위헌결정 전에 구 광주민주화운동보상법에 따른 **보상금 등을 받더라도** 불법행위로 인한 정신적 손해에 대해서는 **재판상 화해가** 성립된 것으로 볼 **법률상 근거**가 사라지게 되었다.

| 예상지문 |

> ① **헌법재판소의** 구 광주민주화운동보상법 제16조 제2항의 '광주민주화운동과 관련하여 입은 피해' 중 '**정신적 손해**' 부분은 **헌법에 위반**된다는 결정은 제16조 제2항의 일부가 폐지되는 것과 같은 결과를 가져오는 일부위헌결정으로서 **법원에 대한 기속력**이 있다. (O)
>
> ② 구 광주민주화운동보상법 제16조 제2항의 **위헌결정 전**에 해당 **조항에 근거**하여 **보상금** 등을 받았다면 **위헌결정 이후에도 여전히** 불법행위로 인한 정신적 손해에 대해서는 **재판상 화해가** 성립된 것으로 **본다.** (×)

제6절 행정행위의 하자

01 부당이득금반환 청구의 소 [대판 2024.3.12. 2021다224408]

부과처분의 하자가 중대·명백하여 당연무효에 해당하는지 여부가 문제된 사건

재산세, 종합부동산세 등을 부과할 때 사실상 현황에 관한 조사방법의 범위, 내용 및 한계

일반적으로 과세대상이 되는 법률관계나 소득 또는 행위 등의 사실관계가 전혀 없는 사람에게 한 과세처분은 하자가 중대하고도 명백하다고 할 것이지만 과세대상이 되지 아니하는 어떤 법률관계나 사실관계에 대하여 이를 과세대상이 되는 것으로 **오인할 만한 객관적인 사정**이 있는 경우에 그것이 과세대상이 되는지의 여부가 사실관계를 **정확히 조사하여야 비로소 밝혀질** 수 있는 경우라면 **하자가 중대한 경우라도** 외관상 **명백하다고 할 수 없어** 그와 같이 과세요건 사실을 오인한 위법의 **과세처분을 당연무효라고 볼 수 없다**(대판 2001.6.29. 2000다17339 등 참조).

한편 과세관청이 조세를 부과하고자 할 때에는 해당 조세법규가 규정하는 조사방법에 따라 얻은 정확한 근거에 바탕을 두어 과세표준을 결정하고 세액을 산출하여야 하며, 이러한 조사방법 등을 완전히 무시하고 아무런 근거도 없이 막연한 방법으로 과세표준과 세액을 결정, 부과하였다면 이는 하자가 중대하고도 명백하여 당연무효라 하겠지만, 그와 같은 조사결정절차에 단순한 과세대상의 오인, 조사방법의 잘못된 선택, 세액산출의 잘못 등의 위법이 있음에 그치는 경우에는 취소사유로 될 뿐이다(대판 1998.6.26. 96누12634 참조).

⇨ 원고는 제주시 소재 7필지 토지(이하 '이 사건 각 토지')를 1987년경 또는 2003년경부터 각 소유하였는데, 그 지목은 **'목장용지'**였으나 실제 이를 목장으로 **이용하지 않았고**, 이에 ○○시장은 이 사건 각 토지를 **합산과세대상** 토지로 보아 **재산세 등을 부과**하여 왔음. 원고는 2013. 1.경부터 이 사건 각 토지 지상에 **건축물을 신축한 후 말을 사육**하기 시작하였고, 이를 한국마사회에 등록하였음. 그런데도 ○○시장은 종전과 동일하게 이 사건 각 토지가 합산과세대상 토지임을 전제로 원고에게 2014년 내지 2018년 귀속 재산세 등을 부과하였고, □□□세무서장은 해당 과세자료를 제공받아 원고에게 2014년 내지 2018년 **귀속 종합부동산세 등을 부과**하였으며(이하 위 ○○시장의 재산세 등 부과처분과 통틀어 '이 사건 각 부과처분'), 원고는 이를 **전액 납부**하였음. 원고는 이 사건 각 부과처분 중 **이 사건 각 토지가 분리과세대상 토지임을 전제로** 계산한 세액을 **초과하는 부분**은 해당 처분이 위법하고 그 하자가 중대·명백하여 **당연무효라고 주장**하면서, 피고들을 상대로 그 **차액의 반환을 청구**한 시안임.

원심은, 이 사건 각 토지의 사실상 현황이 목장용지임은 분명하고, 달리 합산과세대상 토지로 오인할 만한 객관적인 사정이 존재한다고 보기 어렵다고 보아, 이 사건 각 토지를 합산과세대상 토지로 본 이 사건 각 부과처분은 그 하자가 중대하고 명백하여 당연무효라고 판단하였음.

대법원은, 이 사건 각 토지가 재산세 분리과세대상이 되는 **'목장용지'**에 해당하기 위해서는 가축마릿수, 그에 따른 토지의 면적, 토지 사용 목적, 용도지역 등 사실관계에 대한 **정확한 조사가 필수적으로 요구되는 점,** ○○시장은 관계 법령에 따라 재산세 과세대장을 작성한 후 부과처분을 하였고, □□□세무서장은 해당 과세자료를 제공받아 부과처분하였던 점 등에 비추어 살펴보면, 이 사건 각 토지는 **합산과세대상 토지**에 해당하는 것으로 **오인할 만한 객관적인 사정**이 있고 그것이 **분리과세대상 토지에 해당하는지** 여부는 사실관계를 **정확히 조사하여야** 비로소 밝혀질 수 있는 경우에 해당하므로 이 사건 각 **부과처분의 하자가 외관상 명백**하다고 볼 **수 없다**고 보아, 이와 달리 이 사건 각 부과처분의 하자가 중대·명백하여 당연무효라고 본 원심을 파기·환송함.

제7절 행정행위의 취소와 철회

01 건축허가취소처분취소 – 수익적 행정행위의 직권취소 [대판 2020.7.23. 2019두31839]

수익적 행정처분을 직권으로 취소할 수 있는 경우 및 수익적 행정처분의 하자가 처분상대방의 사실은폐나 그 밖의 부정한 방법에 의한 신청행위에 기인한 경우, 처분상대방의 처분에 관한 신뢰이익을 고려해야 하는지 여부(소극)

처분청은 행정처분에 하자가 있는 경우에는 별도의 법적 근거가 없더라도 스스로 이를 취소할 수 있고, 다만 **수익적 행정처분**을 **취소**할 때에는 이를 취소하여야 할 중대한 공익상 필요와 취소로 인하여 처분상대방이 입게 될 기득권과 법적 안정성에 대한 침해 정도 등 불이익을 **비교·교량**한 후 **공익상 필요**가 처분상대방이 입을 **불이익을 정당화**할 만큼 강한 경우에 **한하여 취소할 수 있다.** 수익적 행정처분의 하자가 처분상대방의 **사실은폐**나 그 밖의 **부정한 방법**에 의한 신청행위에 기인한 것이라면 처분상대방은 행정처분에 의한 이익을 위법하게 취득하였음을 스스로 알아 취소가능성도 예상하고 있었다고 보아야 하므로, 그 자신이 행정처분에 관한 신뢰이익을 원용할 수 없음은 물론이고, **행정청이 이를 고려하지 아니**하였다고 하여도 재량권 일탈·남용에는 해당하지 않는다.

| 예상지문 |

① **수익적 행정처분**의 하자가 처분상대방의 **사실은폐**나 그 밖의 **부정한 방법**에 의한 신청행위에 기인한 것이라면 처분상대방은 행정처분에 의한 이익을 위법하게 취득하였음을 스스로 알아 취소가능성도 예상하고 있었다고 보아야 하므로, 그 자신이 행정처분에 관한 **신뢰이익을 원용**할 수 **없음**은 물론이고, **행정청이 이를 고려하지 아니**하였다고 하여도 재량권 **일탈·남용**에는 해당하지 **않는다.** (O)

② **국민연금법**이 정한 **수급요건**을 갖추지 못하였음에도 **연금 지급결정**이 이루어진 경우에는 **이미 지급된 급여 부분**에 대한 **환수처분과 별도로** 그 지급결정을 **취소**할 수 있으나, **연금지급결정**을 취소하는 처분이 **적법하다고 하여 환수처분도 반드시 적법**하다고 판단하여야 하는 것은 **아니다.** (O)

| 기출지문 |

① 취소되는 수익적 행정처분의 하자가 당사자의 사실은폐나 기타 사위(詐僞)의 방법에 의한 신청행위에 기인한 것이라면 당사자는 처분에 관한 신뢰이익을 원용할 수 없지만, 행정청이 이를 고려하지 아니한 경우에는 재량권의 일탈·남용이 된다. [24변시, 14변시] (×)

② 처분의 상대방이 처분의 위법성을 알고 있었거나 중대한 과실로 알지 못한 경우에는 행정청이 처분의 상대방에게 권리나 이익을 부여하는 처분을 취소하는 경우에도 취소로 인하여 처분의 상대방이 입게 될 불이익과 취소로 달성되는 공익을 비교·형량하지 않아도 된다. [23국회8급] (O)

③ OO광역시 A구청장 乙은 주식회사 B마트에게 그 판매시설동에 대한 건축허가를 하였는데, 이후 B의 건축허가 신청행위를 위임받은 건축사 C가 건축법령상 용적률, 건폐율의 제한 규정을 위반하여 허가를 신청하였음이 밝혀졌다. 이러한 용적률, 건폐율 충족 여부는 건축설계 및 허가신청에서 가장 기본적이고 핵심적인 사항이고 어떤 건축사라도 위 제한 초과는 너무나 쉽게 알 수 있는 사안이었다. 이러한 사실을 확인한 乙은 위 건축허가를 취소하였다. [23-1]

  ㄱ. C의 사실은폐와 사위(詐僞)의 방법으로 건축허가 신청행위를 하였음을 이유로 乙이 위 건축허가 취소처분을 하였을 경우 B는 신뢰이익을 원용할 수 없다. (O)

  ㄴ. 위 ㄱ.의 이유를 들어 취소처분 시 乙이 B의 신뢰이익을 고려하지 않았더라도 그 취소처분은 재량권의 남용이 아니다. (O)

[2] 행정행위의 '취소'와 '철회'의 구별 / '취소'가 있더라도 취소사유의 내용, 경위 기타 제반 사정을 종합하여 행정행위의 '철회'에 해당하는지 살펴보아야 하는지 여부(적극)

행정행위의 취소는 일단 유효하게 성립한 행정행위를 성립 당시 존재하던 하자를 사유로 소급하여 효력을 소멸시키는 행정처분이고, 행정행위의 철회는 적법요건을 구비하여 유효한 행정행위를 행정행위 성립 이후 새로이 발생한 사유로 행위의 효력을 장래에 향해 소멸시키는 행정처분이다(대판 2003.5.30. 2003다6422, 대판 2006.5.11. 2003다37969 등 참조). 행정청의 행정행위 취소가 있더라도 취소사유의 내용, 경위 기타 제반 사정을 종합하여 명칭에도 불구하고 행정행위의 효력을 장래에 향해 소멸시키는 행정행위의 철회에 해당하는지 살펴보아야 한다.

[3] 甲 사회복지법인이 주무관청의 허가를 받아 기본재산인 부동산을 乙 주식회사에 매도하고 소유권이전등기를 마쳤는데, 그 후 주무관청이 기본재산처분 허가를 취소하였고, 甲 법인의 채권자가 신청한 부동산에 대한 강제경매절차에서 집행법원이 甲 법인의 정관에 위 부동산이 기본재산으로 등재되어 있다는 이유로 주무관청의 처분허가서를 매각결정 시까지 제출하는 것을 특별매각조건으로 정하였고, 이후 丙이 최고가매수인이 되었으나 처분허가서 미제출을 이유로 집행법원이 매각불허가결정을 한 사안에서, 甲 법인의 정관에 위 부동산이 기본재산으로 남아 있다거나 주무관청의 기본재산처분 허가 취소가 있었다는 이유만으로 위 부동산이 甲 법인의 기본재산이라고 볼 것은 아닌데도, 이와 달리 본 원심결정에 법리오해 등의 잘못이 있고, 다만 위 부동산이 甲 법인의 기본재산이 아닌데도 주무관청의 처분허가서를 제출하도록 매각물건명세서에 기재되었다면 이는 '매각물건명세서 작성에 중대한 흠'이 있는 경우에 해당하여 집행법원은 직권으로 매각을 불허해야 하는지 살펴볼 필요가 있다고 한 사례

| 예상지문 |

> 행정청의 **행정행위 취소**가 있더라도 취소사유의 내용, 경위 기타 제반 사정을 종합하여 **명칭에도 불구**하고 행정행위의 효력을 장래에 향해 소멸시키는 행정행위의 **철회에 해당하는지** 살펴보아야 한다. (O)

03 의사면허취소처분취소 - 철회사유 [대판 2022.6.30. 2021두62171]

면허취소사유를 정한 구 의료법 제65조 제1항 단서 제1호의 '제8조 각호의 어느 하나에 해당하게 된 경우'가 행정청이 면허취소처분을 할 당시까지 제8조 각호의 결격사유가 유지되어야 한다는 의미인지 여부(소극) 및 의료인이 의료법을 위반하여 금고 이상의 형의 집행유예를 선고받고 유예기간이 지나 형 선고의 효력이 상실된 경우에도 의료법상 면허취소사유에 해당하는지 여부(적극)

구 의료법 제8조는 "다음 각호의 어느 하나에 해당하는 자는 의료인이 될 수 없다"라고 규정하면서, 제4호에서 '이 법을 위반하여 금고 이상의 형을 선고받고 그 형의 집행이 종료되지 아니하였거나 집행을 받지 아니하기로 확정되지 아니한 자' 등을 규정하였다. 구 의료법 제65조 제1항은 "보건복지부장관은 의료인이 다음 각호의 어느 하나에 해당할 경우에는 그 면허를 취소할 수 있다. 다만 제1호의 경우에는 면허를 취소하여야 한다"라고 규정하면서, 제1호에서 '제8조 각호의 어느 하나에 해당하게 된 경우'를 규정하였다.

구 의료법 제8조 제4호의 '금고 이상의 형을 선고받고 그 집행을 받지 아니하기로 확정되지 아니한 자'에는 금고 이상의 형의 집행유예를 선고받고 그 선고의 실효 또는 취소 없이 유예기간이 지나 형 선고의 효력이 상실되기 전까지의 자가 포함되는 것으로, 그 유예기간이 지나 <u>형 선고의 효력이 상실되었다면 더 이상 의료인 결격사유에 해당하지 아니한다.</u>

다만 면허취소사유를 정한 구 의료법 제65조 제1항 단서 제1호의 '제8조 각호의 어느 하나에 해당하게 된 경우'란 <u>'제8조 각호의 사유가 발생한 사실이 있는 경우'를 의미하는 것이지, 행정청이 **면허취소처분을 할 당시까지** 제8조 각호의 **결격사유가 유지되어야** 한다는 의미로 볼 수 없다.</u> 의료인이 의료법을 위반하여 금고 이상의 형의 집행유예를 선고받았다면 면허취소사유에 해당하고, 그 유예기간이 지나 형 선고의 효력이 상실되었다고 해서 이와 달리 볼 것은 아니다.

▎예상지문▎

① 면허취소사유를 정한 구 의료법 제65조 제1항 단서 제1호의 '제8조 각호의 어느 하나에 해당하게 된 경우'란 '제8조 각호의 사유가 **발생한 사실**이 있는 경우'를 의미하는 것이지, 행정청이 면허취소처분을 할 당시까지 제8조 각호의 **결격사유가 유지**되어야 한다는 의미로 볼 수 없다.　　　　　　　　　(○)
② 의료인이 의료법을 위반하여 금고 이상의 형의 **집행유예**를 선고받고 유예기간이 지나 형 **선고의 효력이 상실**된 경우에는 의료법상 **면허취소사유**에 해당하지 아니한다.　　　　　　　　　(×)

관련 판례

구 국민체육진흥법 제12조 제1항 제4호에서 정한 '제11조의5 각호의 어느 하나에 해당하는 경우'는 '제11조의5 각호 중 어느 하나의 사유가 발생한 사실이 있는 경우'를 의미한다고 보아야 하므로, 체육지도자가 금고 이상의 형의 집행유예를 선고받은 경우 행정청은 원칙적으로 체육지도자의 자격을 취소하여야 하고, 집행유예기간이 경과하는 등의 사유로 자격취소처분 이전에 결격사유가 해소되었다고 하여 이와 달리 볼 것은 아니다(대판 2022.7.14. 2021두62287).

04 우선협상대상자 지위배제 처분 취소 – 수익적 행정행위의 직권철회

[대판 2020.4.29. 2017두31064]

판결요지

공유재산법 제2조 제1호, 제7조 제1항, 제20조 제1항, 제2항 제2호의 내용과 체계에 관련 법리를 종합하면, 지방자치단체의 장이 공유재산법에 근거하여 기부채납 및 사용·수익허가 방식으로 민간투자사업을 추진하는 과정에서 사업시행자를 지정하기 위한 전 단계에서 공모제안을 받아 일정한 심사를 거쳐 **우선협상대상자를 선정**하는 행위와 이미 선정된 우선협상대상자를 그 **지위에서 배제하는 행위**는 민간투자사업의 세부내용에 관한 협상을 거쳐 공유재산법에 따른 공유재산의 사용·수익허가를 우선적으로 부여받을 수 있는 지위를 설정하거나 또는 이미 설정한 지위를 박탈하는 조치이므로 <u>모두 항고소송의 대상이 되는 **행정처분**으로 보아야 한다.</u>

지방자치단체의 장이 공유재산법에 근거하여 민간투자사업을 추진하던 중 우선협상대상자 **지위를 박탈하는** 처분을 하기 위하여 반드시 **청문을 실시할 의무**가 있다고 볼 수는 **없다.**

행정청이 당사자에게 의무를 부과하거나 권익을 제한하는 처분을 하는 경우에는 원칙적으로 행정절차법 제21조 제1항에 따른 사전통지를 하고, 제22조 제3항에 따른 의견제출 기회를 주는 것으로 족하며, 다른 법령 등에서 반드시 청문을 실시하도록 규정한 경우이거나 행정청이 필요하다고 인정하는 경우 등에 한하여 청문을 실시할 의무가 있다.

⇨ 2022년 「행정절차법」 제22조 제1항 제3호가 개정되면서 '신분·자격을 박탈'하는 처분을 하는 경우 필수적으로 청문을 거쳐야 한다.

처분청은 비록 처분 당시에 별다른 하자가 없었고, 또 처분 후에 이를 철회할 별도의 법적 근거가 없더라도 원래의 처분을 존속시킬 필요가 없게 된 **사정변경**이 생겼거나 또는 **중대한 공익상의 필요**가 발생한 경우에는 그 효력을 상실케 하는 별개의 처분으로 이를 철회할 수 있다. 다만 **수익적 처분**을 취소 또는 철회하는 경우에는 이미 부여된 국민의 기득권을 침해하는 것이 되므로, 비록 취소 등의 사유가 있더라도 취소권 등의 행사는 기득권의 침해를 정당화할 만한 중대한 공익상의 필요 또는 제3자의 이익보호의 필요가 있는 때에 한하여 상대방이 받는 불이익과 **비교·형량**하여 결정하여야 하고, 그 처분으로 인하여 공익상의 필요보다 상대방이 받게 되는 불이익 등이 막대한 경우에는 재량권의 한계를 일탈한 것으로서 허용되지 않는다.

⇨ 「행정기본법」 제19조 제1항에 철회의 일반적 근거 규정이 마련되었으며, 같은 조 제2항에 따르면 처분을 철회하려는 경우 철회로 인하여 당사자가 입게 될 불이익을 철회로 달성되는 공익과 비교·형량하여야 한다.

관련 판례

도시공원 및 녹지 등에 관한 법률(이하 '공원녹지법') 제16조 제3항, 제4항, 제21조 제1항, 제21조의2 제1항, 제8항, 제12항의 내용과 취지, 공원녹지법령이 공원조성계획 입안 제안에 대한 심사기준 등에 대하여 특별한 규정을 두고 있지 않은 점, 쾌적한 도시환경을 조성하여 건전하고 문화적인 도시생활을 확보하고 공공의 복리를 증진시키는 데 이바지하기 위한 공원녹지법의 목적 등을 종합하여 볼 때, 행정청이 복수의 민간공원추진자로부터 자기의 비용과 책임으로 공원을 조성하는 내용의 공원조성계획 입안 제안을 받은 후 도시·군계획시설사업 **시행자 지정** 및 **협약체결** 등을 위하여 순위를 정하여 그 **제안을 받아들이거나 거부**하는 행위 또는 특정 제안자를 **우선협상자로 지정**하는 행위는 **재량행위**로 보아야 한다(대판 2019.1.10. 2017두43319).

| 기출지문 |

① 지방자치단체의 장이 「공유재산 및 물품관리법」에 근거하여 기부채납 및 사용·수익허가 방식으로 민간투자사업을 추진함에 있어, 사업시행자를 지정하기 위한 전(前)단계에서 공모제안을 받아 일정한 심사를 거쳐 우선협상대상자를 선정하는 행위는 항고소송의 대상이 되는 처분에 해당하지 않는다. [23변시]　(✕)

② **지방자치단체의 장이** 공유재산 및 물품 관리법에 근거하여 기부채납 및 사용·수익 허가 방식으로 **민간투자사업을** 추진하는 과정에서 이미 선정된 **우선협상대상자를** 그 **지위에서 배제하는 행위**는 항고소송의 대상이 되는 **행정처분에** 해당한다. [21국회8급]　(〇)

③ 「공유재산 및 물품 관리법」에 근거하여 공모제안을 받아 이루어지는 민간투자사업 '우선협상대상자 선정행위'나 '우선협상대상자 지위배제행위'에서 '우선협상대상자 지위배제행위'만이 항고소송의 대상인 **처분에 해당**한다. [22국가9급]　(✕)

④ 지방자치단체장이 구 「공유재산 및 물품관리법」에 근거하여 민간투자사업을 추진하던 중 우선협상대상자의 지위를 박탈하는 처분을 하기 위하여는 반드시 청문을 거쳐야 한다. (다툼이 있는 경우 판례에 의함) [23경찰간부]　(✕)

판결요지

[1] **수익적 행정행위를 취소·철회**하거나 중지시키는 경우에는 이미 부여된 국민의 기득권을 침해하는 것이므로, 비록 취소사유가 있다고 하더라도 취소권 등의 행사는 기득권의 침해를 정당화할 만한 중대한 공익상의 필요 또는 제3자의 이익을 보호할 필요가 있고, 이를 상대방이 받는 불이익과 **비교·교량**하여 볼 때 공익상의 필요 등이 **상대방이 입을 불이익을 정당화**할 만큼 강한 경우에 한하여 허용될 수 있다.

[2] 도시계획시설인 공원시설 부지에 **도시공원을 설치**하여 **기부채납**하되 공원부지 **일부에 아파트를 건축·분양**하여 설치비용을 회수하고 일정 이윤을 얻겠다는 **甲 주식회사의 민간특례사업 제안**을 관할 시장이 **받아들였다가**, 공원조성계획변경안을 심사하는 과정에서 **도시계획위원회가 공원조성계획변경안을 부결**함에 따라 甲 회사의 공원조성계획변경신청을 거부하고 甲 회사에 대한 **민간특례사업 제안수용 결정을 취소**한 사안에서, 민간공원추진자의 제안을 받아들인 다음에도 행정청은 후속 심사절차에서 드러나는 여러 공익과 사익의 요소를 형량하여 공원조성계획의 내용을 형성해야 하기 때문에 **최종적으로 甲 회사의 사업계획이 좌절**되었더라도 이는 **제안을 받아들일 당시부터** 예정되어 있던 결과의 하나로 볼 수 있어 甲 회사로서는 이러한 **결과를 충분히 예상**할 수 있었으므로 민간특례사업 시행에 관한 甲 회사의 신뢰가 확고하다고 할 수 없는 점, 위 제안수용 취소처분은 국토의 계획 및 이용에 관한 법률이 정한 도시계획시설결정 실효시한 안에 공원사업을 시행하기 위한 불가피한 조치로서 공익상 필요성이 크다고 볼 수 있는 점을 종합하여 甲 회사의 신뢰와 비교·형량하여 볼 때, 위 **제안수용 취소처분**에는 甲 회사가 입을 **불이익을 정당화**할 만한 충분한 **공익상의 필요**가 있음에도 이와 달리 본 원심판단에 법리오해의 위법이 있다.

｜ 예상지문 ｜

① **수익적 행정행위를 취소·철회**하거나 중지시키는 경우에는 **기득권의 침해를 정당화**할 만한 **중대한 공익상의 필요** 또는 제3자의 이익을 보호할 필요가 있고, 이를 상대방이 받는 불이익과 **비교·교량**하여 볼 때 공익상의 필요 등이 **상대방이 입을 불이익을 정당화**할 만큼 강한 경우에 한하여 허용될 수 있다. (O)

② 도시계획시설인 공원시설 부지에 도시공원을 설치하여 기부채납하되 공원부지 일부에 아파트를 건축·분양하여 설치비용을 회수하고 일정이윤을 얻겠다는 甲 주식회사의 **민간특례사업 제안**을 관할 시장이 **받아들였다가**, **도시계획위원회가** 공원조성계획변경안을 **부결함에 따라** 甲 회사에 대한 민간특례사업 **제안수용 결정을 취소**한 경우에 위 제안수용 취소처분에는 甲 회사가 입을 **불이익을 정당화**할 만한 충분한 **공익상 필요를** 인정된다. (O)

제4장　공법상 계약

01　소유권이전등기 [대판 2022.4.28. 2019다272053]

기부채납의 법적 성질(=증여계약) 및 지방자치단체와 상인인 기부자 사이에 체결된 기부채납 약정에 근거한 채권에 5년의 상사 소멸시효기간이 적용되는지 여부(적극)

기부채납이란 지방자치단체 외의 자가 부동산 등의 소유권을 무상으로 지방자치단체에 이전하여 지방자치단체가 이를 취득하는 것으로서, 기부자가 재산을 지방자치단체의 공유재산으로 증여하는 의사표시를 하고 지방자치단체가 이를 승낙하는 채납의 의사표시를 함으로써 성립하는 **증여계약**에 해당한다.

| 기출지문 |

> 기부채납은 기부자의 소유재산을 지방자치단체의 공유재산으로 무상증여하도록 하는 지방자치단체의 일방적
> 의사표시인 행정처분에 해당한다. [23소방간부]　　　　　　　　　　　　　　　　　　　　　　　　(×)

02　매매대금반환 [대판 2020.5.14. 2018다298409]

판결요지

[1] **국가를 당사자로 하는 계약**에 관한 법률에 따라 국가가 당사자가 되는 **이른바 공공계약**은 사경제 주체로서 상대방과 대등한 위치에서 체결하는 **사법상 계약**으로서 본질적인 내용은 사인 간의 계약과 다를 바가 없으므로, 그에 관한 법령에 특별한 정함이 있는 경우를 제외하고는 사적 자치와 계약자유의 원칙 등 **사법의 원리**가 그대로 적용된다.

[3] 甲이 국가와 체결한 국유임산물 매각계약의 계약조건에서 '소관 관서의 장은 매수자가 산림관계법령 또는 계약사항을 위반한 때에는 계약을 해제할 수 있으며, 이때 계약보증금, 기납된 대금 및 매각임산물은 국고에 귀속할 수 있다'는 내용을 규정하고 있었는데, 국가가 甲이 계약에서 정한 기한 내 반출의무를 위반하였다는 이유로 계약을 해제하고 매각대금 등을 국고에 귀속하자 甲이 국가를 상대로 미반출산물에 상당하는 매각대금 등의 반환을 구한 사안에서, 위 **국유임산물 매각계약**은 甲과 국가가 사경제 주체로서 대등한 위치에서 체결한 **사법상 계약**으로서 계약조건의 매각대금 국고귀속 조항은 문언 그대로 甲이 계약사항을 위반하여 계약이 해제된 경우에 적용되는 것으로 해석되고, 계약조건이나 관련 법령의 내용을 모두 살펴보더라도 매수인의 기한 내 반출의무 위반으로 인해 계약이 해제되는 경우에는 손상 또는 부패되었거나 손상 또는 부패할 우려가 있는 국유임산물이 아닌 한 적용되지 않는다는 내용은 포함되어 있지 않은 것으로 보이며, 그와 같이 해석하여야 할 객관적인 근거 역시 찾아보기 어려운데도, 이와 달리 본 원심판단에 법리오해의 잘못이 있다.

| 예상지문 |

> **국가를 당사자로 하는 계약에 관한 법률**에 따라 국가가 당사자가 되는 **이른바 공공계약**은 사경제 주체로서 상
> 대방과 대등한 위치에서 체결하는 **사법상 계약**으로서, 법령에 특별한 정함이 있는 경우를 제외하고는 사적 자
> 치와 계약자유의 원칙 등 **사법의 원리**가 그대로 **적용된다**.　　　　　　　　　　　　　　　　　(○)

03 정산금 [대판 2020.12.10. 2019다234617]

지방자치단체를 당사자로 하는 계약에 관하여는 그 계약의 성질이 사법상 계약인지 공법상 계약인지와 상관없이 지방자치단체를 당사자로 하는 계약에 관한 법률이 적용되는지 여부(원칙적 적극)

지방자치단체를 당사자로 하는 계약에 관한 법률(이하 '지방계약법')은 지방자치단체를 당사자로 하는 계약에 관한 기본적인 사항을 정함으로써 계약업무를 원활하게 수행할 수 있도록 함을 목적으로 하고(제1조), 지방자치단체가 계약상대자와 체결하는 수입 및 지출의 원인이 되는 계약 등에 대하여 적용하며(제2조), 지방자치단체를 당사자로 하는 계약에 관하여는 다른 법률에 특별한 규정이 있는 경우 외에는 이 법에서 정하는 바에 따른다고 규정하고 있다(제4조). 따라서 다른 법률에 특별한 규정이 있는 경우이거나 또는 지방계약법의 개별 규정의 규율내용이 매매, 도급 등과 같은 특정한 유형·내용의 계약을 규율대상으로 하고 있는 경우가 아닌 한, **지방자치단체를 당사자로 하는 계약에 관하여는 그 계약의 성질이 공법상 계약인지 사법상 계약인지와 상관없이 원칙적으로 지방계약법의 규율이 적용된다**고 보아야 한다.

| 기출지문 |

> 지방자치단체를 당사자로 하는 계약에 관하여는 그 계약의 성질이 사법상 계약인지 공법상 계약인지와 상관없이 원칙적으로 「지방자치단체를 당사자로 하는 계약에 관한 법률」의 규율이 적용된다고 보아야 한다. [23국회8급]
>
> (O)

04 채무부존재확인의 소 [대판 2023.6.29. 2021다250025]

산업기술혁신 촉진법상 산업기술개발사업에 관하여 체결된 협약에 따라 집행된 사업비 정산금 반환 채무의 존부에 대한 분쟁이 공법상 당사자소송의 대상인지 문제된 사건

[1] '공법상 계약'의 의미 및 '공법상 계약'에 해당하는지 판단하는 방법 / 공법상 계약의 한쪽 당사자가 다른 당사자를 상대로 이행을 청구하는 소송 또는 이행의무의 존부에 관한 확인을 구하는 소송은 공법상 당사자소송으로 제기하여야 하는지 여부(원칙적 적극)

공법상 당사자소송이란 행정청의 처분 등을 원인으로 하는 법률관계에 관한 소송 그 밖에 공법상의 법률관계에 관한 소송으로서 그 법률관계의 한쪽 당사자를 피고로 하는 소송을 말한다(행정소송법 제3조 제2호). 공법상 계약이란 공법적 효과의 발생을 목적으로 하여 대등한 당사자 사이의 의사표시 합치로 성립하는 공법행위를 말한다. 어떠한 계약이 공법상 계약에 해당하는지는 계약이 공행정 활동의 수행 과정에서 체결된 것인지, 계약이 관계 법령에서 규정하고 있는 공법상 의무 등의 이행을 위해 체결된 것인지, 계약 체결에 계약 당사자의 이익만이 아니라 공공의 이익 또한 고려된 것인지 또는 계약 체결의 효과가 공공의 이익에도 미치는지, 관계 법령에서의 규정 내지 그 해석 등을 통해 공공의 이익을 이유로 한 계약의 변경이 가능한지, 계약이 당사자들에게 부여한 권리와 의무 및 그 밖의 계약 내용 등을 종합적으로 고려하여 판단하여야 한다. **공법상 계약의 한쪽 당사자가 다른 당사자를 상대로 그 이행을 청구하는 소송 또는 이행의무의 존부에 관한 확인을 구하는 소송은 공법상 법률관계에 관한 분쟁이므로 분쟁의 실질이 공법상 권리·의무의 존부·범위에 관한 다툼이 아니라 손해배상액의 구체적인 산정방법·금액에 국한되는 등의 특별한 사정이 없는 한 공법상 당사자소송**으로 제기하여야 한다(대판 2021.2.4. 2019다277133 등 참조, 101쪽).

[2] 원고가 고의 또는 중대한 과실 없이 행정소송으로 제기하여야 할 사건을 민사소송으로 잘못 제기한 경우, 수소법원이 취하여야 할 조치

원고가 고의 또는 중대한 과실 없이 행정소송으로 제기하여야 할 사건을 민사소송으로 잘못 제기한 경우, 수소법원으로서는 만약 그 행정소송에 대한 관할도 동시에 가지고 있다면 이를 행정소송으로 심리·판단하여야 하고, 그 행정소송에 대한 관할을 가지고 있지 아니하다면 관할법원에 이송하여야 한다(대판 2017.11.9. 2015다215526 등 참조).

[3] 甲 주식회사 등으로 구성된 컨소시엄과 한국에너지기술평가원은 산업기술혁신 촉진법 제11조 제4항에 따라 산업기술개발사업에 관한 협약을 체결하고, 위 협약에 따라 정부출연금이 지급되었는데, 한국에너지기술평가원이 甲 회사가 외부 인력에 대한 인건비를 위 협약에 위반하여 집행하였다며 甲 회사에 정산금 납부 통보를 하자, 甲 회사는 한국에너지기술평가원 등을 상대로 정산금 반환채무가 존재하지 아니한다는 확인을 구하는 소를 민사소송으로 제기한 사안에서, 위 협약은 공법상 계약에 해당하고 그에 따른 계약상 정산의무의 존부·범위에 관한 甲 회사와 한국에너지기술평가원의 분쟁은 공법상 당사자소송의 대상이라고 한 사례

甲 주식회사 등으로 구성된 컨소시엄과 한국에너지기술평가원은 산업기술혁신 촉진법(이하 '산업기술혁신법') 제11조 제4항에 따라 산업기술개발사업에 관한 협약을 체결하고, 위 협약에 따라 정부출연금이 지급되었는데, 한국에너지기술평가원이 甲 회사가 외부 인력에 대한 인건비를 위 협약에 위반하여 집행하였다며 甲 회사에 정산금 납부 통보를 하자, 甲 회사는 한국에너지기술평가원 등을 상대로 정산금 반환채무가 존재하지 아니한다는 확인을 구하는 소를 민사소송으로 제기한 사안에서, 위 협약은 산업통상자원부장관이 산업기술혁신 촉진 등을 통한 국가경쟁력강화 등의 공적 목적을 위하여 산업기술혁신법에 따라 추진하는 산업기술개발사업을 甲 회사 등 컨소시엄으로 하여금 수행하도록 하기 위하여 체결된 점, 위 협약 체결 및 이행의 효과는 공공의 이익에도 영향을 미치는 점, 산업기술혁신법 및 산업기술혁신 촉진법 시행령은 위 협약의 체결 과정부터 이행 및 종료 단계에 이르기까지 산업통상자원부장관이 이를 주도하도록 규정하고, 전담기관인 한국에너지기술평가원에는 위 협약에서 정한 권리 외에도 위 법령에 의하여 계약 상대방인 甲 회사 등 컨소시엄을 상대로 행사할 수 있는 권한 등이 인정되는바, 이렇게 관계 법령에 의한 한국에너지기술평가원의 권한 행사 등을 배제하지 않는다는 면에서 위 협약은 사법상 계약과 다른 점, 한국에너지기술평가원은 공적인 목적이나 사유가 있는 경우 甲 회사 등 컨소시엄의 귀책사유가 없어도 그 동의나 승낙 없이 위 협약의 내용을 변경하거나 해약할 수 있는 점, 위 협약에 일반 사법상 계약에서 당사자의 의무 불이행과 관련하여 사용되는 이행보증금, 하자보증금, 지체상금 규정 등이 있다는 자료는 제출되지 않은 점 등에 비추어, 위 협약은 **공법상 계약**에 해당하고 그에 따른 **계약상 정산의무의 존부·범위**에 관한 甲 회사와 한국에너지기술평가원의 분쟁은 **공법상 당사자소송**의 대상이라고 한 사례.

※ 원고 등으로 구성된 컨소시엄과 주위적 피고 한국에너지기술평가원은 산업기술혁신 촉진법 제11조 제2항에 의하여 산업기술개발사업에 관한 협약을 체결하였고, 이에 따라 정부출연금이 지급되었음. 주위적 피고는 원고가 외부 인력에 대한 인건비를 협약에 위반하여 집행하였다면서 원고에게 정산금 납부를 통보하였고, 원고는 피고들을 상대로 정산금 반환채무가 존재하는 아니한다는 이 사건 소를 민사소송을 제기함.
원심은 원고 일부 승소의 본안판단을 하였음.
대법원은, 위 협약은 공법상 계약에 해당하고 그에 따른 계약상 정산의무의 존부·범위에 관한 원고와 주위적 피고의 분쟁은 공법상 당사자소송의 대상이라고 보아 원심판결을 파기하고 사건을 관할법원으로 이송함.

| 예상지문 |

① 공법상 계약의 한쪽 당사자가 다른 당사자를 상대로 그 **이행을 청구하는 소송** 또는 **이행의무의 존부에 관한 확인**을 구하는 소송은 공법상 법률관계에 관한 분쟁이므로 분쟁의 실질이 공법상 권리·의무의 존부· 범위에 관한 다툼이 아니라 손해배상액의 구체적인 산정방법·금액에 국한되는 등의 특별한 사정이 없는 한 **공법상 당사자소송**으로 제기하여야 한다. (○)

② 甲 주식회사 등으로 구성된 컨소시엄과 한국에너지기술평가원은 **산업기술혁신 촉진법 제11조 제4항**에 따라 산업기술개발사업에 관한 협약을 체결하고, 위 **협약에 따라 정부출연금이 지급**되었는데, 한국에너지기술평가원이 甲 회사가 외부 인력에 대한 인건비를 위 **협약에 위반**하여 집행하였다며 甲 회사에 **정산금 납부 통보**를 한 경우, 甲 회사는 한국에너지기술평가원 등을 상대로 **정산금 반환채무가 존재하지 아니한다는** 확인을 구하는 소를 **민사소송**으로 제기하여야 한다. (×)

05 입찰참가자격제한처분취소 [대판 2021.11.11. 2021두43491]

판결요지

[1] **침익적 처분**은 상대방의 권익을 제한하거나 상대방에게 의무를 부과하는 것이므로 헌법상 요구되는 **명확성의 원칙**에 따라 그 근거가 되는 행정법규를 **더욱 엄격**하게 해석·적용해야 하고, 처분의 상대방에게 **지나치게 불리한** 방향으로 **확대해석**이나 **유추해석**을 해서는 **안 된다.**

[2] **공기업·준정부기관**이 입찰을 거쳐 계약을 체결한 상대방에 대해 공공기관의 운영에 관한 법률 제 39조 제2항 등에 따라 **계약조건 위반**을 이유로 **입찰참가자격제한처분**을 하기 위해서는 입찰공고 와 **계약서에 미리** 계약조건과 그 계약조건을 위반할 경우 입찰참가자격 제한을 받을 수 있다는 사실을 모두 **명시해야** 한다. 계약상대방이 입찰공고와 계약서에 기재되어 있는 계약조건을 위반 한 경우에도 공기업·준정부기관이 입찰공고와 계약서에 미리 계약조건을 위반할 경우 입찰참가 자격이 제한될 수 있음을 **명시해 두지 않았다면,** 위 규정들을 근거로 **입찰참가자격제한처분**을 할 수 **없다.**

| 예상지문 |

① **침익적 처분**은 상대방의 권익을 제한하거나 의무를 부과하는 것이므로 헌법상 요구되는 **명확성의 원칙**에 따라 그 근거가 되는 행정법규를 **더욱 엄격**하게 해석·적용해야 하고, 처분의 상대방에게 지나치게 불리한 방향으로 확대해석이나 유추해석을 해서는 안 된다. (○)

② 공기업·준정부기관이 입찰을 거쳐 계약을 체결한 상대방에 대해 공공기관의 운영에 관한 법률 제39조 제2항 등에 따라 **계약조건 위반**을 이유로 **입찰참가자격제한처분**을 하기 위해서는 **입찰공고와 계약서**에 **미리** 계약 조건과 그 계약조건을 위반할 경우 입찰참가자격 제한을 받을 수 있다는 사실을 모두 **명시해야** 한다. (○)

06 학교시설사업비 [대판 2021.2.4. 2019다277133]

판결요지

[1] 공법상 당사자소송이란 행정청의 처분 등을 원인으로 하는 법률관계에 관한 소송 그 밖에 공법상 의 법률관계에 관한 소송으로서 그 법률관계의 한쪽 당사자를 피고로 하는 소송을 말한다(행정소 송법 제3조 제2호). 공법상 계약이란 공법적 효과의 발생을 목적으로 하여 대등한 당사자 사이의 의사표시의 합치로 성립하는 공법행위를 말한다. **공법상 계약**의 한쪽 당사자가 다른 당사자를 상 대로 **효력**을 다투거나 **이행을 청구**하는 소송은 공법상의 법률관계에 관한 분쟁이므로 분쟁의 실질 이 공법상 권리·의무의 존부·범위에 관한 다툼이 아니라 손해배상액의 구체적인 산정방법·금액 에 국한되는 등의 특별한 사정이 없는 한 **공법상 당사자소송**으로 제기하여야 한다.

[2] 원고가 고의 또는 중대한 과실 없이 행정소송으로 제기하여야 할 사건을 민사소송으로 잘못 제기 한 경우, 수소법원으로서는 만약 그 행정소송에 대한 관할도 동시에 가지고 있다면 이를 행정소송 으로 심리·판단하여야 하고, 그 행정소송에 대한 관할을 가지고 있지 아니하다면 관할법원에 이 송하여야 한다.

| 예상지문 |

> 원고가 고의 또는 중대한 과실 없이 **행정소송**으로 제기하여야 할 사건을 **민사소송**으로 잘못 제기한 경우, 수소 법원으로서는 만약 그 **행정소송**에 대한 **관할도 동시에** 가지고 있더라도 관할법원에 **이송하여야** 한다. (×)

| 기출지문 |

> ① **공법상 당사자소송**에서는 **이행소송**이라는 직접적인 권리구제방법이 있다면 **확인소송**은 허용되지 **않는다**. [22변시]
> (○)
>
> ② 공법상 계약의 한쪽 당사자가 다른 당사자를 상대로 그 효력을 다투거나 그 이행을 청구하는 소송은 공법상 의 법률관계에 관한 분쟁이므로 특별한 사정이 없는 한 공법상 당사자소송으로 제기하여야 한다. [22국가7급]
> (○)
>
> ③ **공법상 계약**의 한쪽 당사자가 다른 당사자를 상대로 **효력**을 다투거나 **이행을 청구**하는 소송은 분쟁의 실질 이 공법상 권리·의무의 존부·범위에 관한 다툼이 아니라 손해배상액의 구체적인 산정방법·금액에 국한되 는 등의 특별한 사정이 없는 한 **공법상 당사자소송**으로 제기하여야 한다. [21지방7급]
> (○)

제5장 행정상 사실행위

제6장 행정지도

제7장 행정조사

제8장 행정의 실효성 확보수단

01 정보통신망이용촉진및정보보호등에관한법률위반(음란물유포)방조(인정된 죄명: 영화 및비디오물의진흥에관한법률위반방조) [대판 2022.11.17. 2021도701]

정보통신망 이용촉진 및 정보보호 등에 관한 법률 제75조, 영화 및 비디오물의 진흥에 관한 법률 제97조에서 양벌규정을 둔 취지 / 위 양벌규정 중 '법인의 대표자' 관련 부분은 대표자의 책임을 요건으로 하여 법인을 처벌하는 것인지 여부(적극) 및 그 대표자의 처벌까지 전제조건이 되는지 여부(소극)

정보통신망 이용촉진 및 정보보호 등에 관한 법률 제75조 및 영화 및 비디오물의 진흥에 관한 법률 제97조는 <u>법인의 대표자</u> 등이 그 법인의 업무에 관하여 각 <u>법규위반행위</u>를 하면 그 <u>행위자를 벌하는 외</u>에 그 <u>법인에도</u> 해당 조문의 벌금을 과하는 양벌규정을 두고 있다. 위와 같이 양벌규정을 따로 둔 취지는, 법인은 기관을 통하여 행위하므로 법인의 대표자의 행위로 인한 법률효과와 이익은 법인에 귀속되어야 하고, 법인 대표자의 범죄행위에 대하여는 법인 자신이 책임을 져야 하는바, 법인 대표자의 법규위반행위에 대한 법인의 책임은 법인 자신의 법규위반행위로 평가될 수 있는 행위에 대한 법인의 직접책임이기 때문이다. 따라서 대표자의 고의에 의한 위반행위에 대하여는 법인 자신의 고의에 의한 책임을, 대표자의 과실에 의한 위반행위에 대하여는 법인 자신의 과실에 의한 책임을 져야 한다 (헌재 2010.7.29. 2009헌가25, 대판 2010.9.30. 2009도3876, 대판 2018.4.12. 2013도6962 등 참조). 이처럼 <u>양벌규정</u> 중 법인의 대표자 관련 부분은 <u>대표자의 책임을 요건</u>으로 하여 법인을 처벌하는 것이지 그 <u>대표자의 처벌까지 전제조건이 되는 것은 아니다.</u>

| 예상지문 |

① 양벌규정의 취지는 법인 대표자의 범죄행위에 대하여는 법인 자신이 책임을 져야 하는바, 법인 **대표자의 법규위반행위**에 대한 **법인의 책임**은 법인 자신의 법규위반행위로 평가될 수 있는 행위에 대한 **법인의 직접책임**이기 때문이다. (○)

② **양벌규정** 중 법인의 대표자 관련 부분은 대표자의 책임을 요건으로 하여 법인을 처벌하는 것일 뿐만 아니라, 그 **대표자의 처벌까지 전제조건으로** 하는 것이다. (×)

02 야간건조물침입절도, 병역법위반, 사기, 점유이탈물횡령, 절도 [대판 2020.4.29. 2017도13409]

판결요지

경범죄 처벌법상 **범칙금제도**는 범칙행위에 대하여 형사절차에 앞서 경찰서장의 통고처분에 따라 범칙금을 납부할 경우 이를 **납부하는 사람**에 대하여는 기소를 하지 않는 **처벌의 특례**를 마련해 둔 것으로 법원의 재판절차와는 제도적 취지와 법적 성질에서 차이가 있다. 또한 범칙자가 통고처분을 불이행하였더라도 기소독점주의의 예외를 인정하여 경찰서장의 즉결심판 청구를 통하여 공판절차를 거치지 않고 사건을 간이하고 신속·적정하게 처리함으로써 소송경제를 도모하되, **즉결심판 선고 전까지** 범칙금을 **납부하면** 형사처벌을 면할 수 있도록 함으로써 범칙자에 대하여 형사소추와 형사처벌을 면제받을 기회를 부여하고 있다.

따라서 **경찰서장**이 범칙행위에 대하여 **통고처분**을 한 이상, 범칙자의 위와 같은 절차적 지위를 보장하기 위하여 통고처분에서 정한 **범칙금 납부기간까지는** 원칙적으로 경찰서장은 **즉결심판**을 청구할 수 없고, 검사도 동일한 범칙행위에 대하여 **공소를 제기**할 수 **없다**고 보아야 한다.

관련 판례

경찰서장이 범칙행위에 대하여 통고처분을 한 이상, 범칙자의 절차적 지위를 보장하기 위하여 통고처분에서 정한 범칙금 납부기간까지는 원칙적으로 경찰서장은 즉결심판을 청구할 수 없고, 검사도 동일한 범칙행위에 대하여 공소를 제기할 수 없다. 나아가 특별한 사정이 없는 이상 경찰서장은 이미 한 **통고처분을 임의로 취소**할 수 **없다**(대판 2021.4.1. 2020도15194).

| 기출지문 |

① 경찰서장이 범칙행위에 대하여 **통고처분**을 한 이상, 범칙자의 절차적 지위를 보장하기 위하여 통고처분에서 정한 **범칙금 납부기간까지는** 원칙적으로 경찰서장은 즉결심판을 청구할 수 없고, 검사도 동일한 범칙행위에 대하여 공소를 제기할 수 없다. [23-2] [23국회8급, 21지방9급]　　　　　　　　　　　　(○)

② 「도로교통법」상 경찰서장의 통고처분은 행정청에 의한 행정처분에 해당하여 그 처분에 대하여 이의가 있는 경우 처분의 취소를 구하는 행정소송을 제기하거나 그 범칙금의 납부를 이행하지 아니함으로써 경찰서장의 즉결심판청구에 의하여 법원의 심판을 받을 수 있다. [22소방간부]　　　　　　　　　　(×)

---

03 과태료처분에대한이의 [대결 2020.12.18. 2020마6912]

결정요지

[1] 과태료 부과에 관한 일반법인 질서위반행위규제법에 의하면, 질서위반행위의 성립과 과태료 처분은 원칙적으로 **행위 시의 법률**에 따르지만(제3조 제1항), 질서위반행위 후 **법률이 변경**되어 그 행위가 질서위반행위에 **해당하지 아니하게** 되거나 과태료가 변경되기 전의 법률보다 **가볍게** 된 때에는 법률에 특별한 규정이 없는 한 **변경된 법률**을 적용하여야 한다(제3조 제2항). 따라서 질서위반행위에 대하여 과태료 부과의 근거 법률이 개정되어 행위 시의 법률에 의하면 과태료 부과대상이었지만 재판 시의 법률에 의하면 과태료 부과대상이 아니게 된 때에는, 개정 법률의 부칙에서 종전 법률 시행 당시에 행해진 질서위반행위에 대해서는 행위 시의 법률을 적용하도록 특별한 규정을 두지 않은 이상 **재판 시의 법률**을 적용하여야 하므로 과태료를 부과할 수 없다.

[2] 구 조세범 처벌법 제15조 제1항은 소득세법 제162조의3 제4항에 따른 현금영수증 발급의무를 위반한 자에 대해서는 '현금영수증을 발급하지 아니한 거래대금의 50%에 상당하는 과태료'를 부과한다고 규정하였다. 그러나 2018. 12. 31. 법률 제16108호 조세범 처벌법 개정법률에서 위 조항을 삭제하고, 2018. 12. 31. 법률 제16104호 소득세법 개정법률에서 제81조 제11항 제3호에 소득세법 제162조의3 제4항을 위반하여 현금영수증을 발급하지 아니한 경우 해당 과세기간의 결정세액에 더하여 '미발급금액의 20%에 해당하는 가산세'를 부과한다는 규정을 신설하였다. 이로써 사업자의 현금영수증 발급의무 위반에 대한 제재수단이 '과태료'에서 '가산세'로 변경되었다.

한편 2018. 12. 31. 법률 제16108호 조세범 처벌법 개정법률의 부칙은 이 법을 2019. 1. 1.부터 시행하되(제1조) 이 법 시행 전의 행위에 대하여 과태료의 규정을 적용할 때에는 종전의 규정에 따른다고 규정하였고(제2조), 2018. 12. 31. 법률 제16104호 소득세법 개정법률의 부칙은 이 법 제81조 제11항 제3호의 개정규정은 이 법 시행 후 현금영수증 발급의무를 위반하는 분부터 적용한다고 규정하였다(제8조 제5항).

이와 같은 법률의 개정 경과, 법률 제16108호 조세범 처벌법 개정법률 부칙 제2조의 경과규정 내용 등에 비추어 보면, 2018. 12. 31. 이전에 이루어진 현금영수증 발급의무 위반행위에 대해서는 행위 시의 법률인 구 조세범 처벌법 제15조 제1항을 적용하여 과태료를 부과하여야 한다.

| 기출지문 |

> 질서위반행위의 과태료 부과의 근거법률이 개정되어 행위시 법률에 의하면 과태료 부과 대상이었지만 재판시 법률에 의하면 과태료 부과대상이 아니게 된 때에는 개정법률 부칙에서 종전 법률 시행 당시에 행해진 질서위반행위에 행위시 법률을 적용하도록 특별한 규정을 두지 않은 이상 재판시 법률을 적용하여야 하므로 과태료를 부과하지 못한다. [23국회8급] (O)

04 과징금부과처분무효확인 - 과징금 [대판 2020.7.9. 2020두36472]

판결요지

[1] 이 사건 **숙박업소**에서 **청소년**인 이 사건 투숙객들이 **남녀 혼숙**한 이상 공중위생영업자인 원고가 공중위생관리법 제11조 제1항 제8호에서 금지하는 '청소년을 남녀 혼숙하게 하는 영업행위'를 하였다고 보아야 한다. 원고의 **대표자나 그 종업원** 등이 이 사건 투숙객들이 청소년이라는 점을 **구체적으로 인식하지 못했더라도 마찬가지**이다.

[2] 그리고 사실관계에 비추어 보면, 원고에게 의무 위반을 탓할 수 없는 '정당한 사유'가 있다고 볼 수도 없다.

그런데도 원심은, 원고나 그 종업원이 이 사건 투숙객들이 청소년임을 알면서도 혼숙하게 하였다고 인정할 증거가 없으므로, 이 사건 위반행위를 이유로 원고에 대하여 공중위생관리법 제11조 제1항 제8호를 적용하여 제재처분을 할 수는 없다고 판단하였다. 이러한 원심 판단에는 「청소년 보호법」상 청소년 남녀 혼숙 금지에 관한 법리를 오해한 잘못이 있다.

| 예상지문 |

> **행정법규 위반**에 대한 **제재처분**은 행정목적의 달성을 위하여 행정법규 위반이라는 **객관적 사실**에 착안하여 가하는 제재이므로, **반드시 현실적인 행위자**가 아니라도 **법령상 책임자**로 규정된 자에게 부과되고, 특별한 사정이 없는 한 위반자에게 **고의나 과실**이 없더라도 부과할 수 있다. (O)

| 기출지문 |

행정상 의무위반행위자에 대하여 **과징금을 부과**하기 위해서는 원칙적으로 위반자의 **고의 또는 과실**이 있어야 한다. [21국가7급] (×)

05 시정명령 등 처분 취소청구의 소 – 과징금 [대판 2021.9.30. 2020두48857]

공정거래위원회의 가맹사업거래의 공정화에 관한 법률 위반행위자에 대한 과징금 부과처분이 재량행위인지 여부(적극) 및 그 재량을 행사할 때의 한계

가맹사업거래의 공정화에 관한 법률(이하 '가맹사업법') 제35조 제1항에 따르면, **공정거래위원회**는 가맹사업법 위반행위에 대하여 **과징금을 부과**할 것인지와 만일 과징금을 부과할 경우 가맹사업법과 같은 법 시행령이 정하고 있는 일정한 범위 안에서 **과징금의 액수**를 구체적으로 얼마로 정할 것인지를 **재량으로 판단**할 수 있으므로, 공정거래위원회의 법 위반행위자에 대한 과징금 부과처분은 재량행위이다. 다만 이러한 재량을 행사하면서 과징금 부과의 기초가 되는 사실을 오인하였거나, 비례·평등원칙에 반하는 사유가 있다면 이는 재량권의 일탈·남용으로서 위법하다.

| 기출지문 |

「가맹사업거래의 공정화에 관한 법률」(이하 「가맹사업법」이라 함)에 따르면, 공정거래위원회는 「가맹사업법」 위반행위에 대하여 과징금을 부과할 것인지, 부과할 경우 과징금 액수를 구체적으로 얼마로 정할 것인지를 재량으로 판단할 수 있다. [23국회8급] (○)

06 과징금부과처분취소 [대판 2021.2.4. 2020두48390]

판결요지

[1] 위반행위가 여러 가지인 경우에 행정처분의 방식과 한계를 정한 관련 규정들의 내용과 취지에다가, 여객자동차운수사업자가 범한 여러 가지 위반행위에 대하여 관할 행정청이 구 여객자동차 운수사업법 제85조 제1항 제12호에 근거하여 사업정지처분을 하기로 선택한 이상 각 위반행위의 종류와 위반 정도를 불문하고 사업정지처분의 기간은 6개월을 초과할 수 없는 점을 종합하면, 관할 행정청이 **사업정지처분을 갈음**하는 **과징금 부과처분**을 하기로 선택하는 경우에도 사업정지처분의 경우와 마찬가지로 **여러 가지 위반행위**에 대하여 **1회에 부과**할 수 있는 **과징금 총액의 최고한도액**은 5,000만 원이라고 보는 것이 타당하다. 관할 행정청이 여객자동차운송사업자의 **여러 가지 위반행위**를 인지하였다면 **전부에** 대하여 **일괄하여 5,000만 원의 최고한도** 내에서 **하나의 과징금** 부과처분을 하는 것이 원칙이고, 인지한 여러 가지 위반행위 중 **일부에 대해서만 우선 과징금** 부과처분을 하고 **나머지**에 대해서는 **차후에 별도의 과징금** 부과처분을 하는 것은 다른 특별한 사정이 없는 한 **허용되지 않는다**. 만약 행정청이 여러 가지 위반행위를 인지하여 그 전부에 대하여 일괄하여 하나의 과징금 부과처분을 하는 것이 가능하였음에도 임의로 몇 가지로 구분하여 각각 별도의 과징금 부과처분을 할 수 있다고 보게 되면, 행정청이 여러 가지 위반행위에 대하여 부과할 수 있는 과징금의 최고한도액을 정한 구 여객자동차 운수사업법 시행령(대통령령) 제46조 제2항의 적용을 회피하는 수단으로 악용될 수 있기 때문이다.

[2] 관할 행정청이 여객자동차운송사업자가 범한 여러 가지 위반행위 중 일부만 인지하여 과징금 부과처분을 하였는데 그 후 과징금 부과처분 시점 이전에 이루어진 **다른 위반행위를 인지**하여 이에 대하여 **별도의 과징금 부과처분**을 하게 되는 경우에도 종전 과징금 부과처분의 대상이 된 위반행위와 추가 과징금 부과처분의 대상이 된 위반행위에 대하여 일괄하여 하나의 과징금 부과처분을 하는 경우와의 형평을 고려하여 추가 과징금 부과처분의 **처분양정이 이루어져야** 한다. 다시 말해, 행정청이 전체 위반행위에 대하여 하나의 과징금 부과처분을 할 경우에 산정되었을 정당한 과징금액에서 이미 부과된 과징금액을 뺀 나머지 금액을 한도로 하여서만 추가 과징금 부과처분을 할 수 있다. 행정청이 여러 가지 위반행위를 언제 인지하였느냐는 우연한 사정에 따라 처분상대방에게 부과되는 과징금의 총액이 달라지는 것은 그 자체로 불합리하기 때문이다.

| 예상지문 |

관할 행정청이 여객자동차운송사업자가 범한 **여러 가지 위반행위** 중 **일부만 인지**하여 **과징금** 부과처분을 한 후 그 과징금 부과처분 시점 **이전**에 이루어진 **다른 위반행위를 인지**하여 이에 대하여 **별도의 과징금** 부과처분을 하게 되는 경우, 각 위반행위가 별개의 위반행위인 이상 **추가 과징금** 부과처분의 **과징금액을 산정**할 때는 이전 과징금 부과처분과 **별도로 산정**하여야 한다.   (×)

| 기출지문 |

관할 행정청이 여객자동차운송사업자가 범한 여러 가지 위반행위 중 일부만 인지하여 과징금 부과처분을 하였는데 그 후 과징금 부과처분 시점 이전에 이루어진 다른 위반행위를 인지하여 이에 대하여 별도의 과징금 부과처분을 하게 되는 경우, 종전 과징금 부과처분의 대상이 된 위반행위와 추가 과징금 부과처분의 대상이 된 위반행위에 대하여 일괄하여 하나의 과징금 부과처분을 하는 경우와의 형평을 고려하여 추가 과징금 부과처분의 처분양정이 이루어져야 한다. [23국가9급]   (O)

07 공무집행방해 · 일반교통방해 · 집시법위반 [대판 2021.10.14. 2018도2993]

판결요지

구 **경찰관 직무집행법 제6조 제1항**은 "경찰관은 **범죄행위가 목전에** 행하여지려고 하고 있다고 인정될 때에는 **이를 예방**하기 위하여 관계인에게 **필요한 경고**를 발하고, 그 행위로 인하여 **인명 · 신체에** 위해를 미치거나 **재산에 중대한 손해**를 끼칠 우려가 있어 **긴급을 요**하는 경우에는 그 **행위를 제지**할 수 있다"라고 정하고 있다. **위 조항 중 경찰관의 제지에 관한 부분**은 범죄의 예방을 위한 경찰 **행정상 즉시강제**, 즉 눈앞의 급박한 **경찰상 장해**를 제거하여야 할 필요가 있고 **의무를 명할 시간적 여유**가 없거나 **의무를 명하는** 방법으로는 그 목적을 달성하기 어려운 상황에서 **의무불이행을 전제로 하지 않고** 경찰이 직접 실력을 행사하여 경찰상 필요한 상태를 실현하는 **권력적 사실행위**에 관한 **근거조항**이다.

| 예상지문 |

구 **경찰관 직무집행법 제6조 제1항** "경찰관은 **범죄행위가 목전에** 행하여지려고 하고 있다고 인정될 때에는 **이를 예방**하기 위하여 관계인에게 **필요한 경고**를 발하고, 그 행위로 인하여 **인명 · 신체에** 위해를 미치거나 **재산에 중대한 손해**를 끼칠 우려가 있어 **긴급을 요**하는 경우에는 그 **행위를 제지**할 수 있다."라고 정하고 있다. 위 조항 중 **경찰관의 제지에 관한 부분**은 **경찰 행정상 즉시강제**로서 **권력적 사실행위**에 관한 **근거조항**이다.   (O)

08 부가가치세등부과처분취소 [대판 2022.1.14. 2017두41108]

세법상 가산세의 법적 성격(=행정상 제재) 및 납세의무자에게 신고·납세 등 의무를 게을리한 점을 탓할 수 없는 정당한 사유가 있는 경우, 세법상 가산세를 부과할 수 있는지 여부(소극) / 가산세를 면할 정당한 사유가 있는지는 개별 세법에 따른 신고·납부기한을 기준으로 판단하여야 하는지 여부(원칙적 적극)

세법상 가산세는 과세권의 행사 및 조세채권의 실현을 용이하게 하기 위하여 납세의무자가 정당한 이유 없이 법에 규정된 신고·납세 등 각종 의무를 위반한 경우에 법이 정하는 바에 따라 부과하는 **행정상의 제재**이다. 따라서 단순한 법률의 부지나 오해의 범위를 넘어 세법해석상 의의(疑意)로 인한 견해의 대립이 있는 등으로 인해 <u>납세의무자가 그 의무를 알지 못하는 것이 무리가 아니었다고 할 수 있어서 그를 정당시할 수 있는 사정이 있을 때 또는 그 의무의 이행을 그 당사자에게 기대하는 것이 무리라고 하는 사정이 있을 때 등 그 의무를 게을리한 점을 탓할 수 없는 **정당한 사유**가 있는 경우에는 이러한 **제재를 과할 수 없다**</u>(대판 2002.8.23. 2002두66, 대판 2016.10.27. 2016두44711 등 참조).

또한 가산세는 세법에서 규정한 신고·납세 등 의무 위반에 대한 제재인 점, 구 국세기본법이 세법에 따른 신고기한이나 납부기한까지 과세표준 등의 신고의무나 국세의 납부의무를 이행하지 않은 경우에 가산세를 부과하도록 정하고 있는 점 등에 비추어 보면, <u>가산세를 면할 **정당한 사유**가 있는지는 특별한 사정이 없는 한 개별 세법에 따른 **신고·납부기한을 기준**으로 판단하여야 한다.</u>

| 예상지문 |

① **세법상 가산세**는 과세권의 행사 및 조세채권의 실현을 용이하게 하기 위하여 납세의무자가 정당한 이유 없이 법에 규정된 신고·납세 등 각종 의무를 위반한 경우에 법이 정하는 바에 따라 부과하는 **행정상의 제재**이다. (O)

② 납세의무자가 세법상 의무를 게을리한 점을 탓할 수 없는 **정당한 사유**가 있는 경우에는 가산세 등의 **제재를 과할 수 없고**, **정당한 사유**가 있는지는 특별한 사정이 없는 한 개별 세법에 따른 **신고·납부기한을 기준**으로 판단하여야 한다. (O)

09 시정명령처분취소 [대판 2022.10.14. 2021두45008]

대지 또는 건축물의 위법상태를 시정할 수 있는 법률상 또는 사실상의 지위에 있지 않은 자가 구 건축법 제79조 제1항에 따른 시정명령의 상대방이 될 수 있는지 여부(소극)

구 건축법 제79조 제1항에 따른 **시정명령**은 대지나 건축물이 <u>건축 관련 법령 또는 건축 허가 조건을 위반한 상태를 해소하기 위한 조치를 명하는 처분</u>으로, 건축 관련 법령 등을 **위반한 객관적 사실**이 있으면 할 수 있고, 원칙적으로 시정명령의 상대방에게 **고의·과실**을 요하지 아니하며 대지 또는 건축물의 <u>위법상태를 **직접 초래**하거나 또는 그에 **관여한 바 없다**</u>고 하더라도 **부과할 수 있다**. 그러나 건축법상 위법상태의 해소를 목적으로 하는 시정명령 제도의 본질상, 시정명령의 이행을 기대할 수 없는 자, 즉 대지 또는 건축물의 위법상태를 시정할 수 있는 법률상 또는 사실상의 지위에 있지 않은 자는 시정명령의 상대방이 될 수 없다고 보는 것이 타당하다. 시정명령의 이행을 기대할 수 없는 자에 대한 시정명령은 위법상태의 시정이라는 행정목적 달성을 위한 적절한 수단이 될 수 없고, 상대방에게 불가능한 일을 명령하는 결과밖에 되지 않기 때문이다.

| 예상지문 |

대지 또는 건축물의 **위법상태를 시정**할 수 있는 **법률상 또는 사실상의 지위**에 있지 않더라도 해당 대지 또는 건축물에 소유관계가 있는 경우에는 구 건축법 제79조 제1항에 따른 **시정명령의 상대방**이 될 수 있다. (×)

| 기출지문 |

시정명령은 법령위반의 **객관적 사실**이 있으면 할 수 있고 원칙적으로 시정명령의 상대방에게 **고의·과실**이 있을 것을 요하지 아니한다. [23-1]   (○)

10 택시운송사업면허 취소처분 취소 청구 [대판 2022.2.17. 2019두55835]

택시운송사업자가 소속 택시운수종사자가 아닌 사람 한 명에게 1대의 택시만을 제공하였더라도 택시운송사업의 발전에 관한 법률 제18조 제1항 제2호에 따른 제재처분의 처분사유에 해당하는지 여부(적극)

택시운송사업자가 소속 택시운수종사자가 아닌 사람 한 명에게 1대의 택시만을 제공하였더라도 이는 택시운송사업의 발전에 관한 법률(이하 '택시발전법') 제12조 제2항을 위반한 것으로서 택시발전법 제18조 제1항 제2호에 따른 제재처분의 처분사유에 해당한다고 보아야 한다. 다만 위와 같은 경우에 행정청이 해당 운송사업자의 택시운송사업면허 전부를 취소하는 처분을 하였다면 행정청이 비례의 원칙을 위반하여 그 재량의 한계를 일탈·남용하였는지를 살펴 그 처분의 정당성 여부를 판단하면 될 것이다.

적어도 이 사건 운전자들 중 일부는 택시발전법 제12조 제2항에서 정한 '소속 택시운수종사자가 아닌 사람(형식상의 근로계약에도 불구하고 실질적으로는 소속 택시운수종사자가 아닌 사람을 포함)'에 해당한다고 볼 여지가 충분하다. 그런데도 원심은 그 판시와 같은 사정만을 들어 이 사건 운전자들이 원고 소속 택시운수종사자에 해당한다고 인정하였다. 이러한 원심 판단에는 택시발전법 제12조 제2항에 관한 법리를 오해하여 필요한 심리를 다하지 아니하거나 논리와 경험의 법칙을 위반하여 자유심증주의의 한계를 벗어난 잘못이 있다. 이 점을 지적하는 상고이유의 주장은 이유 있다. [파기환송]

| 예상지문 |

택시운송사업자가 소속 택시운수종사자가 아닌 사람 한 명에게 1대의 택시만을 제공하였더라도 택시운송사업의 발전에 관한 법률 제18조 제1항 제2호에 따른 제재처분의 처분사유에 해당한다.   (○)

11 시정명령 등 취소청구의 소 [대판 2022.3.17. 2019두35978]

[1] 공정거래위원회가 조사에 착수한 시점 전후에 걸쳐 위반행위가 계속된 경우, 구 독점규제 및 공정거래에 관한 법률 부칙(2012. 3. 21.) 제3조에서 정하는 조사개시일(=위반행위 종료일)

[2] 사업자 등이 구 표시·광고의 공정화에 관한 법률 제3조 제1항을 위반하여 상품의 용기 등에 한 부당한 표시와 함께 해당 상품을 유통할 수 있는 상태가 계속되는 경우, 그 위반행위를 시정하기 위하여 필요한 조치가 완료될 때까지 부당한 표시행위로 인한 위법상태가 계속되는지 여부(적극) 및 이때 위반행위 종료일(=위법상태가 종료된 때)

구「독점규제 및 공정거래에 관한 법률」(이하 '개정 전 공정거래법') 제49조 제4항 본문은 "공정거래위원회는 이 법의 규정에 위반하는 행위가 종료한 날부터 5년을 경과한 경우에는 당해 위반행위에 대하여 이 법에 의한 시정조치를 명하지 아니하거나 과징금 등을 부과하지 아니한다"라고 정하고 있었다. 그러나 2012. 3. 21. 법률 제11406호로 개정되어 2012. 6. 22. 부터 시행된 구「독점규제 및 공정거래에 관한 법률」(이하 '개정 공정거래법') 제49조 제4항 본문은 공정거래위원회가 이 법 위반행위에 대하여 조사를 개시한 경우에는 <u>조사개시일부터 5년</u>(제1호), 조사를 개시하지 아니한 경우에는 해당 위반행위의 종료일부터 7년(제2호)이 <u>경과한 경우에는</u> 이 법 위반행위에 대하여 이에 따른 시정조치를 명하지 않거나 과징금을 부과하지 않도록 정하고 있다. 다만 위 제49조 제4항의 개정규정은 2012년 개정 공정거래법 시행 후 같은 조 제1항 또는 제2항에 따라 최초로 조사하는 사건부터 적용한다[부칙(2012. 3. 21.) 제3조, 이하 '이 사건 부칙조항'].

원심은 다음과 같이 판단하였다. 원고의 이 사건 표시·광고행위에 관하여 개정 공정거래법 시행 전에 이미 최초의 조사가 개시되었으므로 이 사건 부칙조항에 따라 이 사건 제척기간에 관해서는 개정 전 공정거래법이 적용된다. 이 사건 각 표시행위는 2011. 8. 31., 이 사건 각 광고행위는 2011. 11. 17. 종료되었으므로 개정 전 공정거래법 제49조 제4항 본문에 따라 그로부터 5년이 지난 후에 이루어진 이 사건 처분은 제척기간이 지나 위법하다.

그러나 원심판단은 다음과 같은 이유로 받아들일 수 없다.

<u>공정거래위원회가 조사에 착수한 시점 전후에 걸쳐 위반행위가 계속된 때에는 그 위반행위가 종료된 시점에서야 비로소 '최초로 조사하는 사건'에 해당된다고 할 것이므로, 이 경우 이 사건 부칙조항에서 정하는 조사개시일은 그 '위반행위 종료일'로 봄이 타당하다</u>(제척기간의 기산점에 관한 대판 2021.1.14. 2019두59639 참조).

그런데도 원심은 이를 제대로 심리하지 않은 채, 피고의 조사가 개정 공정거래법 시행 이전에 개시되어 제척기간에 관하여 개정 전 공정거래법이 적용되는 것을 전제로 원고가 이 사건 제품의 생산을 중단한 2011. 8. 31. 이 사건 각 표시행위가 종료되었다고 단정하여, 표시광고법 제16조 제2항 전단에 따라 준용되는 개정 전 공정거래법 제49조 제4항 본문에 따라 그 위반행위 종료일부터 5년이 지난 다음에 이루어진 이 사건 처분은 제척기간이 지나 위법하다고 판단하였다. 원심판결에는 표시광고법상 부당한 표시행위의 종료일, 이 사건 부칙조항에서 정한 '최초로 조사하는 사건'과 개정 공정거래법 제49조 제4항에서 정한 '조사개시일'에 관한 법리를 오해하여 필요한 심리를 다하지 않아 판결에 영향을 미친 잘못이 있다. 이를 지적하는 상고이유 주장은 정당하다. [파기환송]

| 예상지문 |

① 공정거래위원회가 **조사에 착수한** 시점 **전후에 걸쳐 위반행위**가 계속된 때에는 그 위반행위가 종료된 시점에서야 비로소 '최초로 조사하는 사건'에 해당된다고 할 것이므로, 이 경우 이 사건 부칙조항에서 정하는 **조사개시일**은 그 '**위반행위 종료일**'로 봄이 타당하다. (○)

② 사업자 등이 구 표시광고법 제3조 제1항을 위반하여 상품용기 등에 한 부당한 표시와 함께 해당 상품을 유통할 수 있는 상태가 계속되는 경우, 그 위반행위를 시정하기 위하여 필요한 조치가 완료될 때까지 부당한 표시행위로 인한 **위법상태가 계속**되고, 그러한 '**위법상태가 종료된 때**'를 '**위반행위 종료일**'로 보아야 한다. (○)

제9장 행정절차

01 텔레비전방송수신료부과처분취소 – 행정절차법의 적용범위 [대판 2023.9.21, 2023두39724]

[1] 행정청이 침해적 행정처분을 하면서 행정절차법 제21조 내지 제23조에서 정한 사전 통지, 의견 청취, 이유 제시 절차를 거치지 않은 경우, 그 처분이 위법한지 여부(원칙적 적극)

행정절차에 관한 일반법인 행정절차법 제21조 내지 제23조에서 사전 통지, 의견청취, 이유 제시에 관하여 정하고 있다. 행정청이 당사자에게 의무를 부과하거나 권익을 제한하는 처분을 하는 경우에는 미리 '처분의 제목', '처분하려는 원인이 되는 사실과 처분의 내용 및 법적 근거', '이에 대하여 의견을 제출할 수 있다는 뜻과 의견을 제출하지 아니하는 경우의 처리방법', '의견제출기관의 명칭과 주소', '의견제출기한' 등의 사항을 당사자 등에게 통지하여야 하고(제21조 제1항), 다른 법령 등에서 필수적으로 청문을 하거나 공청회를 개최하도록 규정하고 있지 않은 경우에도 당사자 등에게 의견제출의 기회를 주어야 하며(제22조 제3항), 행정청이 처분을 할 때에는 원칙적으로 당사자에게 그 근거와 이유를 제시해야 한다(제23조 제1항). 따라서 행정청이 침해적 행정처분을 하면서 위와 같은 절차를 거치지 않았다면 원칙적으로 그 처분은 위법하여 취소를 면할 수 없다(대판 2019.1.31. 2016두64975, 대판 2020.7.23. 2017두66602 등 참조, 114쪽).

[2] 국가에 대해 행정처분을 할 때에도 사전 통지, 의견청취, 이유 제시와 관련한 행정절차법이 그대로 적용되는지 여부(적극)

행정절차법 제2조 제4호에 의하면, '당사자 등'이란 행정청의 처분에 대하여 직접 그 상대가 되는 당사자와 행정청이 직권 또는 신청에 의하여 행정절차에 참여하게 한 이해관계인을 의미하는데, 같은 법 제9조에서는 자연인, 법인, 법인 아닌 사단 또는 재단 외에 '다른 법령 등에 따라 권리ㆍ의무의 주체가 될 수 있는 자' 역시 '당사자 등'이 될 수 있다고 규정하고 있을 뿐, 국가를 '당사자 등'에서 제외하지 않고 있다. 또한 행정절차법 제3조 제2항에서 행정절차법이 적용되지 않는 사항을 열거하고 있는데, '국가를 상대로 하는 행정행위'는 그 예외사유에 해당하지 않는다.

위와 같은 행정절차법의 규정과 행정의 공정성ㆍ투명성 및 신뢰성 확보라는 행정절차법의 입법 취지 등을 고려해 보면, 행정기관의 처분에 의하여 불이익을 입게 되는 국가를 일반 국민과 달리 취급할 이유가 없다. 따라서 **국가에 대해 행정처분**을 할 때에도 사전 통지, 의견청취, 이유 제시와 관련한 **행정절차법**이 **그대로 적용된다**고 보아야 한다.

[3] 조세나 부과금 등의 부담금에 관한 법률을 해석하는 방법 / 이는 텔레비전방송수신료의 부과 및 면제요건을 해석할 때에도 마찬가지인지 여부(적극) / '군 영내'에 있는 텔레비전수상기는 사용 목적과 관계없이 등록의무가 면제되는 수상기로서 텔레비전방송수신료를 부과할 수 없는지 여부(적극)

조세나 부과금 등의 부담금에 관한 법률의 해석에 관하여, 부과요건이거나 감면요건을 막론하고 특별한 사정이 없는 한 법문대로 해석해야 하고 합리적 이유 없이 확장해석하거나 유추해석하는 것은 허용되지 않는다(대판 2022.12.29. 2022다218585 등 참조). 이는 텔레비전수상기(이하 '수상기')를 소지한 특정 집단에 대하여 부과되는 특별부담금인 텔레비전방송수신료(이하 '수신료')의 부과 및 면제요건을 해석할 때에도 마찬가지이다.

방송법 제64조 단서에 의하면 대통령령으로 정하는 수상기에 대해서는 등록을 면제할 수 있고, 방송법 시행령 제39조 제10호는 '군 및 의무경찰대 영내에 갖추고 있는 수상기'를 등록이 면제되는 수상기로 정하고 있다. 그런데 위 시행령 제39조 각호에서는 등록이 면제되는 수상기를 제10호와 같이 수상기가 위치한 장소만을 요건으로 하는 경우와 제12호, 제13호와 같이 장소 외에 그 용도까지 함께 요건으로 하는 경우를 구분하여 규율하는 방식을 취하고 있다. 따라서 '군 영내'에 있는 수상기는 사용 목적과는 관계없이 등록의무가 면제되는 수상기로서 이에 대하여는 수신료를 부과할 수 없다.

02 폐기물처리사업계획부적합통보처분취소 [대판 2020.7.23. 2020두36007]

행정절차법 제17조 제5항이 행정청으로 하여금 신청에 대하여 거부처분을 하기 전에 반드시 신청인에게 신청의 내용이나 처분의 실체적 발급요건에 관한 사항까지 보완할 기회를 부여하여야 할 의무를 정한 것인지 여부(소극)

행정절차법 제17조에 따르면, 행정청은 신청에 구비서류의 미비 등 흠이 있는 경우에는 보완에 필요한 상당한 기간을 정하여 지체 없이 신청인에게 보완을 요구하여야 하고(제5항), 신청인이 그 기간 내에 보완을 하지 않았을 때에는 그 이유를 구체적으로 밝혀 접수된 신청을 되돌려 보낼 수 있으며(제6항), 신청인은 처분이 있기 전에는 그 신청의 내용을 보완·변경하거나 취하할 수 있다(제8항 본문).

이처럼 행정절차법 제17조가 '구비서류의 미비 등 흠의 보완'과 '신청 내용의 보완'을 분명하게 구분하고 있는 점에 비추어 보면, 행정절차법 제17조 제5항은 신청인이 신청할 때 관계 법령에서 필수적으로 첨부하여 제출하도록 규정한 서류를 첨부하지 않은 경우와 같이 **쉽게 보완이 가능한** 사항을 누락하는 등의 흠이 있을 때 행정청이 곧바로 거부처분을 하는 것보다는 신청인에게 **보완할 기회를 주도록** 함으로써 행정의 공정성·투명성 및 신뢰성을 확보하고 국민의 권익을 보호하려는 행정절차법의 입법 목적을 달성하고자 함이지, 행정청으로 하여금 신청에 대하여 거부처분을 하기 전에 반드시 신청인에게 신청의 내용이나 처분의 **실체적 발급요건**에 관한 사항까지 **보완할 기회**를 부여하여야 할 **의무를** 정한 것은 **아니라**고 보아야 한다.

| 예상지문 |

행정청은 신청에 **구비서류의 미비** 등 흠이 있는 경우 보완에 필요한 상당한 기간을 정하여 지체 없이 신청인에게 **보완을 요구하여야** 하며, 신청의 내용이나 **처분의 실체적 발급요건**에 관한 사항을 **보완할 기회**를 부여하여야 할 **의무가 있다.**   (×)

03 중국전담여행사 지정취소처분 취소 – 처분기준의 설정·공표 [대판 2020.12.24. 2018두45633]

이 유

가. 행정절차법 **제20조는 제1항**에서 "행정청은 필요한 **처분기준을** 해당 처분의 성질에 비추어 되도록 구체적으로 정하여 **공표하여야** 한다. **처분기준을 변경하는** 경우에도 또한 같다"라고 규정하면서 제2항에서 "제1항에 따른 처분기준을 공표하는 것이 해당 처분의 성질상 현저히 곤란하거나 공공의 안전 또는 복리를 현저히 해치는 것으로 인정될 만한 상당한 이유가 있는 경우에는 처분기준을 공표하지 아니할 수 있다"라고 규정하고 있다.

나. 이와 같이 행정청으로 하여금 처분기준을 구체적으로 정하여 공표하도록 한 것은 해당 처분이 가급적 미리 공표된 기준에 따라 이루어질 수 있도록 함으로써 해당 처분의 상대방으로 하여금 결과에 대한 예측가능성을 높이고 이를 통하여 행정의 공정성, 투명성, 신뢰성을 확보하며 행정청의 자의적인 권한행사를 방지하기 위한 것이다. 그러나 처분의 성질상 처분기준을 미리 공표하게 되면 행정목적을 달성할 수 없게 되거나 행정청에게 일정한 범위 내에서 재량권을 부여함으로써 구체적인 사안에서 개별적인 사정들을 고려하여 탄력적으로 처분이 이루어지도록 하는 것이 오히려 공공의 안전이나 복리에 더 적합한 경우가 있을 수 있으므로, 그와 같은 경우에는 행정절차법 제20조 제2항에 따라 처분기준을 따로 **공표하지 아니**하거나 **개략적으로만** 공표할 수도 있다(대판 2019.12.13. 2018두41907 등 참조). 행정청은 당초에 공표된 **처분기준을 변경**하는 경우에도 위 제2항이 정한 예외에 해당하지 않는 한 변경된 처분기준을 **다시 공표하여야** 한다.

다. 행정청이 행정절차법 제20조 제1항의 처분기준 사전공표 의무를 위반하여 **미리 공표하지 아니한** 기준을 적용하여 처분을 하였다고 하더라도, 그러한 사정만으로 **곧바로** 해당 처분에 **취소사유에** 이를 정도의 **흠이 존재**한다고 볼 수는 **없다**. 다만 해당 처분에 적용한 기준이 상위법령의 규정이나 신뢰보호의 원칙 등과 같은 법의 일반원칙을 위반하였거나 객관적으로 합리성이 없다고 볼 수 있는 구체적인 사정이 있다면 해당 처분은 위법하다고 평가할 수 있다. 그 구체적인 이유는 다음과 같다.

(1) 행정청이 **행정절차법 제20조 제1항**에 따라 정하여 **공표한 처분기준**은, 그것이 해당 처분의 근거법령에서 구체적 위임을 받아 제정·공포되었다는 특별한 사정이 없는 한, 원칙적으로 **대외적 구속력이 없는 행정규칙**에 해당하는 것으로 보아야 한다.

(2) 처분이 적법한지는 행정규칙에 적합한지 여부가 아니라 상위법령의 규정과 입법 목적 등에 적합한지 여부에 따라 판단해야 한다(대판 2013.9.12. 2011두10584 참조). 처분이 행정규칙을 위반하였다고 하여 그러한 사정만으로 곧바로 위법하게 되는 것은 아니고(대판 2009.12.24. 2009두7967 참조), 처분이 행정규칙을 따른 것이라고 하여 적법성이 보장되는 것도 아니다. 행정청이 미리 공표한 기준, 즉 행정규칙을 따랐는지 여부가 처분의 적법성을 판단하는 결정적인 지표가 되지 못하는 것과 마찬가지로, 행정청이 미리 공표하지 않은 기준을 적용하였는지 여부도 처분의 적법성을 판단하는 결정적인 지표가 될 수 없다고 보아야 한다.

(3) 행정청이 정하여 공표한 처분기준이 과연 구체적인지 여부 또는 행정절차법 제20조 제2항에서 정한 처분기준 사전공표 의무의 예외사유에 해당하는지 여부는 일률적으로 단정하기 어렵고, 구체적인 사안에 따라 개별적으로 판단하여야 한다. 만약 행정청이 행정절차법 제20조 제1항에 따라 구체적인 처분기준을 사전에 공표한 경우에만 적법하게 처분을 할 수 있는 것이라고 보게 되면, 처분의 적법성이 지나치게 불안정해지고 개별법령의 집행이 사실상 유보·지연되는 문제가 발생하게 된다.

라. 행정청이 관계법령의 규정이나 또는 자체적인 판단에 따라 처분상대방에게 특정한 권리나 이익 또는 지위 등을 부여한 후 일정한 기간마다 심사하여 그 갱신 여부를 판단하는 이른바 '갱신제'를 채택하여 운용하는 경우에는, 처분상대방은 합리적인 기준에 의한 공정한 심사를 받아 그 기준에 부합되면 특별한 사정이 없는 한 갱신되리라는 기대를 가지고 갱신 여부에 관하여 **합리적인 기준에 의한 공정한 심사를 요구할 권리**를 가진다고 보아야 한다.
여기에서 '공정한 심사'란 갱신 여부가 행정청의 자의가 아니라 객관적이고 합리적인 기준에 의하여 심사되어야 할 뿐만 아니라, 처분상대방에게 사전에 심사기준과 방법의 예측가능성을 제공하고 사후에 갱신 여부 결정이 합리적인 기준에 의하여 공정하게 이루어졌는지를 검토할 수 있도록 심사기준이 사전에 마련되어 공표되어 있어야 함을 의미한다(대판 2011.1.13. 2010두1835 등 참조).

사전에 공표한 심사기준 중 경미한 사항을 변경하거나 다소 불명확하고 추상적이었던 부분을 명확하게 하거나 구체화하는 정도를 뛰어넘어, 심사대상기간이 이미 경과하였거나 또는 상당 부분 경과한 시점에서 처분상대방의 갱신 여부를 좌우할 정도로 중대하게 변경하는 것은 갱신제의 본질과 사전에 공표된 심사기준에 따라 공정한 심사가 이루어져야 한다는 요청에 정면으로 위배되는 것이므로, 갱신제 자체를 폐지하거나 갱신상대방의 수를 종전보다 대폭 감축할 수밖에 없도록 만드는 중대한 공익상 필요가 인정되거나 관계 법령이 제·개정되었다는 등의 특별한 사정이 없는 한, 허용되지 않는다고 보아야 한다.

| 기출지문 |

① 이미 공표된 '종전 처분기준'을 다시 변경하는 경우에도 공공의 안전 또는 복리를 현저히 해치는 등 예외적인 사유에 해당하지 않는 한, '변경된 처분기준'을 다시 공표하여야 한다. [23변시]　　　　　　　　　　　(○)

② '변경된 처분기준'은 근거 법령에서 구체적 위임을 받아 제정·공포되었다는 특별한 사정이 없는 한, 원칙적으로 대외적 구속력이 없는 행정규칙에 해당한다. [23변시]　　　　　　　　　　　(○)

③ 사전에 공표한 갱신기준을 심사대상기간이 이미 경과하였거나 상당부분 경과한 시점에서 처분상대방의 갱신 여부를 좌우할 정도로 중대하게 변경하는 것은 특별한 사정이 없는 한 허용되지 않는다. [23변시]　　(○)

④ 문화체육부장관이 「행정절차법」상 처분기준 사전공표 의무를 위반하여 미리 공표하지 아니한 기준을 적용하여 처분을 하였다면 공표하지 아니한 사실은 그 자체로 명백한 하자이므로 무효사유에 해당한다. [24변시, 23변시, 23-1, 22-3]　　　　　　　　　　　　　　　　　　　　　　　　　　　　　(×)

⑤ 문화체육부장관은 「행정절차법」 제20조 제2항에 따라 공공의 안전을 이유로 예외가 인정된다면 처분기준을 따로 공표하지 않거나 개략적으로 공표할 수 있다. [22-3]　　　　　　　　　　　(○)

⑥ 처분상대방은 합리적인 기준에 의한 공정한 심사를 받아 그 기준에 부합되면 특별한 사정이 없는 한 갱신되리라는 기대를 가지고 갱신 여부에 관하여 합리적인 기준에 의한 공정한 심사를 요구할 권리를 가진다. [22-3]　　　　　　　　　　　　　　　　　　　　　　　　　　　　　　　　(○)

⑦ 문화체육부장관이 사전에 공표한 평가기준 중 경미한 사항을 변경하거나 다소 불명확하고 추상적이었던 부분을 명확하게 하거나 구체화하는 정도는 허용된다. [22-3]　　　　　　　　　(○)

| 기출문제 |

코로나19 팬데믹 이후 국내 관광산업에서 Y국 단체 관광객의 중요성이 증가하고 있다. 이를 관리하기 위하여 「관광진흥법」을 모법으로 하여 대통령령으로 제정된 「전담여행사 지정을 통한 한-Y국 관광교류 촉진 규정」은 Y국 전담여행사 지정 및 관리 등에 관한 기준을 문화체육관광부령으로 정하도록 위임하고 있다. 그럼에도 불구하고 문화체육관광부 장관 B는 「Y국 단체 관광객 전담여행사 지정·관리업무 시행지침」(이하 '이 사건 지침')을 고시의 형식으로 제정하였다. (이상의 법령 상황은 가상의 것임)

그런데, B는 이 사건 지침을 제정하면서 「행정절차법」 제20조에 따른 공표는 하지 않았다. 乙은 국내외 여행업을 주된 영업 분야로 하는 자로서 Y국 단체 관광객을 위한 전담여행사 지정을 신청하였으나, B는 이 사건 지침이 정한 요건을 충족하지 못함을 이유로 그 신청을 거부하였다. [24입시]

(1) 乙은 이 사건 지침이 사전에 공표되지 않아 「행정절차법」에 위반되므로 이 사건 지침에 근거한 거부가 위법하다고 주장한다. 乙의 주장은 타당한가? (15점)

판결요지

[1] 행정절차에 관한 일반법인 행정절차법 제21조, 제22조에서 사전 통지와 의견청취에 관하여 정하고 있다. 행정청이 **침해적 행정처분**을 하면서 당사자에게 행정절차법상의 **사전 통지**를 하거나 **의견제출의 기회**를 주지 않았다면, 사전 통지를 하지 않거나 의견제출의 기회를 주지 않아도 되는 예외적인 경우에 해당하지 않는 한, 그 처분은 **위법하여 취소**를 면할 수 없다.

[2] 행정절차법 제21조, 제22조, 행정절차법 시행령 제13조의 내용을 행정절차법의 입법 목적과 의견청취 제도의 취지에 비추어 종합적·체계적으로 해석하면, 행정절차법 시행령 제13조 제2호에서 정한 "법원의 재판 또는 준사법적 절차를 거치는 행정기관의 결정 등에 따라 처분의 전제가 되는 사실이 **객관적으로 증명**되어 처분에 따른 의견청취가 불필요하다고 인정되는 경우"는 법원의 재판 등에 따라 처분의 전제가 되는 사실이 객관적으로 증명되면 행정청이 반드시 일정한 처분을 해야 하는 경우 등 의견청취가 행정청의 **처분 여부**나 그 **수위 결정**에 영향을 미치지 **못하는** 경우를 의미한다고 보아야 한다. 처분의 전제가 되는 '**일부**' 사실만 증명된 경우이거나 **의견청취에 따라** 행정청의 **처분 여부**나 **처분 수위**가 **달라질 수 있는** 경우라면 위 **예외사유**에 해당하지 **않는다**.

[3] 관할 시장이 甲에게 구 폐기물관리법(이하 '폐기물관리법') 제48조 제1호에 따라 토지에 장기보관 중인 폐기물을 처리할 것을 명령하는 1차, 2차 조치명령을 각각 하였고, 甲이 위 각 조치명령을 불이행하였다고 하여 폐기물관리법 위반죄로 유죄판결이 각각 선고·확정되었는데, 이후 관할 시장이 폐기물 방치 실태를 확인하고 별도의 사전 통지와 의견청취 절차를 밟지 않은 채 甲에게 폐기물 처리에 관한 3차 조치명령을 한 사안에서, 甲이 3차 조치명령 이전에 관할 시장으로부터 1차, 2차 조치명령을 받았고, 형사재판절차에서 위 각 조치명령 불이행의 범죄사실에 관하여 유죄판결을 선고받은 후 그 판결이 확정되었다고 하더라도, 2차 조치명령 당시부터는 물론이고, 2차 조치명령 불이행으로 인한 유죄판결 확정 이후부터 3차 조치명령 당시까지 시간적 간격이 있으므로 사정변경의 여지가 있는데, 위 각 유죄판결에 따라 '甲이 폐기물을 방치하여 1차 및 2차 조치명령을 받았고 이를 불이행하였다'는 사실이 객관적으로 증명된 경우라고 볼 수는 있으나, 나아가 위 유죄판결에 따라 '3차 조치명령 당시 토지에 방치된 폐기물을 적정하게 처리하지 않고 있다'는 처분사유가 객관적으로 증명되었다고 단정하기는 어렵고, 또한 3차 조치명령의 근거 법률인 폐기물관리법 제48조의 문언과 체제에 비추어 보면 이 규정에 따른 폐기물 처리 조치명령은 재량행위에 해당하므로, 3차 조치명령은 법원의 재판 등에 따라 처분의 전제가 되는 사실이 객관적으로 증명되면 행정청이 반드시 일정한 처분을 해야 하는 경우 등 의견청취가 행정청의 처분 여부나 그 수위 결정에 영향을 미치지 못하는 경우에 해당한다고 보기 어려워, 행정절차법 시행령 제13조 제2호에서 정한 사전 통지, 의견청취의 예외사유에 해당하지 않는다.

┃ 예상지문 ┃

> 행정절차법 시행령 제13조 제2호에서 정한 "법원의 재판 또는 준사법적 절차를 거치는 행정기관의 결정 등에 따라 처분의 전제가 되는 사실이 객관적으로 증명되어 처분에 따른 의견청취가 불필요하다고 인정되는 경우"는 **법원의 재판** 등에 따라 **처분의 전제가** 되는 사실이 **객관적으로 증명**되면 행정청이 **반드시 일정한 처분을 해야 하는** 경우 등 의견청취가 행정청의 **처분 여부**나 그 **수위 결정**에 영향을 미치지 **못하는 경우**를 의미하며, 처분의 전제가 되는 **일부 사실만 증명**된 경우도 포함한다.   (×)

05 해임처분취소 - 이유제시 [대판 2022.7.14. 2022두33323]

성비위행위 관련 징계에서 징계대상자에게 피해자의 '실명' 등 구체적인 인적사항이 공개되지 않았으나 징계혐의사실이 서로 구별될 수 있을 정도로 특정되어 있고 징계대상자가 징계사유의 구체적인 내용과 피해자를 충분히 알 수 있다고 인정되는 경우, 징계절차상 방어권 행사에 실질적인 지장이 초래된다고 볼 수 있는지 여부(소극)

성비위행위의 경우 각 행위가 이루어진 상황에 따라 그 행위의 의미 및 피해자가 느끼는 불쾌감 등이 달라질 수 있으므로, 징계대상자의 방어권을 보장하기 위해서 각 행위의 일시, 장소, 상대방, 행위 유형 및 구체적 상황이 다른 행위들과 구별될 수 있을 정도로 특정되어야 함이 원칙이다. 그러나 각 징계혐의사실이 서로 구별될 수 있을 정도로 특정되어 있고, 징계대상자가 징계사유의 구체적인 내용과 피해자를 충분히 알 수 있다고 인정되는 경우에는 징계대상자에게 **피해자의 '실명'** 등 구체적인 인적사항이 **공개되지 않는다**고 하더라도, 그와 같은 사정만으로 징계대상자의 **방어권 행사에 실질적인 지장**이 초래된다고 볼 수 **없다**. 특히 성희롱 피해자의 경우 2차 피해 등의 우려가 있어 실명 등 구체적 인적사항 공개에 더욱 신중히 처리할 필요가 있다는 점에서 더욱 그러하다.

예상지문

성비위행위 관련 징계에서 징계대상자에게 **피해자의 '실명'** 등 구체적인 인적사항이 공개되지 않았다면, 징계혐의사실이 서로 구별될 수 있을 정도로 특정되어 있고 징계대상자가 징계사유의 구체적인 내용과 피해자를 충분히 알 수 있다고 인정되는 경우라 하더라도, 징계절차상 **방어권 행사**에 **실질적인 지장**이 초래된다고 볼 수 있다.

(×)

06 출국명령처분취소 [대구지법 2024.1.10. 2023구단11356]

판결요지

우즈베키스탄 국적의 외국인 甲이 대한민국 **국민** 乙과 혼인하여 **결혼이민 체류자격 허가**를 받아 대한민국에 입국한 뒤 **영주 체류자격**으로 변경허가를 받아 체류해오다 乙과 **협의이혼**하였는데, 이후 乙과의 **위장결혼이 의심**되어 실시한 실태조사 결과 甲이 정상적인 혼인상태가 아님이 명백함에도 불구하고 부정한 방법으로 영주 체류자격을 취득하였다고 판단하여 관할 **출입국·외국인사무소 출장소장**이 출입국관리법 제89조의2 제1항 제1호에 따른 **甲의 영주 체류자격 허가 취소**와 같은 법 제68조 제1항 제3호의2에 따른 **출국명령**을 하며, 출석 요청에 따라 사무소를 방문한 **甲에게 구두로** 영주 체류자격이 **취소되었다고 통보**하였을 뿐 체류자격 취소처분의 **처분서를 교부하지 않고, 출국명령의 처분서만**을 교부한 사안이다.

위 출국명령은 甲에 대한 영주 체류자격이 적법하게 취소되었을 것을 전제로 하는 것이어서 체류자격 **취소처분과 출국명령**은 선행처분과 후행처분의 관계에 있는데, ① 체류자격 취소처분의 경우 '처분서 작성·교부' 절차를 거치기 곤란하거나 거칠 필요가 없다고 보기 어렵고, 출장소장이 '처분서 작성·교부' 절차에 준하는 절차를 거쳤다고 볼 만한 증거도 없으며, 구 출입국관리법 시행령(대통령령) 제94조 제1항에서 '체류자격 취소처분을 한 때에는 해당 외국인에게 그 취소 사실을 알려야 한다.'는 부분은 '처분서 작성·교부' 절차를 대체하는 규정이라고 볼 수 없고, '그 뜻을 여권에 적을 수 있다.'는 부분은 체류자격 취소처분의 후속절차를 규정한 것으로 보여 '처분서 작성·교부' 절차에 준하는 절차를 규정하고 있는 것으로 보기도 어려우므로, **체류자격 취소처분에는 행정절차법 제24조 제1항**에서 정한 **'처분서 작성·교부'**에 관한 사항이 **그대로 적용**된다고 봄이 타당한 점, ② 체류자격 취소처분 시 '처분서 작성·교부' 절차를 준수하지 못할 긴급한 사정이 있다거나 그것이 공공의 안전 또는 복리와 관계된다고 보기 어려워, 행정절차법 제24조 제2항에서 정한 '공공의 안전 또는 복리를 위하여 긴급히 처분을 할 필요가 있는 경우'에 해당한다고 보기 어렵고, 출장소장 또한 체류자격 취소처분의 처분서를 교부하지 아니한 경위에 관하여 공공의 안전 또는 복리를 위한 긴급한 사정이 있었다고 주장하는 것이 아니라, 甲의 의견진술 절차가 일과시간 이후까지 진행되면서 담당공무원의 실수가 있었다고 주장할 뿐이므로, 출장소장이 甲에게 처분서를 교부함에 있어 어떠한 장애가 있었다고 보기도 어려운 점, ③ 행정절차법 제24조 제2항은 '사안이 경미한 경우'를 '처분서 작성·교부' 절차의 예외로 규정하고 있는데, 체류자격이 취소될 경우 해당 외국인은 강제퇴거(출입국관리법 제46조 제1항 제8호), 출국명령(출입국관리법 제68조 제1항 제3호)의 대상이 되므로, 이러한 불이익을 고려할 때 일반체류자격에 관한 체류자격 취소처분의 경우에도 행정절차법 제24조 제2항에서 정한 '사안이 경미한 경우'에 해당한다고 보기 어렵고, 더욱이 출입국관리법령은 체류자격 가운데 영주자격을 가진 외국인에 대하여 그 권리를 더욱 두텁게 보호하고 있어, **체류자격 가운데서도 영주자격 취소는 자격 소지 외국인의 대한민국 내 체류 및 활동에 관한 권리를 중대하게 제한하는 것에 해당하여 일반체류자격 취소와 비교하여 행정절차법 제24조 제1항 등에 기한 절차적 권리가 보다 엄격하게 보장되어야 하는 점** 등을 종합하면, **선행처분인 체류자격 취소처분은 행정절차법 제24조 제1항을 위반한 것으로서 그 하자가 중대·명백하여 당연무효에 해당**하므로, 이를 기초로 이루어진 후행처분인 출국명령도 위법하다고 한 사례이다.

| 예상지문 |

> ① **체류자격 취소처분**에는 **행정절차법 제24조 제1항**에서 정한 **'처분서 작성·교부'**에 관한 사항이 그대로 적용된다. (○)
>
> ② 체류자격 가운데서도 **영주자격 취소**는 자격 소지 외국인의 대한민국 내 체류 및 활동에 관한 권리를 중대하게 제한하는 것에 해당하여 **일반체류자격 취소와 비교**하여 행정절차법 제24조 제1항 등에 기한 **절차적 권리**가 보다 **엄격하게 보장**되어야 한다. (○)
>
> ③ 선행처분인 체류자격 취소처분은 **행정절차법 제24조 제1항을 위반**한 것으로서 그 **하자가 취소사유**에 불과하므로, 이를 기초로 이루어진 후행처분인 출국명령은 위법하다고 볼 수 없다. (×)

---

07 폐기물관리법위반 [대판 2024.5.9. 2023도3914]

문자메시지가 폐기물조치명령의 처분방식을 규정한 폐기물관리법 시행규칙 제68조의3 제1항에서 정한 '서면'에 해당하는지 여부(적극) 및 문자메시지를 통한 송달의 적법 요건

폐기물관리법 제48조 제1항 제1호는 관할 행정청으로 하여금 **부적정처리폐기물을 발생시킨 자**에 대하여 기간을 정하여 폐기물의 처리를 명하는 등의 **조치명령**을 취할 수 있도록 하고 있고, 같은 법 시행규칙 제68조의3 제1항은 위와 같은 **조치명령이 서면으로** 이루어져야 한다고 규정하고 있다.

한편, 「전자문서 및 전자거래 기본법」(이하 '전자문서법') 제2조 제1호는 정보처리시스템에 의하여 전자적 형태로 작성·변환되거나 송신·수신 또는 저장된 정보를 전자문서로 정의하고 있는데, 같은 법 제4조의2는 전자문서의 내용이 열람 가능하고, 전자문서가 작성·변환되거나 송신·수신 또는 저장된

때의 형태 또는 그와 같이 재현될 수 있는 형태로 보존되어 있으면, 그 **전자문서를 '서면'으로 본다고** **규정**하고 있다.

위와 같은 전자문서법의 규정에 비추어 보면, **전자우편**은 물론 **휴대전화 문자메시지도** 전자문서에 해당한다고 할 것이므로, **휴대전화 문자메시지**가 전자문서법 제4조의2에서 정한 **요건을 갖춘** 이상 폐기물관리법 시행규칙 제68조의3 제1항에서 정한 **서면의 범위에 포함**된다고 할 것이다.

다만, 행정청이 폐기물관리법 제48조 제1항, 같은 법 시행규칙 제68조의3 제1항에서 정한 **폐기물 조치명령을 전자문서로** 하고자 할 때에는 구 행정절차법 제24조 제1항에 따라 **당사자의 동의가 필요하다.**

| 예상지문 |

① **전자문서법**의 규정에 비추어 보면, **전자우편**은 물론 **휴대전화 문자메시지도** 전자문서에 해당한다고 할 것이므로, **휴대전화 문자메시지**가 전자문서법 제4조의2에서 정한 요건을 갖춘 이상 폐기물관리법 시행규칙 제68조의3 제1항에서 정한 **서면의 범위에 포함**된다고 할 것이다. (O)

② 행정청이 폐기물관리법 제48조 제1항, 같은 법 시행규칙 제68조의3 제1항에서 정한 폐기물 조치명령을 **전자문서**로 하고자 할 때에는 구 행정절차법 제24조 제1항에 따라 **당사자의 동의**가 필요하지 않다. (×)

08 건축허가취소처분취소 – 인·허가의제제도 [대판 2020.7.23. 2019두31839]

판결요지

[1] 어떤 개발사업의 시행과 관련하여 여러 개별 법령에서 각각 고유한 목적과 취지를 가지고 요건과 효과를 달리하는 인허가 제도를 각각 규정하고 있다면, 그 개발사업을 시행하기 위해서는 개별 법령에 따른 여러 인허가 절차를 각각 거치는 것이 원칙이다. 다만 어떤 인허가의 근거 법령에서 절차간소화를 위하여 관련 인허가를 의제 처리할 수 있는 근거 규정을 둔 경우에는, 사업시행자가 인허가를 신청하면서 하나의 절차 내에서 관련 인허가를 의제 처리해줄 것을 신청할 수 있다. **관련 인허가 의제 제도**는 사업시행자의 이익을 위하여 만들어진 것이므로, 사업시행자가 반드시 **관련 인허가 의제** 처리를 신청할 의무가 있는 것은 **아니다.**

만약 건축주가 **'부지 확보' 요건**을 완비하지는 못한 상태이더라도 **가까운 장래에 '부지 확보' 요건을 갖출 가능성이 높다면,** 건축행정청이 추후 별도로 국토의 계획 및 이용에 관한 법률(이하 '국토계획법')상 개발행위(토지형질변경) **허가를 받을 것을 명시적 조건**으로 하거나 또는 당연히 요청되는 사항이므로 **묵시적인 전제**로 하여 건축주에 대하여 건축법상 **건축허가를 발급**하는 것이 **위법**하다고 볼 수는 **없다.**

그러나 건축주가 건축법상 **건축허가**를 발급받은 후에 **국토계획법상 개발행위**(토지형질변경) **허가 절차를** 이행하기를 거부하거나, 그 밖의 **사정변경**으로 해당 건축부지에 대하여 국토계획법상 **개발행위**(토지형질변경) **허가를 발급할 가능성이 사라졌다**면, 건축행정청은 건축주의 건축계획이 마땅히 갖추어야 할 '부지 확보' 요건을 충족하지 못하였음을 이유로 이미 발급한 **건축허가를 직권으로 취소·철회**하는 방법으로 회수하는 것이 필요하다.

[2] 건축법 제11조 제1항, 제5항 제3호, 국토계획법 제56조 제1항 제1호, 제57조 제1항의 내용과 체계, 입법 취지를 종합하면, 건축주가 건축물을 건축하기 위해서는 건축법상 건축허가와 국토계획법상 개발행위(건축물의 건축) 허가를 각각 별도로 신청하여야 하는 것이 아니라, 건축법상 건축허가절차에서 관련 인허가 의제 제도를 통해 두 허가의 발급 여부가 동시에 심사·결정되도록 하여야 한

다. 즉, 건축주는 건축행정청에 건축법상 건축허가를 신청하면서 국토계획법상 개발행위(건축물의 건축) 허가 심사에도 필요한 자료를 첨부하여 제출하여야 하고, 건축행정청은 개발행위허가권자와 사전 협의절차를 거침으로써 건축법상 건축허가를 발급할 때 국토계획법상 개발행위(건축물의 건축) 허가가 의제되도록 하여야 한다.

이를 통해 건축법상 건축허가절차에서 건축주의 건축계획이 국토계획법상 개발행위 허가기준을 충족하였는지가 함께 심사되어야 한다. 건축주의 건축계획이 건축법상 건축허가기준을 충족하더라도 **국토계획법상** 개발행위 허가기준을 충족하지 **못한** 경우에는 해당 건축물의 건축은 법질서상 허용되지 않는 것이므로, 건축행정청은 건축법상 건축허가를 발급하면서 국토계획법상 개발행위(건축물의 건축) 허가가 의제되지 않은 것으로 처리하여서는 안 되고, 건축법상 **건축허가의 발급을 거부하여야** 한다. 건축법상 **건축허가절차**에서 국토계획법상 **개발행위 허가기준** 충족 여부에 관한 **심사가 누락**된 채 건축법상 **건축허가가 발급**된 경우에는 그 **건축법상 건축허가는 위법**하므로 취소할 수 있다. 이때 건축허가를 취소한 경우 건축행정청은 개발행위허가권자와의 사전 협의를 통해 국토계획법상 개발행위 허가기준 충족 여부를 심사한 후 건축법상 건축허가 발급 여부를 다시 결정하여야 한다.

예상지문

① 어떤 개발사업의 시행과 관련하여 인허가의 근거 법령에서 절차간소화를 위하여 관련 인허가를 의제 처리할 수 있는 근거 규정을 둔 경우, 사업시행자가 인허가를 신청하면서 반드시 관련 **인허가 의제** 처리를 **신청할 의무**가 있는 것은 아니다. (O)

② 건축주가 '부지 확보' 요건을 완비하지는 못한 상태이더라도 가까운 장래에 '부지 확보' 요건을 갖출 **가능성이 높은** 경우, 건축행정청은 추후 별도로 국토의 계획 및 이용에 관한 법률상 **개발행위**(토지형질변경) **허가를 받을 것을 명시적 조건**으로 하거나 또는 당연히 요청되는 사항이므로 **묵시적인 전제**로 하여 건축주에 대하여 건축법상 **건축허가를 발급**하는 것이 **위법**하다고 볼 수는 **없다**. (O)

기출문제

① 국토계획법이 정한 용도지역 안에서 건축을 하고자 **국토계획법상 개발행위허가가 의제되는** 「건축법」상 **건축허가신청** 또는 건축신고를 하면서 **반드시 관련 인허가 의제** 처리를 **신청할 의무**가 있다. [22-3, 21-1] (×)

② **건축신고를** 하면서 의제되는 **개발행위허가** 관련 **서류도 함께 제출**하였으나 건축신고가 국토계획법상 **개발행위허가기준**을 갖추지 **못한** 경우, 관할 행정청은 **건축신고의 수리를 거부할 수 있다**. [21-1] (O)

甲은 지목이 '답'인 자신의 토지 일부에 돼지 축사 10개 동을 건축하기 위하여 B군수에게 「건축법」에 따라 건축허가를 신청하였다. 관련법령상 지목이 '답'인 토지에 축사를 건축하기 위해서는 「건축법」상 건축허가 외에도 「국토계획법」 제56조에 따른 개발행위(토지형질변경) 허가를 받아야 하며, 「건축법」상 건축허가에는 개발행위허가가 의제된다.

그럼에도 甲의 의뢰에 따라 축사를 설계한 건축사 乙은 '건축허가조사 및 검사조서'에 축사 건축을 위해 따로 토지형질변경이 필요 없다는 취지로 기재하여 건축허가를 신청하였다. 이에 B군수는 甲의 신청대로 토지형질변경허가 요건에 대한 심사 없이 「건축법」과 국토계획법에 따른 건축허가를 발급하였다. [23-3]

3. 甲은 건축허가를 받은 후 토지형질변경 절차의 이행에 대한 담당공무원의 안내에도 불구하고 상당 기간 토지형질변경 절차를 이행하지 않았다. 이에 B군수는 甲이 토지형질변경허가를 따로 받지 않음으로써 축사의 '부지 확보' 요건을 충족하지 못하였음을 이유로 甲에 대한 건축허가를 직권으로 취소하였다. 甲에 대한 B군수의 건축허가의 취소는 적법한가? (30점)

09 중소기업창업사업계획 승인불허가처분 취소 [대판 2021.3.11. 2020두42569]

판결요지

[1] 중소기업창업 지원법(이하 '중소기업창업법') 제33조 제1항 제1문, 제3항, 민원 처리에 관한 법률(이하 '민원처리법') 제3조 제1항, 제18조, 민원 처리에 관한 법률 시행령(이하 '민원처리법 시행령') 제21조 제1항 본문의 내용과 체계, 입법 취지를 종합하면, 사업계획승인 신청 민원의 처리기간과 승인 의제에 관한 중소기업창업법 제33조 제3항은 민원처리법 제3조 제1항에서 정한 '다른 법률에 특별한 규정이 있는 경우'에 해당한다. 따라서 **사업계획승인 신청을 받은 시장 등은 민원처리법 시행령** 제21조 제1항 본문에 따라 **처리기간을 임의로 연장할 수 있는 재량이 없고**, 사업계획승인 신청을 받은 날부터 20일 이내에 승인 여부를 알리지 않은 때에는 중소기업창업법 제33조 제3항에 따라 20일이 지난 날의 다음 날에 해당 사업계획에 대한 승인처분이 이루어진 것으로 의제된다.

[2] 중소기업창업 지원법(이하 '중소기업창업법') 제35조 제1항, 제4항에 따르면 시장 등이 사업계획을 승인할 때 제1항 각호에서 정한 **관련 인허가**에 관하여 소관 행정기관의 장과 **협의를 한 사항**에 대해서는 관련 인허가를 **받은 것으로 본다**고 정하고 있다. 이러한 인허가 의제 제도는 목적사업의 원활한 수행을 위해 창구를 단일화하여 행정절차를 간소화하는 데 입법 취지가 있고 목적사업이 **관계 법령상 인허가의 실체적 요건을 충족하였는지에 관한 심사를 배제하려는 취지는 아니다**. 따라서 시장 등이 사업계획을 승인하기 전에 관계 행정청과 **미리 협의한 사항에 한하여** 사업계획승인처분을 할 때에 관련 인허가가 **의제되는 효과가 발생**할 뿐이다.

관련 인허가 사항에 관한 **사전 협의가 이루어지지 않은** 채 중소기업창업법 제33조 제3항에서 정한 20일의 처리기간이 지난 날의 다음 날에 **사업계획승인처분이 이루어진 것으로 의제된다고 하더라도**, 창업자는 중소기업창업법에 따른 **사업계획승인처분을 받은 지위**를 가지게 될 뿐이고 관련 **인허가까지 받은 지위를 가지는 것은 아니다**. 따라서 창업자는 공장을 설립하기 위해 필요한 **관련 인허가를 관계 행정청에 별도로 신청**하는 절차를 거쳐야 한다. 만일 창업자가 공장을 설립하기 위해 필요한 국토의 계획 및 이용에 관한 법률에 따른 개발행위허가를 신청하였다가 거부처분이 이루어지고 그에 대하여 제소기간이 도과하는 등의 사유로 더 이상 다툴 수 없는 효력이 발생한다면, 시장 등은 공장설립이 객관적으로 불가능함을 이유로 중소기업창업법에 따른 사업계획승인처분을 직권으로 철회하는 것도 가능하다.

▷ 「행정기본법」 제25조(2023. 3. 24. 시행) 제1항 역시 협의가 된 사항에 대해서 주된 인허가를 받았을 때 관련 인허가를 받은 것으로 본다고 규정하고 있다.

| 예상지문 |

① 중소기업창업법상 **사업계획승인처분**을 하는 경우 **관련 인허가를 받은 것으로 본다**고 규정하고 있으므로 **사전 협의가 이루어지지 않은** 인허가까지 **받은 지위**를 지니며, 사업계획 승인권자인 시장 등이 **관련 인허가를** 갖추는 것이 **객관적으로 불가능함**을 이유로 중소기업창업법에 따른 **사업계획승인처분을 직권으로 철회할 수 없다**. (×)

② **관련 인허가** 사항에 관한 **사전 협의가** 이루어지지 **않은** 채 중소기업창업법 제33조 제3항에서 정한 **20일의 처리기간이 지난** 날의 다음 날에 **사업계획승인처분이** 이루어진 것으로 **의제된다**고 하더라도, 창업자는 중소기업창업법에 따른 **사업계획승인처분을 받은 지위**를 가지게 될 뿐이고 **관련 인허가까지 받은 지위**를 가지는 것은 **아니므로**, 창업자는 공장을 설립하기 위해 필요한 **관련 인허가**를 관계 행정청에 **별도로 신청**하는 절차를 거쳐야 한다. (○)

10 건축허가거부처분취소 [대판 2021.6.24. 2021두33883]

원고가 제출한 증거만으로는 환경상 위해 발생 우려를 이유로 건축불허가처분을 한 피고의 재량적 판단이 현저히 합리성을 결여하였거나 형평이나 비례의 원칙에 뚜렷하게 배치된다고 보기 어렵다는 이유로, 이와 달리 본 원심판결을 파기환송한 사례

「산업집적활성화 및 공장설립에 관한 법률」(이하 '산업집적법')에 따르면, 산업단지에서 제조업을 하려는 자가 관리기관과 **입주계약을 체결**한 때에는 시장·군수 또는 구청장의 **공장설립 승인**을 받은 것으로 **의제**된다(제13조 제2항 제2호, 제1항, 제38조 제1항). 그러나 공장설립 승인이 의제된다고 하여 건축법상 **건축허가** 또는 「국토계획법」상 **개발행위허가**를 받은 것으로 **의제하는 규정은 없다**. 또한 산업집적법상 입주계약은 건축법상 건축허가나 국토계획법상 개발행위허가와는 목적과 취지, 요건과 효과를 달리하는 별개의 제도이다. 따라서 **입주계약 체결**에 따라 **공장설립 승인**을 받은 것으로 **의제되는** 경우에도 그 공장건물을 건축하려면 건축법상 **건축허가**와 국토계획법상 **개발행위허가**를 받아야 한다고 보아야 한다.

| 예상지문 |

> 산업집적법에 따르면, 산업단지에서 제조업을 하려는 자가 관리기관과 **입주계약을 체결**한 때에는 **공장설립 승인**을 받은 것으로 **의제되나**, 공장설립 승인이 의제된다고 하여 건축법상 **건축허가** 또는 국토계획법상 **개발행위허가**를 받은 것으로 **의제하는 규정은 없으**므로, 입주계약 체결에 따라 공장설립 승인을 받은 것으로 의제되는 경우에도 그 공장건물을 건축하려면 건축법상 **건축허가**와 국토계획법상 **개발행위허가를 받아야** 한다. (○)

11 보호조치기각결정처분취소 [대판 2023.6.15. 2022두66576]

공익신고자 보호법령상 처분이나 민원의 처리기간에 관한 규정이 강행규정인지 여부(소극) / 행정청이 처리기간을 지나 처분을 한 경우, 처분을 취소할 절차상 하자로 볼 수 있는지 여부(소극)

공익신고자 보호법 제17조 제4항의 위임에 따른 공익신고자 보호법 시행령 제16조 제1항은 "위원회는 법 제17조 제1항에 따라 보호조치 신청을 받은 경우에는 그 신청을 접수한 날부터 60일 이내에 법 제20조 제1항에 따른 보호조치결정 및 같은 조 제2항에 따른 보호조치 권고를 하여야 한다. 다만 필요한 경우에는 그 기간을 30일 이내에서 연장할 수 있다"라고 규정하고 있다.

처분이나 민원의 처리기간을 정하는 것은 신청에 따른 사무를 가능한 한 조속히 처리하도록 하기 위한 것이다. 처리기간에 관한 규정은 훈시규정에 불과할 뿐 강행규정이라고 볼 수 없다. 행정청이 처리기간이 지나 처분을 하였더라도 이를 처분을 취소할 절차상 하자로 볼 수 없다.

| 예상지문 |

> ① 처분이나 민원의 처리기간을 정하는 것은 신청에 따른 사무를 가능한 한 조속히 처리하도록 하기 위한 것이다. 처리기간에 관한 규정은 훈시규정에 불과할 뿐 강행규정이라고 볼 수 없다. (○)
>
> ② 공익신고자 보호법 제17조 제4항의 위임에 따른 공익신고자 보호법 시행령 제16조 제1항에 따라 위원회는 법 제17조 제1항에 따라 보호조치 신청을 받은 경우에는 그 신청을 접수한 날부터 60일 이내에 법 제20조 제1항에 따른 보호조치결정 및 같은 조 제2항에 따른 보호조치 권고를 하여야 한다는 규정이 단순한 훈시규정이 아닌, 강행규정으로 보아야 한다. (×)

제10장 행정정보 공개와 개인정보 보호

제1절 행정정보 공개제도

01 사건기록열람등사거부처분취소 · 변경기각결정에대한 재항고 [대결 2022.2.11. 2021모3175]

[1] 형사재판확정기록의 공개에 관하여 '공공기관의 정보공개에 관한 법률'에 의한 공개청구가 허용되는지 여부(소극) / 형사재판확정기록의 열람 · 등사신청 거부나 제한 등에 대한 불복 방법(=준항고) 및 불기소처분으로 종결된 기록의 정보공개청구 거부나 제한 등에 대한 불복 방법(=항고소송)

형사소송법 제59조의2는 재판이 확정된 사건의 소송기록, 즉 **형사재판확정기록의 공개 여부나 공개 범위**, 불복절차 등에 관하여 정보공개법과 달리 규정하고 있는 것으로 정보공개법 제4조 제1항에서 정한 '정보의 공개에 관하여 **다른 법률에 특별한 규정**이 있는 경우'에 해당한다. 따라서 **형사재판확정기록의 공개에 관하여는 정보공개법에 의한 공개청구가 허용되지 않는다**(대판 2016.12.15. 2013두20882, 대판 2017.3.15. 2014두7305 등 참조). 따라서 형사재판확정기록에 관해서는 형사소송법 제59조의2에 따른 열람 · 등사신청이 허용되고 그 거부나 제한 등에 대한 불복은 준항고에 의하며, 형사재판확정기록이 아닌 불기소처분으로 종결된 기록(**불기속기록**)에 관해서는 **정보공개법에 따른 정보공개청구**가 허용되고 그 거부나 제한 등에 대한 **불복은 항고소송절차**에 의한다.

[2] 형사소송법 제59조의2에서 정한 '재판이 확정된 사건의 소송기록'의 의미 / 해당 형사사건에서 증거로 채택되지 아니하였거나 그 범죄사실과 직접 관련되지 아니한 서류도 재판확정기록에 포함되는지 여부(적극)

형사소송법 제59조의2의 '재판이 확정된 사건의 소송기록'이란 특정 형사사건에 관하여 법원이 작성하거나 검사, 피고인 등 소송관계인이 작성하여 법원에 제출한 서류들로서 재판확정 후 담당 기관이 소정의 방식에 따라 보관하고 있는 서면의 총체라 할 수 있고, 위와 같은 방식과 절차에 따라 보관되고 있는 이상 해당 형사사건에서 증거로 채택되지 아니하였거나 그 범죄사실과 직접 관련되지 아니한 서류라고 하여 재판확정기록에 포함되지 않는다고 볼 것은 아니다(대결 2012.3.30. 2008모481, 대결 2016.7.12. 2015모2747 등 참조).

| 예상지문 |

「형사소송법」에 따른 재판확정기록의 열람 · 등사에 대해서는 「정보공개법」이 적용되지 않으나, 재판확정기록이 아닌 **불기소처분**으로 종결된 사건에는 **「정보공개법」이 적용**된다.　　　　　　　　　(O)

| 기출지문 |

형사재판확정기록의 공개에 관하여 정보공개법에 의한 공개청구는 허용된다. [24국립공동]　　　　　　(X)

02 정보 비공개 처분 취소의 소 [대판 2023.6.1. 2019두41324]

일본군위안부 피해자 문제에 관한 한·일 간의 합의와 관련된 협상 내용의 정보공개를 구하는 사건

甲이 외교부장관에게 '2015. 12. 28. 일본군위안부 피해자 합의와 관련하여 한일외교장관 공동 발표문의 문안을 도출하기 위하여 진행한 협의 협상에서 일본군과 관헌에 의한 위안부 강제연행의 존부 및 사실인정 문제에 대해 협의한 협상관련 외교부장관 생산 문서'에 대한 공개를 청구하였으나, 외교부장관이 甲에게 '공개 청구 정보가 공공기관의 정보공개에 관한 법률 제9조 제1항 제2호에 해당한다'는 이유로 비공개 결정을 한 사안에서, 위 합의를 위한 협상 과정에서 일본군과 관헌에 의한 위안부 '강제연행'의 존부 및 사실인정 문제에 대해 협의한 정보를 공개하지 않은 처분이 적법하다고 본 원심판단이 정당하다고 한 사례

甲이 외교부장관에게 '2015. 12. 28. 일본군위안부 피해자 합의와 관련하여 한일외교장관 공동 발표문의 문안을 도출하기 위하여 진행한 협의 협상에서 일본군과 관헌에 의한 위안부 강제연행의 존부 및 사실인정 문제에 대해 협의한 협상관련 외교부장관 생산 문서'에 대한 공개를 청구하였으나, 외교부장관이 甲에게 '공개 청구 정보가 공공기관의 정보공개에 관한 법률 제9조 제1항 제2호에 해당한다'는 이유로 비공개 결정을 한 사안에서, 12·28 일본군위안부 피해자 합의와 관련된 협의가 비공개로 진행되었고, 대한민국과 일본 모두 그 협의 관련 문서를 비공개문서로 분류하여 취급하고 있는데 우리나라가 그 협의 내용을 일방적으로 공개할 경우 우리나라와 일본 사이에 쌓아온 외교적 신뢰관계에 심각한 타격이 있을 수 있는 점, 이에 따라 향후 일본은 물론 다른 나라와 협상을 진행하는 데에도 큰 어려움이 발생할 수 있는 점, 12·28 일본군위안부 피해자 합의에 사용된 표현이 다소 추상적이고 모호하기는 하나 이는 협상 과정에서 양국이 나름의 숙고와 조율을 거쳐 채택된 표현으로서 그 정확한 의미에 대한 해석이 요구된다기보다 오히려 표현된 대로 이해하는 것이 적절한 점 등을 종합하여, 위 합의를 위한 협상 과정에서 일본군과 관헌에 의한 위안부 '강제연행'의 존부 및 사실인정 문제에 대해 협의한 정보를 공개하지 않은 처분이 적법하다고 본 원심판단이 정당하다고 한 사례.

이 유

1. 구 「공공기관의 정보공개에 관한 법률」(이하 '구 정보공개법') 제9조 제1항 제2호는 외교관계에 관한 사항으로서 공개될 경우 국가의 중대한 이익을 현저히 해할 우려가 있다고 인정되는 정보를 비공개대상정보로 규정하고 있다.

2. 원심은, 12·28 일본군위안부 피해자 합의와 관련된 협의가 비공개로 진행되었고, 대한민국과 일본 모두 그 협의 관련 문서를 비공개문서로 분류하여 취급하고 있는데, 우리나라가 그 협의 내용을 일방적으로 공개할 경우 우리나라와 일본 사이에 쌓아온 외교적 신뢰관계에 심각한 타격이 있을 수 있는 점, 이에 따라 향후 일본은 물론 다른 나라와 협상을 진행하는 데에도 큰 어려움이 발생할 수 있는 점, 12·28 일본군위안부 피해자 합의에 사용된 표현이 다소 추상적이고 모호하기는 하나, 이는 협상 과정에서 양국이 나름의 숙고와 조율을 거쳐 채택된 표현으로서 그 정확한 의미에 대한 해석이 요구된다기보다 오히려 표현된 대로 이해하는 것이 적절한 점 등을 종합하여, 위 합의를 위한 협상 과정에서 일본군과 관헌에 의한 위안부 '강제연행'의 존부 및 사실인정 문제에 대해 협의한 정보를 공개하지 않은 처분이 적법하다고 판단하였다.

관계 법령 및 법리와 기록에 비추어 살펴보면, 이러한 원심의 판단은 정당하고, 거기에 상고이유 주장과 같이 구 정보공개법 제9조 제1항 제2호에 정한 비공개대상정보, 같은 법 제14조에서 정한 부분공개에 관한 법리를 오해하는 등의 위법이 없다.

| 예상지문 |

甲이 외교부장관에게 일본군위안부 피해자 합의와 관련하여 한일외교장관 공동 발표문의 문안을 도출하기 위하여 진행한 협의 협상에서 일본군과 관헌에 의한 위안부 강제연행의 존부 및 사실인정 문제에 대해 협의한 협상관련 외교부장관 생산 문서'에 대한 공개를 청구하였으나, 외교부장관이 甲에게 '공개 청구 정보가 공공기관의 정보공개에 관한 법률 제9조 제1항 제2호에 해당한다'는 이유로 비공개 결정한 처분은 적법하다. (○)

03 정보공개거부처분취소 [대판 2021.11.11. 2015두53770]

Ⅰ. 판시사항

공공기관이 보유·관리하고 있는 **개인정보의 공개**에 관하여는 **정보공개법 제9조 제1항 제6호가 「개인정보 보호법」에 우선하여 적용**되며, 변호사시험 합격자 성명에 관한 정보는 그 비공개로 인하여 보호되는 사생활의 비밀 등 이익보다 공개로 인하여 달성되는 공익 등 공개의 필요성이 더 크므로 「개인정보 보호법」 제18조 제1항에 의하여 공개가 금지된 정보에 해당하지 아니하고 정보공개법 제9조 제1항 제6호 단서 다목에 따라서 공개함이 타당하다고 본 사례.

Ⅱ. 이 유

1. 구 정보공개법 제9조 제1항 제6호는 비공개 대상 정보의 하나로 '해당 정보에 포함되어 있는 성명·주민등록번호 등 개인에 관한 사항으로서 공개될 경우 사생활의 비밀 또는 자유를 침해할 우려가 있다고 인정되는 정보'를 규정하면서, 같은 호 단서 다목으로 '공공기관이 작성하거나 취득한 정보로서 공개하는 것이 공익이나 개인의 권리구제를 위하여 필요하다고 인정되는 정보'는 제외된다고 규정하였다(이 사건 처분 이후 2020. 12. 22. 개정된 **정보공개법 제9조 제1항 제6호**는 규율대상을 규정하고 있는 '성명·주민등록번호 등 개인에 관한 사항' 부분을 '성명·주민등록번호 등 「개인정보 보호법」 제2조 제1호에 따른 개인정보'로 구체화하여, 위 조항이 규율하는 정보가 「개인정보 보호법」상의 개인정보임이 보다 분명하게 되었다).

   위와 같은 구 정보공개법과 「개인정보 보호법」의 각 입법목적과 규정 내용, 구 정보공개법 제9조 제1항 제6호의 문언과 취지 등에 비추어 보면, **구 정보공개법 제9조 제1항 제6호는 공공기관이 보유·관리하고 있는 개인정보의 공개 과정에서의 개인정보를 보호하기 위한 규정으로서 「개인정보 보호법」 제6조에서 말하는 '개인정보 보호에 관하여 다른 법률에 특별한 규정이 있는 경우'에 해당한다.** 따라서 **공공기관이 보유·관리하고 있는 개인정보의 공개에 관하여는 구 정보공개법 제9조 제1항 제6호가 「개인정보 보호법」에 우선하여 적용**된다.

   한편, **구 정보공개법 제9조 제1항 제6호 단서 다목**에서 말하는 '공개하는 것이 공익을 위하여 필요하다고 인정되는 정보'에 해당하는지 여부는 비공개로 보호되는 개인의 사생활 보호 등의 이익과 공개될 경우의 국정운영 투명성 확보 등 공익을 비교·교량하여 구체적 사안에 따라 신중히 판단하여야 한다.

2. 제3회 **변호사시험 합격자 성명**(이하 '이 사건 정보')이 공개될 경우 그 합격자들의 사생활의 비밀 또는 자유를 침해할 우려가 있다고 하더라도 그 비공개로 인하여 보호되는 **사생활의 비밀 등 이익보다** 공개로 인하여 달성되는 공익 등 **공개의 필요성이 더 크므로** 이 사건 정보는 「개인정보 보호법」 제18조 제1항에 의하여 공개가 금지된 정보에 해당하지 아니하고 구 정보공개법 제9조 제1항 제6호 단서 다목에 따라서 공개함이 타당하다.

① 구 정보공개법 **제9조 제1항 제6호**는 공공기관이 보유 · 관리하고 있는 개인정보의 공개 과정에서의 개인정보를 보호하기 위한 규정으로서 「**개인정보 보호법**」 제6조에서 말하는 '개인정보 보호에 관하여 **다른 법률에 특별한 규정**이 있는 경우'에 **해당한다.** (○)

② 공공기관이 보유 · 관리하고 있는 개인정보의 공개에 관하여는 **구 정보공개법 제9조 제1항 제6호**가 「**개인정보 보호법**」에 우선하여 적용된다. (○)

| 사례형 객관식 문제 |

01 공익신고자 丙은 甲이 「국민기초생활 보장법」상의 복지급여를 부정수급하고 있다고 관할 乙행정청에 신고하였다. 이에 대하여 甲은 乙에게 부정수급 신고를 한 자와 그 내용에 대해 정보공개청구를 하였다. 이후 甲은 乙의 비공개결정통지를 받았고(2022. 8. 26.) 이에 대해 국민권익위원회에 고충민원을 제기하였으나(2022. 9. 16.), 국민권익위원회로부터 乙의 결정은 문제가 없다는 안내를 받았다(2022. 10. 26.). 그리고 甲은 乙의 비공개결정의 취소를 구하는 행정심판을 제기하게 되었다(2022. 12. 27.). 이에 대한 설명으로 옳은 것만을 모두 고르면? [23국가9급]

> ㄱ. 「개인정보 보호법」상 정보주체에게 열람청구권이 보장되어 있더라도, 甲은 이에 근거하여 乙에게 신고자에 대한 정보공개를 요구하여 그 정보를 받을 수 없다.
> ㄴ. 甲의 행정심판청구는 행정심판 제기기간 내에 이루어졌으므로 적법하다.
> ㄷ. 甲의 국민권익위원회에 대한 고충민원 제기는 이의신청에 해당하므로, 고충민원에 대한 답변을 받은 날이 행정심판 제기기간의 기산점이 된다.
> ㄹ. 학술 · 연구를 위하여 일시적으로 체류하는 외국인 丙은 「국민기초생활 보장법」상의 복지급여 지급기준에 대해 정보공개를 청구할 권리가 인정된다.

① ㄱ, ㄴ

② ㄱ, ㄹ

③ ㄴ, ㄷ

④ ㄱ, ㄷ, ㄹ

해설

ㄱ. (○) 공공기관이 보유 · 관리하고 있는 개인정보의 공개의 관하여는 「정보공개법」 제9조 제1항 제6호가 「개인정보 보호법」에 우선하여 적용된다(대판 2021.11.11. 2015두53770). 따라서 「개인정보 보호법」상 정보주체에게 열람청구권이 보장되는 경우에도 「정보공개법」 제9조 제1항 제6호의 비공개 대상 정보에 해당하면 정보공개를 거부할 수 있다.

ㄴ. (×) ㄷ. (×)
사안의 경우, 2023. 3. 24. 이전에 발생하였으므로, 이의신청과 행정쟁송의 기산점에 관한 「행정기본법」 제36조가 적용되지 않는다. 따라서 대판 2012.11.15. 2010두8676에 따라 비공개결정통지를 받은 2022. 8. 26.이 기산점이 된다. 甲은 2022. 12. 27. 행정심판을 제기하였으므로 행정심판 제기기간을 도과하여 부적법하다.

ㄹ. (○)

> 정보공개법 제5조(정보공개 청구권자) ② 외국인의 정보공개 청구에 관하여는 대통령령으로 정한다.
>
> 정보공개법 시행령 제3조(외국인의 정보공개 청구) 법 제5조제2항에 따라 정보공개를 청구할 수 있는 외국인은 다음 각 호의 어느 하나에 해당하는 자로 한다.
> 1. 국내에 일정한 주소를 두고 거주하거나 학술 · 연구를 위하여 일시적으로 체류하는 사람

정답 ②

공공기관에 대하여 정보공개를 청구하였다가 거부처분을 받은 청구인이 행정소송으로 그 처분의 취소를 구할 법률상의 이익이 있는지 여부(적극) 및 공개청구의 대상이 되는 정보가 이미 공개되어 있거나 다른 방법으로 손쉽게 알 수 있다는 사정만으로 소의 이익이 없다거나 비공개결정이 정당화될 수 있는지 여부(소극) / 청구인이 정보공개거부처분을 받은 것 외에 추가로 공개거부처분의 취소를 구할 법률상 이익이 있어야 하는지 여부(소극)

1. 사안의 경위와 원심의 판단

가. 원심판결 이유와 기록에 의하면, 다음과 같은 사실을 알 수 있다.

1) 원고는 2020. 6. 24. 피고 제39보병사단장으로부터 품위유지의무 위반 등을 이유로 감봉 1개월의 징계처분을 받았다(이하 '이 사건 징계처분').

2) 원고는 2020. 7. 8. 군인사법 제60조에 따라 이 사건 징계처분에 대하여 항고를 제기하였다.

3) 원고는 2020. 12. 30. 피고에게 징계위원회에 참여한 각 징계위원의 성명과 직위(이하 '이 사건 정보')에 대한 정보공개청구를 하였으나, 피고는 2021. 1. 12. 이 사건 정보가 「공공기관의 정보공개에 관한 법률」 제9조 제1항 제1호, 제2호, 제5호 및 제6호에 해당한다는 이유로 공개를 거부하는 처분을 하였다(이하 '이 사건 처분').

4) 한편, 육군규정 180 제9조 제6항은 "성폭력등 사건에 대한 징계위원회 및 항고심사위원회에는 여성위원이 1명 이상 포함되어야 한다(피해자가 남군·남군무원 등인 경우에는 제외한다). 다만 부득이한 사유가 있어 여성 위원을 임명할 수 없는 경우 징계권자는 구체적인 사유를 명시하여 별지 제1호 서식에 따라 육군참모총장에게 사전 승인을 받아야 한다"라고 규정하고 있다. 제2작전사령부 징계항고심사위원회는 2021. 10. 8. 징계위원회의 구성에 육군규정180 제9조 제6항을 준수하지 않은 절차상 하자가 있다는 이유로 이 사건 징계처분을 취소하는 결정을 하였고, 이에 따라 피고는 2021. 10. 25. 이 사건 징계처분을 취소하였다.

나. 원심은, 원고가 징계위원회 구성에 절차상 하자가 있는지 여부를 확인하기 위해 이 사건 정보인 징계위원의 성명과 직위에 대한 공개를 청구하였다고 주장하고 있는데, 그 항고 절차를 통하여 징계위원회의 구성에 하자가 있음을 알게 되었으므로 이 사건 정보의 공개를 청구한 목적은 이미 달성된 것으로 볼 수 있고, 이 사건 징계처분이 절차상 하자를 이유로 취소된 이상 위 징계처분을 다툴 필요도 없어 이 사건 정보의 공개를 구할 법률상 이익이 없다는 이유로, 이 사건 소가 부적법하다고 판단하였다.

2. 그러나 원심의 판단은 다음과 같은 이유로 수긍할 수 없다.

가. 국민의 정보공개청구권은 법률상 보호되는 구체적인 권리이므로, 공공기관에 대하여 정보의 공개를 청구하였다가 공개거부처분을 받은 청구인은 행정소송을 통하여 그 공개거부처분의 취소를 구할 법률상의 이익이 있고, 공개청구의 대상이 되는 정보가 이미 공개되어 있다거나 다른 방법으로 손쉽게 알 수 있다는 사정만으로 소의 이익이 없다거나 비공개결정이 정당화될 수 없다(대판 2007.7.13. 2005두8733, 대판 2010.12.23. 2008두13101 등 참조).

또한, 청구인이 공공기관에 대하여 정보공개를 청구하였다가 거부처분을 받은 이상, 그 자체로 공개거부처분의 취소를 구할 법률상 이익이 인정되고, 그 외에 추가로 어떤 법률상 이익이 있을 것을 요하지 않는다(대판 2003.12.12. 2003두8050, 대판 2004.9.23. 2003두1370 등 참조).

나. 앞서 본 사실관계를 이러한 법리에 비추어 살펴보면, 비록 이 사건 징계처분에 대한 항고 절차에서 원고가 징계위원회 구성에 절차상 하자가 있다는 점을 알게 되었다거나 이 사건 징계처분이 취소되었다고 하더라도, 그와 같은 사정들만으로 이 사건 처분의 취소를 구할 법률상 이익이 없다고 볼 수 없고, 피고가 원고의 정보공개청구를 거부한 이상 원고로서는 여전히 그 정보공개거부처분의 취소를 구할 법률상 이익을 갖는다고 할 것이다.

다. 그런데도 원심은 이와 다른 전제에서 이 사건 정보의 공개를 구할 법률상 이익이 없다는 이유로 이 사건 소가 부적법하다고 판단하였다. 이러한 원심 판단에는 정보공개거부처분 취소청구의 법률상 이익 내지 소의 이익에 관한 법리를 오해하여 판결에 영향을 미친 잘못이 있다. 이를 지적하는 상고이유 주장은 이유 있다. [파기환송]

관련 판례

견책의 징계처분을 받은 甲이 사단장에게 징계위원회에 참여한 징계위원의 성명과 직위에 대한 정보공개청구를 하였으나 위 정보가 공공기관의 정보공개에 관한 법률 제9조 제1항 제1호, 제2호, 제5호, 제6호에 해당한다는 이유로 공개를 거부한 사안에서, 비록 **징계처분 취소사건에서 甲의 청구를 기각하는 판결이 확정**되었더라도 이러한 사정만으로 위 처분의 취소를 구할 이익이 없어지지 않고, 사단장이 甲의 정보공개청구를 거부한 이상 甲으로서는 여전히 정보공개거부처분의 취소를 구할 **법률상 이익**이 있으므로, 이와 달리 본 원심판결에 법리오해의 잘못이 있다(대판 2022.5.26. 2022두33439).

│ 예상지문 │

① 국민의 **정보공개청구권**은 법률상 보호되는 구체적인 권리이므로, 공공기관에 대하여 **정보공개를 청구**하였다가 **공개거부처분**을 받은 청구인은 행정소송을 통해 공개거부처분의 취소를 구할 **법률상 이익**이 인정되고, 그 밖에 추가로 어떤 이익이 있어야 하는 것은 아니다. (○)

② 공개청구의 대상이 되는 정보가 **이미 공개**되어 있다거나 다른 방법으로 손쉽게 알 수 있다는 사정만으로 **소의 이익**이 없다거나 비공개결정이 정당화될 수 없다. (○)

③ 원고가 **징계위원회 구성**에 **절차상 하자**가 있는지 여부를 확인하기 위해 징계위원의 성명과 직위에 대한 정보공개를 청구하였다가 거부되어 **공개거부처분 취소소송**을 구한 사건에서, **징계처분에 대한 항고 절차**에서 원고가 징계위원회 구성에 절차상 하자가 있다는 점을 알게 되었다거나 이 사건 **징계처분이 취소되었다고** 한다면, 더 이상 그 **정보공개거부처분의 취소를 구할 법률상 이익**을 갖는다고 볼 수 **없다.** (×)

④ **견책의 징계처분**을 받은 甲이 사단장에게 징계위원회에 참여한 **징계위원의 성명과 직위**에 대한 정보공개청구를 하였으나, 정보공개법 제9조 제1항 제1호, 제2호, 제5호, 제6호에 해당한다는 이유로 공개거부한 사안에서, **징계처분 취소사건에서 甲의 청구기각판결이 확정**되었다면, 甲은 더 이상 정보공개거부처분의 취소를 구할 **법률상 이익**이 없다. (×)

05 정보공개거부처분취소 – 비공개결정에 대한 불복 [대판 2023.7.27. 2022두52980]

정보공개 청구인이 이의신청을 거쳐 행정소송을 제기한 경우 제소기간의 기산점이 문제된 사건

청구인이 공공기관의 비공개 결정 또는 부분 공개 결정에 대한 이의신청을 하여 공공기관으로부터 이의신청에 대한 결과를 통지받은 후 취소소송을 제기하는 경우, 제소기간의 기산점(= 이의신청에 대한 결과를 통지받은 날)

정보공개법 제18조 제1항은 "청구인이 정보공개와 관련한 공공기관의 비공개 결정 또는 부분 공개 결정에 대하여 불복이 있거나 정보공개 청구 후 20일이 경과하도록 정보공개 결정이 없는 때에는 공공기관으로부터 정보공개 여부의 결정 통지를 받은 날 또는 정보공개 청구 후 20일이 경과한 날부터 30일 이내에 해당 공공기관에 문서로 이의신청을 할 수 있다"라고 규정하고, 같은 조 제3항 본문은 "공공기관은 이의신청을 받은 날부터 7일 이내에 그 이의신청에 대하여 결정하고 그 결과를 청구인에게 지체 없이 문서로 통지하여야 한다"라고 규정하고 있으며, 같은 조 제4항은 "공공기관은 이의신청을 각하 또는 기각하는 결정을 한 경우에는 청구인에게 행정심판 또는 행정소송을 제기할 수 있다는 사실을 제3항에 따른 결과 통지와 함께 알려야 한다"라고 규정하고, 제20조 제1항은 "청구인이 정보공개와 관련한 공공기관의 결정에 대하여 불복이 있거나 정보공개 청구 후 20일이 경과하도록 정보공개 결정이 없는 때에는 「행정소송법」에서 정하는 바에 따라 행정소송을 제기할 수 있다"라고 규정하고 있다. 한편 행정소송법 제20조 제1항 본문은 "취소소송은 처분등이 있음을 안 날부터 90일 이내에 제기하여야 한다"라고 규정하고 있다.

위와 같은 관련 법령의 규정 내용과 그 취지 등을 종합하여 보면, 청구인이 공공기관의 **비공개 결정** 또는 **부분 공개 결정**에 대한 **이의신청**을 하여 공공기관으로부터 이의신청에 대한 결과를 **통지받은 후** 취소소송을 제기하는 경우 그 제소기간은 이의신청에 대한 **결과를 통지받은 날부터 기산**한다고 봄이 타당하다.

▷ 원고가 피고 한국토지주택공사로부터 정보공개청구에 대한 비공개 결정을 받은 후 이의신청을 하였으나 이의신청을 각하하는 결정을 통지받고 비공개 결정의 취소를 구하는 소를 제기하였는데, 위 소 제기 시점이 이의신청을 각하하는 결정을 받은 날부터는 90일(제소기간)을 도과하지 않았으나 비공개 결정을 받은 날부터는 90일을 도과한 사안임.

원심은, 비공개 결정이 있음을 안 날부터 제소기간이 진행한다고 보아 소를 각하하였음.

대법원은, 청구인이 공공기관의 비공개 결정 등에 대한 이의신청을 하여 공공기관으로부터 이의신청에 대한 결과를 통지받은 후 취소소송을 제기하는 경우 그 제소기간은 이의신청에 대한 결과를 통지받은 날부터 기산한다고 봄이 타당하다고 보아, 원심의 판단에 정보공개법상 이의신청을 거쳐 행정소송을 제기한 경우 제소기간의 기산점에 관한 법리를 오해하여 판결에 영향을 미친 잘못이 있다는 이유로 원심판결을 파기·환송함.

| 예상지문 |

① 청구인이 공공기관의 비공개 결정 또는 부분 공개 결정에 대한 이의신청을 하여 공공기관으로부터 이의신청에 대한 결과를 통지받은 후 취소소송을 제기하는 경우 그 제소기간은 이의신청에 대한 결과를 통지받은 날부터 기산한다. (O)

② 정보공개법 제18조 제1항에 따른 이의신청에 대한 각하결정은 원처분을 확정하는 결정에 불과하므로, 비공개결정을 안 날부터 제소기간이 진행된다고 보아야 한다. (×)

③ 정보공개법 제18조 제1항에 따라 청구인이 정보공개와 관련한 공공기관의 결정에 대하여 불복이 있거나 정보공개 청구 후 20일이 경과하도록 정보공개 결정이 없는 때에는 「행정소송법」에서 정하는 바에 따라 행정소송을 제기할 수 있다"라고 규정하고 있으므로, 청구인은 이의신청에 대한 결과 통지를 받은 날로부터 90일 이내에 행정소송을 제기할 수 있다. (O)

제2절 개인정보 보호제도

01 개인정보보호법위반 [대판 2022.11.10. 2018도1966]

[1] 구 공공기관의 개인정보보호에 관한 법률이 2011. 3. 29. 폐지되고 개인정보 보호법이 제정된 취지

구 공공기관의 개인정보보호에 관한 법률이 2011. 3. 29. 폐지되고 <u>개인정보 보호법이 제정된 취지</u>는 공공부문과 민간부문을 망라하여 국제 수준에 부합하는 개인정보 처리원칙 등을 규정하고, 개인정보 침해로 인한 국민의 피해 구제를 강화하여 국민의 사생활의 비밀을 보호하며, <u>개인정보에 대한 권리와 이익을 보장하려는 것이다.</u>

⇨ 종전의「공공기관의 개인정보보호에 관한 법률」은 보호의 주체가 공공기관이었기에, 공법적 차원에서만 다루어졌지만, 이를 대체한「개인정보 보호법」은 공공기관은 물론 사주체에 의한 개인정보 보호 전반을 규율대상으로 한다(김중권,「행정법」(제2판), 법문사, 2016, 485쪽).

[2] 구 공공기관의 개인정보보호에 관한 법률 제23조 제2항, 제11조에서 말하는 '누설'의 의미 및 고소·고발장에 다른 정보주체의 개인정보를 첨부하여 경찰서에 제출한 행위가 개인정보의 '누설'에 해당하는지 여부(한정 적극) / 구 공공기관의 개인정보보호에 관한 법률에 따른 '누설'에 관한 위의 법리가 개인정보 보호법에도 그대로 적용되는지 여부(적극)

| 기출지문 |

「개인정보 보호법」은 원칙적으로 민간기관만을 적용대상으로 한다. [22-2]   (×)

02 해킹에 의한 개인정보 유출사건 [대판 2021.8.19. 2018두56404]

판결요지

[1] 방송통신위원회 고시인 구 개인정보의 기술적·관리적 보호조치 기준 제4조 제9항의 '개인정보처리시스템'은 개인정보의 생성, 기록, 저장 등 데이터베이스시스템(DBS) 전체를 의미하는 것으로, 데이터베이스(DB)와 연동되어 개인정보의 처리 과정에 관여하는 웹 서버 등을 포함한다.

[2] 정보통신서비스 제공자 등이 위 고시 제4조 제9항에서 정한 **보호조치를 다하였는지는** 해킹 등 침해사고 당시 보편적으로 알려져 있는 정보보안의 기술 수준, 정보통신서비스 제공자의 업종·영업 규모, 정보통신서비스 제공자 등이 인터넷 홈페이지 등의 설계에 반영하여 개발에 적용한 보안대책·보안기술의 내용과 실제 개발된 인터넷 홈페이지 등을 운영·관리하면서 실시한 보안기술의 적정성 검증 및 그에 따른 개선 조치의 내용, 정보보안에 필요한 경제적 비용 및 효용의 정도, **해킹에 의한 개인정보 유출**의 경우 이에 실제 사용된 **해킹기술의 수준**과 정보보안기술의 발전 정도에 따른 피해발생의 **회피 가능성**, 정보통신서비스 제공자 등이 수집한 개인정보의 내용과 개인정보의 유출로 인하여 이용자가 입게 되는 **피해의 정도** 등의 사정을 **종합적으로 고려**하여 판단하여야 한다.

| 예상지문 |

정보통신서비스 제공자 등이 위 고시 제4조 제9항에서 정한 **보호조치를 다하였는지**는 해킹에 의한 개인정보 유출의 경우 이에 실제 사용된 **해킹기술의 수준**과 정보보안기술의 발전 정도에 따른 피해발생의 **회피 가능성**, 정보통신서비스 제공자 등이 수집한 개인정보의 내용과 개인정보의 유출로 인하여 이용자가 입게 되는 **피해의 정도** 등의 사정을 **종합적**으로 고려하여 판단하여야 한다. (O)

03 개인정보보호제도와 시정조치등 취소청구 [대판 2021.9.30. 2020두55220]

판결요지

[1] 구 정보통신망법 및 같은 법 시행령, **방송통신위원회 고시**인 구 개인정보의 기술적·관리적 보호 조치 기준 제4조 제5항의 '**개인정보처리시스템**'은 개인정보의 생성, 기록, 저장, 검색, 이용과정 등 데이터베이스시스템(DBS) 전체를 의미하는 것으로, **데이터베이스(DB)와 연동**되어 **개인정보의 처리 과정**에 관여하는 **응용프로그램** 등을 포함한다.

[2] **방송통신위원회 고시**인 구 개인정보의 기술적·관리적 보호조치 기준 제4조 제9항은 정보통신서 비스 제공자 등의 내부적 부주의로 개인정보가 외부유출되는 사고뿐만 아니라 정보통신서비스 제 공자 등이 **기술적 보호조치를 충분히 다하지 못하여** 해킹과 같이 **외부로부터의 불법적인 접근에** 의해 **개인정보가 외부로 유출되는 사고도 방지**하려는 것으로 보아야 한다.

| 예상지문 |

방송통신위원회 고시인 구 개인정보의 기술적·관리적 보호조치 기준 제4조 제9항은 **내부적인 부주의**로 개인 정보가 외부로 유출되는 사고뿐 아니라 **외부로부터의 불법적인 접근**에 따른 **개인정보 유출 방지를 위한 조치의 무**까지 포함한다. (O)

04 공직선거법위반 [대판 2022.10.27. 2022도9510]

구 개인정보 보호법 제18조 제2항 제7호는 '개인정보처리자'가 '공공기관'인 경우에 한정되는지 여부(적극) / 구 개인정보 보호법 제18조 제2항 제2호에서 정한 '다른 법률에 특별한 규정이 있는 경우'에 형사소송법 제 199조 제2항과 같이 수사기관이 공무소 기타 공사단체에 조회하여 필요한 사항의 보고를 요구할 수 있는 포 괄적인 규정이 해당되는지 여부(소극)

구 개인정보 보호법 제18조 제2항 제7호는 개인정보처리자가 '범죄의 수사와 공소의 제기 및 유지를 위하여 필요한 경우'에는 정보주체 또는 제3자의 이익을 부당하게 침해할 우려가 있는 때를 제외하고 는 개인정보를 목적 외의 용도로 이용하거나 이를 제3자에 제공할 수 있음을 규정하였으나, 이는 '개 인정보처리자'가 '공공기관'인 경우에 한정될 뿐 법인·단체·개인 등의 경우에는 적용되지 아니한다 (구 개인정보 보호법 제18조 제2항 단서, 제2조 제5호 및 제6호). 또한 구 개인정보 보호법 제18조 제 2항 제2호에서 정한 '다른 법률에 특별한 규정이 있는 경우'란 그 문언 그대로 개별 법률에서 개인정 보의 제공이 허용됨을 구체적으로 명시한 경우로 한정하여 해석하여야 하므로, 형사소송법 제199조 제2항과 같이 수사기관이 공무소 기타 공사단체에 조회하여 필요한 사항의 보고를 요구할 수 있는 포괄적인 규정은 이에 해당하지 아니한다. 만일 형사소송법 제199조 제2항이 구 개인정보 보호법 제18조 제2항 제2호에서 정한 '다른 법률에 특별한 규정이 있는 경우'에 포함된다면, 구 개인정보 보호법 제18조 제2항 제7호에서 수사기관으로 하여금 공공기관에 한정하여 일정한 제한 아래 개인정보를 제공받을 수 있도록 한 입법 취지·목적을 몰각시킬 뿐만 아니라 헌법상 영장주의 및 적법절차의 원칙을 잠탈할 가능성이 크기 때문이다.

┃ 예상지문 ┃

> 구 개인정보 보호법 제18조 제2항 제7호는 개인정보처리자가 '**범죄의 수사**와 공소의 제기 및 유지를 위하여 필요한 경우'에는 정보주체 또는 제3자의 이익을 부당하게 침해할 우려가 있는 때를 제외하고는 개인정보를 **목적 외의 용도**로 이용하거나 이를 제3자에 제공할 수 있음을 규정하였으나, 이는 '개인정보처리자'가 '**공공기관**'인 경우에 **한정**될 뿐 법인·단체·개인 등의 경우에는 적용되지 아니한다. (O)

05 개인정보보호법 위반과 손해배상 [대판 2024.5.17. 2018다262103]

당사자 일방이 증명을 방해하는 행위를 한 경우 증명책임이 전환되거나 곧바로 상대방의 주장 사실이 증명된 것으로 보아야 하는지 여부(소극), 「개인정보 보호법」 제39조 제1항에 따라 손해배상을 청구하는 경우 개인정보처리자가 「개인정보 보호법」을 위반한 행위를 하였다는 사실의 주장·증명책임 소재(= 정보주체)

당사자 **일방이 증명을 방해**하는 행위를 하였더라도 **법원**으로서는 이를 하나의 자료로 삼아 **자유로운 심증**에 따라 방해자 측에게 **불리한 평가**를 할 수 있음에 그칠 뿐 **증명책임이 전환**되거나 **곧바로 상대방의 주장 사실이 증명**된 것으로 보아야 하는 것은 **아니다**(대판 2010.7.8. 2007다55866 참조).

한편, 「개인정보 보호법」 제39조 제1항은 "정보주체는 개인정보처리자가 이 법을 위반한 행위로 손해를 입으면 **개인정보처리자**에게 **손해배상을 청구**할 수 있다. 이 경우 그 개인정보처리자는 고의 또는 과실이 없음을 입증하지 아니하면 책임을 면할 수 없다"라고 규정하고 있다. 이 규정은 정보주체가 개인정보처리자의 「개인정보보호법」 위반행위로 입은 손해의 배상을 청구하는 경우에 개인정보처리자의 **고의나 과실**을 증명하는 것이 곤란한 점을 감안하여 그 **증명책임**을 **개인정보처리자**에게 **전환**하는 것일 뿐이고, **개인정보처리자**가 「개인정보보호법」을 **위반한 행위를 하였다는 사실 자체**는 정보주체가 **주장·증명**하여야 한다.

┃ 예상지문 ┃

> ① 당사자 일방이 **증명을 방해하는 행위**를 하였더라도 법원으로서는 이를 하나의 자료로 삼아 자유로운 심증에 따라 방해자 측에게 불리한 평가를 할 수 있음에 그칠 뿐 **증명책임이 전환**되거나 곧바로 **상대방의 주장 사실이 증명**된 것으로 보아야 하는 것은 **아니다**. (O)
> ② 「개인정보 보호법」 제39조 제1항은 정보주체가 개인정보처리자의 「개인정보보호법」 위반행위로 입은 **손해의 배상을 청구**하는 경우에 개인정보처리자의 고의나 과실을 증명하는 것이 곤란한 점을 감안하여 그 증명책임을 개인정보처리자에게 전환하는 것이므로, **개인정보처리자**가 「개인정보보호법」을 **위반한 행위를 하였다는 사실 자체**가 없음을 개인정보처리업자 스스로가 주장·증명하여야 한다. (×)